BIBLIOTHÈQUE CONTEMPORAINE

MARY LAFON

CINQUANTE ANS
DE
VIE LITTÉRAIRE

PARIS
CALMANN LÉVY, ÉDITEUR
RUE AUBER, 3, ET BOULEVARD DES ITALIENS, 15
A LA LIBRAIRIE NOUVELLE

1882

*Offert par l'Editeur
à M*

CINQUANTE ANS
DE VIE LITTÉRAIRE

CALMANN LÉVY, ÉDITEUR

DU MÊME AUTEUR

Format in-8°

Le Chevalier noir, splendidement illustré par Gustave Doré de 20 gravures sur bois tirées à part. . . . . 1 vol.

Format grand in-18

La Bande mystérieuse. . . . . 1 vol.
Dans les Pyrénées. . . . . 1 —
La Guerre au couteau. . . . . 1 —
La Peste de Marseille . . . . 1 —

CINQUANTE ANS

DE

VIE LITTÉRAIRE

PAR

MARY LAFON

PARIS
CALMANN LÉVY, ÉDITEUR
ANCIENNE MAISON MICHEL LÉVY FRÈRES
3, RUE AUBER, 3
—
1882
Droits de reproduction et de traduction réservés.

UN MOT AU LECTEUR

La vie apparaît au début comme une allée sans fin, bordée d'arbres magnifiques et de plates-bandes de roses. Peu à peu, le ciel si bleu et si pur, sur lequel se profilaient ces longues lignes de verdure, se couvre et s'obscurcit; le souffle du temps, aussi rude et bien plus glacial que celui de l'hiver, dépouille les arbres, fane les fleurs, et, de cet ombrage si frais et si riant, de ces roses si odorantes et si vermeilles, il ne reste plus que des feuilles jaunies ou desséchées.

Maintenant, qu'un peintre qui aurait vu une allée semblable au printemps vînt pour la ressusciter avec sa palette, elle renaîtrait sous son pinceau gracieuse et verte comme auparavant.

Le peintre, ici, c'est le souvenir, qui va recommencer les années finies et entraînées, comme les pâles feuilles d'automne, dans les torrents du siècle, et les reproduira avec les idées, les émotions, les événements et les travaux qui les remplirent.

Lorsqu'on a parcouru dans la voie humaine les deux tiers d'un siècle, ce n'est pas sans une sorte de plaisir mélancolique et doux qu'on jette ses regards en arrière et qu'on soupire, comme ceux qui, partant pour un long voyage, se retournent pour voir encore une fois le toit où roula leur berceau.

CINQUANTE ANS
DE VIE LITTÉRAIRE

I

Je suis né le 26 mai 1810, dans une petite ville perchée sur le versant méridional du Bas-Quercy, aujourd'hui département du Tarn-et-Garonne. Notre maison s'élevait à l'extrémité de cette bourgade appelée La Française, parce que sa fondation remontait aux guerres albigeoises, et qu'elle tenait son nom d'une bastille ou fort, en bois, construite par les soldats de Philippe-Auguste. Il est impossible de trouver un site plus pittoresque et un plus magnifique point de vue. Des fenêtres de la maison paternelle, séparée de la ville par un grand jardin, on découvrait une plaine immense bornée seulement par les Pyrénées, dont on voit, par le temps clair, briller, à trois cents kilomètres de distance, les arêtes d'argent. C'est dans cette demeure, ombragée d'arbres séculaires, que s'écoulèrent, comme les flots d'un ruisseau perdu au milieu des bois, les quinze années premières de ma vie. Malheureux en naissant, car on ne remplace pas celle qui nous a donné le jour, j'avais été confié aux soins d'une étrangère qui, par un singulier bonheur, ne vit pas en moi une occasion de lucre, mais un nouvel enfant. Je dois beaucoup, et la vie peut-être, à cette excellente femme, qui m'aimait d'un amour véritablement maternel; aussi n'oublierai-je jamais son humble toit couvert de tuiles rouges, et la chambrette où je me réveillais avec tant de joie au chant joyeux du coq.

Une grand'mère m'attendait dans la maison natale. Je me rappelle avec une émotion mêlée de crainte son aspect digne et imposant. Madame veuve Lafon, née Maury de Saint-Victor, avait vu Paris, le monde et Jean-Jacques Rousseau. Ruinée par la Révolution, elle s'était réfugiée dans une dévotion austère et priait sans cesse pour demander à Dieu de rendre aux siens ce qu'il leur avait enlevé. De ce temps lointain, à demi couvert par l'ombre des années, ma mémoire n'a gardé qu'un fait, l'écroulement du premier Empire.

Mais, celui-là, oh! il est net dans mon esprit, comme le premier jour. 1814, ère fatale, avait renversé le géant. Soult venait de livrer la bataille de Toulouse. Ses derniers bataillons refluaient sur notre montagne; ils étaient conduits par un chef blessé, portant un bras en écharpe, au front un bandeau sanglant, et qui se désespérait; car, à chaque revue, s'éclaircissaient les rangs et diminuait le nombre des hommes. Peu à peu tous l'abandonnèrent; alors, quand ils furent partis, qu'il ne resta plus d'eux que la paille des bivouacs, çà et là parsemée des débris de leurs plumets rouges, il éclata une allégresse que peuvent seuls peindre ceux qui en furent les témoins. Ce n'était pas de la joie, c'était du délire. La chute de l'usurpateur, comme on disait à cette époque, et le retour des Bourbons avaient jeté tous les esprits dans une surexcitation voisine de la démence. Le drapeau blanc flottait à toutes les fenêtres, les mais aux couleurs bourbonniennes élevaient leurs couronnes et leurs guirlandes de feuillage devant les maisons royalistes. On ne se couchait pas; du déclin du soleil à l'aube, la farandole échevelée tournoyait dans les rues, les chants les remplissaient avec les danses commencées et terminées par cette acclamation formidable et unanime : « Vive le Roi! »

D'opposants, il n'y en avait guère : deux sur toute la population. Mon père et un autre, dont une foule furieuse avait abattu le drapeau blanc qu'il avait eu l'audace d'arborer. N'en pouvant pénétrer le motif, je m'étonnais beaucoup, au milieu de cet enthousiasme, de la tristesse de mon père et ne comprenais pas pourquoi les habitants, si dévoués et si respectueux quelques jours auparavant, venaient casser nos vitres à coups de pierre et hurler, d'un air menaçant, à notre porte, leur farouche « Vive le Roi !... »

Qui eût dit que ce grand événement allait, par contre-coup, atteindre sur les mamelons du Quercy un enfant de quatre ans et décider de sa destinée? C'est pourtant ce qui arriva. Blessé au vif des outrages subis et de la proscription temporaire qui en fut la suite, mon père rompit tout commerce avec la ville, où je n'allai plus que les dimanches à la messe avec ma grand'mère. Celle-ci, de trempe non moins énergique et aussi forte de résolution que son fils, ne renoua jamais les relations rompues. Il en résulta que, de 1814 à 1825, ma vie s'écoula dans une claustration presque monacale. Point d'amis, point de fêtes, point de jeux; pour tout amusement, les courses dans la campagne et dans les bois; pour unique occupation, le travail; pour seuls compagnons, les livres. L'existence de mon père se partageait entre la médecine rurale et la chasse; je ne le voyais que le soir à souper. Tout le jour, je restais donc sous l'œil sévère et l'immuable discipline de ma grand'mère, qui, avec son air grave, son austère piété et son front ridé par les peines plus que par les années, semblait, calme et hautaine dans son mantelet noir, l'image de cette noblesse proscrite et appauvrie par la Révolution.

Dans ce grand naufrage, les livres des deux familles Maury et Lafon avaient seuls surnagé. Ceux des

Maury, doctes magistrats, et la bibliothèque des Lafon, seigneurs de Feneyrols, qui paraissent avoir eu des goûts littéraires, formaient un fonds assez riche et des plus variés. Dès que je sus lire, le grand cabinet où étaient rangés ces quatre ou cinq mille volumes, sur des rayons pleins de poussière et recouverts de toiles d'araignée, devinrent ma proie et ma joie. Quel bonheur, lorsque j'avais récité mes leçons et rempli la tâche imposée par ma grand'mère, quel délice de courir à mon eldorado, de m'y enfermer à double tour et de lire là, seul, bien seul pendant deux ou trois heures. La lumière venait largement par la fenêtre ouverte du côté du couchant, un alisier profilait à demi sur les vitraux ses feuilles délicates, la mésange, nichée dans une crevasse du mur, gazouillait en caressant ses petits, et les hirondelles, dont les nids pendaient aux solives, passaient en volant sur ma tête et jetaient des cris effrayés.

Malgré le long temps écoulé depuis ce début de la vie, je me rappelle encore parfaitement l'impression produite par ces lectures. L'histoire, représentée par Rollin, Crévier, Mézeray, le Père Daniel, dont un magnifique exemplaire avait été mutilé sur les plats par la main ignare et brutale de 93, qui, en raturant les fleurs de lys d'or, croyait effacer à jamais le souvenir de la monarchie, l'histoire, dis-je, me rebutait par sa forme aride. Tandis que j'allais, au contraire, d'un goût très vif aux chroniques de Froissart, de Monstrelet et du vieil annaliste de Saint-Denis. J'aimais aussi les mémoires, les livres de chevalerie et les contes. Quand j'abordai les rayons du théâtre, riche collection qui vaudrait aujourd'hui de l'or si l'incurie de mon père, l'humidité et les vers ne l'avaient à peu près détruite, je goûtai médiocrement la plupart des tragiques. Voltaire, Crébillon, La Mothe, Racine même, à l'exception de *Phèdre* et d'*Iphigénie*, ne me laissèrent qu'une impression d'ennui. Mais je fus saisi et enthousiasmé par la vigueur et le grand style de Corneille. Dois-je l'avouer? *le Tartuffe*, chef-d'œuvre universel malgré ses défauts, réservé, je ne trouvai pas grand plaisir à la lecture des pièces de Molière. Le fond m'en semblait faux, la trame empruntée, la plupart du temps, aux pièces latines, en opposition avec nos mœurs et la réalité, et le comique outré ou froid. Pour cette dernière qualité, la première au théâtre, je lui préférais de beaucoup l'auteur du *Légataire*, et toujours *le Tartuffe* excepté, si j'avais eu à choisir entre toutes ses autres pièces et *le Glorieux*, je me serais prononcé, sans balancer, pour le chef-d'œuvre de Destouches. *Le Barbier de Séville*, *la Folle Journée* de Beaumarchais m'amusaient infiniment ; par contre, il m'était impossible de lire trois pages des opéras vieux ou nouveaux.

Les romans n'étaient pas aussi nombreux que les pièces de théâtre : il y en avait pourtant une centaine dont je ne perdis pas une ligne. Ceux de l'abbé Prévost, qui ne sont pas aussi intéressants que *Manon Lescaut*, me passèrent tous sous les yeux ; mais il fallut m'y reprendre à plus d'une séance pour achever l'interminable *Cléveland*. Le Sage me ravit avec son *Gil Blas*, Cervantes avec *Don Quixote*; puis je passai aux anglais. Ma grand'mère m'ayant appris la langue d'outre-mer, que de douces et bonnes heures passées avec *Clarisse Harlowe* et les héros de Fielding, *Tom Jones* surtout, ce ravissant chef-d'œuvre, me donna une émotion d'intérêt et de plaisir que la poussière de soixante longues années n'a pu effacer encore.

Je ne dédaignais pas pour cela les récits d'Anna Radcliffe, et, certes, les sombres *Mystères du château d'Udolphe* ont fait plus d'une fois battre mon cœur. Il y avait, dans ce genre, un roman intitulé *Rinaldo Rinaldini* qui, pour la bizarrerie et l'extravagance des aventures, avait précédé d'un siècle feu Ponson du Terrail. Trois autres ouvrages, pourtant, outre *les Mille et une Nuits*, lui faisaient, dans mes sympathies, une rude concurrence, *Verther*, *Paul et Virginie* et *Jérusalem délivrée*. Que de larmes coulèrent de mes yeux adolescents pour ces personnages imaginaires ! pauvre Virginie ! pauvre Clorinde ! quel chagrin vous m'avez coûté ! chagrin, du reste, qui n'était pas sans douceur et que je n'éprouvais jamais aux amplifications semi-oratoires de *la Nouvelle Héloïse*. Avouons tout de suite que, malgré le culte, qu'on vouait chez nous à Jean-Jacques, il ne m'attachait par aucun côté ; je trouvais son *Émile*, que j'avais été forcé de lire, assommant et, comme je connaissais ses *Confessions*, le mépris que m'inspirait l'homme, rejaillissait à grands flots sur l'auteur.

De Voltaire, je n'avais pris que la partie la plus piquante. Écartant, par une lueur de bon sens précoce et un sentiment naissant du goût, ses tragédies, ses histoires, ses poésies légères même, regardées à cette époque comme des diamants, je ne m'étais arrêté qu'à ses écrits antireligieux, à ses contes, à ses lettres. Je conviens que la verve endiablée qui les créa, et le prodigieux esprit qui s'en dégage m'avaient séduit et me paraissent aussi considérables qu'alors.

J'ai nommé mes auteurs sympathiques; il reste maintenant à dire ceux qui ne l'étaient pas. Voici, en effet, mes principales bêtes noires, Boileau, Fénélon, Marmontel, Florian, Rousseau le lyrique. De Boileau, je n'avais retenu que *le Repas ridicule;* les *Aventures de Télémaque* m'endormaient; je bâillais aussi largement en parcourant *les Incas* et les pastorales en falbalas et rubans roses de l'auteur d'*Estelle et Némorin*, qu'en apprenant, par ordre, l'*Histoire du Peuple de Dieu* du père Berrurier, ou en recevant, pour mes récréations, la permission de lire *les Délassements de l'homme sensible* d'Arnaud Baculard, l'écrivain au parapluie rouge.

J'oubliais de noter qu'une collection du *Mercure* accompagnait, dans notre bibliothèque, une autre collection complète des poètes nationaux. C'est devant leurs rayons, qu'attiré comme l'abeille sur les fleurs, par cet esprit français, si fin, si gai, si franc, je passais la meilleure partie de mon temps. Il me souvient encore de ces pièces de vers qui partaient, en secouant leurs étincelles dans mon cerveau comme les fusées du feu d'artifice. C'était Saint-Pavin fustigeant à son tour Boileau :

> Boileau, grimpé sur le Parnasse
> Avant que personne en sût rien,
> Trouva Régnier avec Horace
> Et rechercha leur entretien.
>
> Sans choix et de mauvaise grâce,
> Il pilla presque tout leur bien :
> Il s'en servit avec audace
> Et s'en para comme du sien.
>
> Jaloux des plus fameux poètes.
> Dans ses satires indiscrètes
> Il choque leur gloire aujourd'hui,
> En vérité, je lui pardonne,
> S'il n'eut mal parlé de personne,
> On n'eût jamais parlé de lui !...

C'était Théophile répondant à un Philistin de son temps :

> Oui tous les poètes sont fous ;
> Mais, en sachant ce que vous êtes,
> Vous en conviendrez avec nous.
> Tous les fous ne sont pas poètes.

Puis un baron ruiné, sauvant ce qu'il avait pu arracher des griffes des vautours légaux et écrivant sur le mur à la craie :

> Créanciers, maudite canaille !
> Commissaires, huissiers, recors
> Vous aurez bien le diable au corps
> Si vous emportez la muraille !.. :

Un amant jaloux ou trahi :

> « A propos vous arrivez là !
> En votre absence, sans scrupule,
> Madame Ursule que voilà
> Vous prêtait un gros ridicule...
> — Oh ! je connais madame Ursule,
> Elle prête tout ce qu'elle a ! »

Enfin, un vrai philosophe pratique, par l'épitaphe duquel je clos ces réminiscenses du bon et vieil esprit français :

> Ci-gît le seigneur de Posquière,
> Qui, philosophe à sa manière,
> Donnait à l'oubli le passé,
> Le présent à l'indifférence,
> Et, pour vivre débarrassé,
> L'avenir à la Providence !...

Quatorze ans s'écoulèrent entre mes lectures et les promenades rurales, si chères à mon cœur par les rêves qui les embellissaient ; souvenirs de la jeune vie qui refleurissent maintenant dorés et vermeils comme les roses printanières, et me rapportent, avec le bruissement des peupliers argentés du Tarn, l'odeur amère et forte de l'aubépine en fleurs et les murmures des grands chênes d Parazols secoués par l'autan, les émotions les plu heureuses de l'enfance.

On me mit enfin au collège ; j'y passai cinq ans pour apprendre à fond, par exemple, tout ce que savaient mes maîtres, le latin et un peu de grec. Ce que j'ai dit ailleurs en vers, dans un épître *Au Vieux Collège,* je peux le répéter ici ; car mes impressions n'ont point changé sur ce sujet :

> De la chaîne universitaire
> Je ne redoutais pas le poids.
> Aussi, j'aime, comme autrefois,
> Ta cour herbue et solitaire.
> J'aime ces arbres longtemps verts,
> Et ces tours que ronge la mousse
> Où, quand la fraxinelle y pousse,
> Je murmurai mes premiers vers.
> Beaux jours, heureuses promenades
> Sur les coteaux riants du Fau,
> Vers l'Aveyron, au bord de l'eau,
> A Pomponne, au pré des malades,
> Et sur le chemin de Paris,
> Des amandiers lorsque les branches
> Se paraient de leurs grappes blanches,
> Quand les buissons étaient fleuris !

> Du renouveau quand les merveilles
> Nous avaient enivrés, le soir
> Nous remontions au vieux dortoir,
> Bruyants comme un essaim d'abeilles.
> Qui me rendra votre sommeil,
> Nuits d'illusions purpurines
> Que la cloche en sonnant matines
> Faisait envoler au réveil.

Je sortis chargé de couronnes de ce musée gréco-latin en 1829 ; jusque-là, grâce aux soins jaloux de mes maîtres, j'étais resté emmailloté dans le berceau des lettres classiques. Aussitôt libre, je brisai mes langes et me mis avidement en rapport avec l'esprit nouveau. Chateaubriand, Lamennais, Victor Hugo et Lamartine, voilà mes premiers guides dans ce monde inconnu. Qu'on juge de mes émotions et de ma surprise. Aux premiers pas sur cet autre chemin de Damas, je fus ébloui. L'impression reçue fut si forte, que les belles pages de ces grands écrivains se gravèrent à l'instant dans ma mémoire, merveilleuse d'ailleurs, et y restèrent comme des formes d'imprimerie. Ainsi, à un demi-siècle de distance, je me rappelle mot à mot ce passage de Lamennais, inspiration prophétique prise alors pour une boutade d'esprit chagrin et qui est aujourd'hui une sinistre vérité !

« Les doctrines philosophiques, » disait en 1820, l'auteur des *Paroles d'un croyant*, « toutes négatives » ou, ce qui est la même chose, toutes destructives,

ont pour principe général la souveraineté de
l'homme. L'homme qui se déclare souverain se
» constitue par cela seul en révolte contre Dieu
» et contre tout pouvoir établi de Dieu. Or qui se
» révolte, hait ; la haine est donc le sentiment
» général qu'enfantent les doctrines philosophiques.
» Eh ! qui pourrait en douter après notre Révo-
» lution ? que s'est-il passé depuis ? qu'apercevons-
» nous encore ? Ces passions qui se remuent, ces
» soulèvements, ces forfaits inouïs, n'est-ce pas
» la haine dans ce qu'elle a de plus violent et
» de plus atroce ? Haine de Dieu, on voudrait
» abolir non seulement sa religion, son culte, mais
» jusqu'à son nom ; haine des prêtres, qu'on
» calomnie, qu'on insulte, qu'on opprime dans
» l'exercice de leurs fonctions et que déjà cer-
» tains hommes, proscrivent en espérance ; haine
» des rois, des nobles, des institutions établies ;
» haine de toute autorité et, dès lors, amour de la
» licence qui n'existe que sous le règne des devoirs
» lorsque tous les droits sont connus et respectés ;
» haine des lois, qui nous conservent la paix en
» réprimant les passions ; haine des magistrats, qui
» défendent ces lois ; haine dans l'État, dans la
» famille ; haine universelle qui se manifeste par
» la rébellion, par le meurtre et par un désir
» ardent de destruction [1]. »

---

1. *Essai sur l'indifférence en matière de religion*, t. II, p. 19.

Après l'enthousiasme, la réflexion. Celle-ci agit sur l'esprit comme l'eau froide sur le fer qui sort rougissant de la forge. Soumis à une critique impartiale mais sévère, Chateaubriand perdit beaucoup, Hugo un peu, Lamartine, toujours égal dans sa poétique et marmoréenne monotonie, quelque chose, Lamennais, seul, rien. Après cette initiation pleine de charme, aux lettres nouvelles, je partis pour Paris, le front brillant de santé et de jeunesse, le cœur battant d'un vaste espoir. C'était vers la fin de l'automne ; les vignobles du Bordelais que traversait la diligence retentissaient des cris joyeux des vendangeurs et des chansons des jeunes filles. Respirant à pleine poitrine cet air embaumé des campagnes, je roulais vers la moderne Babylone, moins connue, moins banale alors qu'aujourd'hui, avec une effusion de joie intime d'une douceur inexprimable.

II

Nous arrivons la nuit : la voiture s'arrête dans la cour des Messageries. On descend ma malle, un grand escogriffe s'en empare, et, moitié de gré, moitié de surprise, m'entraîne dans son hôtel. Je ne voulus pas sortir ce soir-là. C'est au grand soleil et bien reposé d'un emprisonnement de quatre jours et quatre nuits dans la cellule roulante de MM. Laffitte et Caillard, que j'entendais voir et admirer Paris.

Il parut enfin ce jour si impatiemment attendu. Levé à l'aube, je sortis et ne rentrai qu'à minuit. Ce fut mon unique occupation pendant les premières semaines; comme je n'habitais l'hôtel que pour y coucher et que je ne parlais à personne, j'étais à l'abri des périls qu'une bourse assez bien garnie aurait pu attirer à mon inexpérience. Je dois avouer qu'après l'avoir parcouru pendant un mois dans tous les sens et à fond pour ainsi dire, car j'étais un rude marcheur, Paris ne me sembla pas au-dessus de l'idée que je m'en étais faite. Il n'avait pas, il est vrai, sa physionomie actuelle, Paris a bien changé depuis. Ces larges voies, ces magnifiques boulevards qui lui versent à flots l'air, la santé et la lumière n'existaient pas même en projet. Un espace vague et tout à fait primitif séparait le Louvre des Tuileries et commençait à la place du Carrousel, à l'extrémité méridionale de laquelle s'élevait seul comme une quille l'hôtel de Nantes. Deux rues, quelques maisons et un corps de garde enveloppaient le théâtre du Vaudeville bâti en face du Palais-Royal. Une autre rue abominable d'aspect et d'habitants, appelée rue du Chantre, se glissait en rampant comme une couleuvre jusqu'à la porte du Louvre qui regarde les Tuileries. Vis à vis l'arcade du pont des Saints-Pères, la rue du Doyenné, qui abrita la jeunesse, de Théophile Gautier, descendait vers la Seine. L'aile des Tuileries terminée par le pavillon Marsan avait en regard, dans toute sa longueur, des maisons basses, coupées par des ruelles. Dans la principale de ces demeures peu monumentales était installé le bureau des gondoles allant de Paris à Versailles. Une terrasse à treillages verts, de quatre à cinq mètres de haut ornait la façade de cette maison, dont j'aurai bientôt occasion de parler.

Comprenant bien que le centre de Paris, fait pour le bruit et les affaires ne convient ni aux néophytes des professions libérales, ni aux hommes d'étude, je me hâtai de porter mes pénates dans le quartier Latin, à deux pas du quai des Augustins. Là, où s'ouvre, dans sa splendeur et sa largeur superbe, le boulevard Saint-Michel, se trouvait une rue étroite, difficile, boueuse, humide en tout temps et qui grimpait péniblement, sans souci de la ligne droite, jusqu'à la place dédiée à l'archange que baigne à l'entrée du boulevard la fontaine actuelle. C'est dans cette rue appelée de la Harpe, en mémoire de quelque enseigne mirifique et parlante, que je cherchai mon campement. Tout au bout entre le collège Saint-Louis et la Sorbonne m'apparut à gauche une voie transversale portant le nom de rue Neuve-Richelieu. A droite s'élevait un modeste hôtel ayant pour vis-à-vis Flicotteaux, l'aquatique Flicotteaux, Brébant des dîners à un franc vingt-cinq centimes. C'est dans cette maison tenue par un brave et digne homme, ex-sergent de la vieille garde, que je m'installai avec deux étudiants venus en même temps que moi à Paris, Jean-Louis Arnal, mort médecin de l'empereur, et Pierre Magne destiné, ce que je n'eusse pas alors soupçonné, à devenir ministre des finances.

Une fois établi dans une chambre assez proprette du premier étage qui s'ouvrait sur la rue et la place de la Sorbonne, je songeai à mes lettres de recommandation. Les lettres de recommandation ! c'était monnaie précieuse en ce temps-là. Sceptique comme tous les médecins ses confrères, mon père ne croyait qu'à ce talisman. C'était pour lui le *Sésame ouvre-toi* des *Mille et une Nuits*. Si grande était sa foi, qu'il m'avait presque convaincu, et je regardais ces missives comme autant de clefs d'or qui feraient rouler sur leurs gonds les portes de la célébrité et de la fortune; il fallut en rabattre un peu. La première que je portai était adressée au docteur Lugol, médecin de l'hôpital Saint-Louis; ici, l'accueil fut bon et franc. Le futur beau-père du docteur Broca reçut à bras ouverts le fils de son vieux camarade, il me conduisit chez Lafon le tragique, me présenta ensuite à mademoiselle Mars sa cliente et m'invita régulièrement à ses dîners du mardi où se réunissaient des savants et quelques gens de lettres de la période impériale. Sa bienveillance très sincère et très cordiale n'eut pas toutefois de résultats sérieux. De Lafon, l'ancien rival de Talma, qui ne parlait que par hémistiches, je ne tirai que le conseil d'étudier les classiques, et des déclamations sonores et tellement ronflantes, que j'en serais devenu sourd en persistant à l'écouter. Mademoiselle Mars me montrait de la sympathie et vantait avec complaisance la douceur de mes regards, la blancheur de mes dents et la teinte bleuâtre de mes cheveux noirs. « Voyez, disait-elle, un jour, en y passant la main, à son amie madame Haudebourg Lescot, peintre de talent, voyez si vous avez sur votre palette une teinte pareille! Voilà un garçon qui fera son chemin au théâtre, et je l'y aiderai! » Je crois en effet qu'elle aurait tenu parole; car elle m'avait donné le sujet d'une pièce que je commençai sous ses yeux: *Madame de Chateaubriand !* Les trois premiers actes finis, elle me donna rendez-vous pour la lecture à onze heures du matin. Qu'on juge si je fus exact ! A onze heures moins cinq, j'arrive dans ce charmant hôtel de la rue de la Tour-des-Dames. Une sémillante soubrette me conduit, le sourire aux lèvres, dans la chambre à coucher. Mademoiselle Mars m'attendait au lit, un drap seul dessinait ses formes. Dans deux ou trois bouquetiers de forme élégante, les violettes, sa fleur favorite, exhalaient un parfum délicieux. Elle me fit asseoir au bord de son lit, me prit la main et me la serra d'une manière des plus significatives. Il n'y avait pas à s'y méprendre, hélas ! Ce n'était pas une lecture qu'elle voulait, je ne le compris pas. Absorbé tout entier par mon œuvre, je ne voyais que *Madame de Chateaubriand* et ne songeais qu'à mon malheureux manuscrit; longtemps elle éluda et déjoua mes tentatives de lectures; l'impatience la prit à la fin, et, prétextant une migraine, elle me renvoya avec mon drame et ne voulut plus entendre parler ni de l'un ni de l'autre.

Voilà ce que me rapporta ma première lettre de recommandation. La seconde était pour le docteur Alibert, celui-ci mit sa bibliothèque à ma disposition, et, m'invitant quelquefois à ses dîners, me fit faire connaissance avec deux membres de l'Académie française, mes compatriotes Jay et l'abbé de Feletz. Il m'en restait une troisième sur laquelle mon père fondait de hautes espérances, elle s'adressait à un grand dignitaire de la franc-maçonnerie. En me la remettant, pour me donner une idée de l'importance et du pouvoir de la confrérie mystérieuse, l'auteur de mes jours m'avait dit :

— Tu vois bien cette lettre. Elle passerait par les flammes, elle serait emportée par les vents, elle tomberait dans les flots et arriverait, malgré tout, à son destinataire.

Mon père avait trop parlé. Après deux voyages blancs au fond de Passy, où demeurait le dignitaire, son discours me revint en passant le pont d'Iéna, et je mis la lettre à la poste dans la Seine, bien moins exacte que la *mère* de nos facteurs, la Seine ne la remit pas. L'acacia perdit une feuille et il doit peu la regretter, le fils de mon père étant né trop indépendant pour se plier au joug des sociétés occultes.

Ces premiers désappointements glissèrent sans laisser de trace sur la foi robuste des vingt années. J'avais, d'ailleurs, par devers moi, deux autographes d'une valeur bien supérieure à mon sens, à toutes les lettres de recommandation ; l'une était une réponse des plus flatteuses de Casimir Delavigne, à qui j'avais adressé, de Montauban, des vers patriotiques ; l'autre, un billet du même genre pour un hommage du même goût, et portant une signature qui valait alors des millions : Jacques Laffitte. Que de rêves échafaudés sur ces deux pages d'écriture ! l'auteur des Messéniennes m'appelait son confrère et trouvait mes vers magnifiques ; donc, j'étais sûr d'avoir en lui un protecteur qui m'ouvrirait toutes les portes littéraires, celles du théâtre surtout, but de mon unique ambition.

Quant au grand banquier du libéralisme, il m'engageait à venir à Paris, c'était évidemment pour m'y créer une situation brillante. Je m'enivrai pendant trois mois de ce double et doux espoir. La seconde semaine de 1830 me vit enfin mettre en campagne.

C'est le poète qui eut ma première visite. On m'avait dit d'abord qu'il était absent ou malade autant qu'il peut m'en souvenir ; mais j'affirmai avec tant de confiance, qu'il m'attendait et serait charmé de me voir, que le domestique se laissa convaincre. Il m'introduisit dans une salle de billard d'où je pus entendre la mercuriale qu'il reçut pour son imprudence. Ceci me déconcerta un peu ; j'en avais encore le rouge au front quand je vis entrer un petit homme habillé de bleu dont la figure mignonne et assez fine était encadrée de cheveux bruns et flottants. La coloration du teint et l'éclat fébrile des yeux ne laissaient aucun doute sur la maladie qui devait l'emporter bientôt.

Ému d'admiration et de respect devant cette renommée, à cette époque nationale, je ne pus trouver un mot sur mes lèvres et lui tendis la lettre qu'il m'avait écrite et certainement oubliée. A mesure qu'il la lisait, son front, dès l'abord un peu sombre, s'éclaircissait visiblement ; il la replia, me la rendit en souriant et, m'invitant d'un air gracieux à m'asseoir, il me demanda ce que je venais faire à Paris, si c'était pour étudier le droit ou la médecine. Cette question me renversa ! à peine osai-je balbutier le nom de la carrière où je me lançais avec tant d'ardeur. A cet aveu, son front se rembrunit, et, l'œil sévère, le sourcil froncé :

— Avez-vous lu *les Mille et une Nuits ?* me dit-il brusquement ?

— Oui, monsieur, je les sais par cœur.

— Vous souvenez-vous de cette montagne gravie tour à tour par les deux frères d'une princesse qui voulaient aller lui conquérir trois merveilles ?

— L'arbre qui chante, l'oiseau qui parle et l'eau d'or.

— Précisément ; vous savez combien il était difficile d'atteindre le sommet de cette montagne ?

— Oui, on entendait, à chaque pas, derrière soi des voix railleuses, des voix furieuses et des voix insolentes !

— Et l'on finissait, en se retournant, par être changé en pierre noire ; voilà l'image de la montagne que vous voulez gravir !

— Qu'importe ! repris-je avec feu, car le courage me revenait, si l'on trouve en la gravissant le laurier et la gloire !

— La gloire ! murmura-t-il, la gloire ! et ses traits exprimèrent un doute si douloureux, que je me hâtai d'ajouter :

— Oui, la gloire des *Messéniennes*, des *Vêpres Siciliennes*, du *Paria*, de *la Princesse Aurélie !*

— Allons ! vous êtes perdu, dit-il en me serrant la main : Sachez que la carrière où vous allez vous jeter avec l'espoir et la chaleur de vos vingt ans, est la voie douloureuse qui, dix-neuf fois sur vingt, mène au calvaire ; mais, comme je lis dans vos yeux que rien ne vous persuadera, allez, marchez, ainsi qu'on dit en Normandie, et revenez me voir !

Je profitai quelquefois de la permission. Malgré sa bonté et l'intérêt qu'il paraissait me témoigner, Casimir Delavigne ne me donna que des conseils, mais pas le moindre appui. Je lui lus ce fameux drame de *Madame de Chateaubriand,* commencé sous les auspices de mademoiselle Mars et que j'avais achevé dans les allées du Luxembourg ; il l'écouta sérieusement, le jugea en critique indulgent, m'encouragea même à persister, mais sans m'aider, ce qui lui était si facile. Eh bien, en dépit de cette froideur et de sa non-intervention, je l'aimais, je m'y étais attaché, et tous les jours je rompais des lances contre les séides barbus de Victor Hugo, qui l'abaissaient et le foulaient aux pieds pour exalter leur chef, dont le génie si supérieur n'avait nul besoin de cette guerre.

Parmi les chevelus les plus acharnés, se distinguait, par ses violences de langage, un ami de Jemma, l'acteur de la Porte-Saint-Martin. C'était un jeune homme pâle, d'une taille médiocre et d'un blond fade, à qui des sourcils et des cils presque blancs donnaient une singulière physionomie. Ce garçon, qui semblait très mou et toujours endormi, ne sortait de sa somnolence que pour traiter avec un suprême dédain tout ce qui n'était pas sorti de la plume du maître. Causant un jour de *Marino Faliero*, dont l'auteur avait bien voulu me lire quelques scènes, je disais à Jemma :

— La pièce est destinée à la Porte-Saint-Martin, et, si Casimir Delavigne vous donne le rôle de Bertuccio, vous débiterez de beaux vers.

— Casimir Delavigne ! de beaux vers ! s'écrie le jeune énergumène ; c'est un misérable rimailleur ; mon portier, mon portier fait des vers comme Casimir Delavigne.

— Il devrait bien faire les vôtres, lui dis-je, en demandant son nom à Jemma.

Il s'appelait Victor Escousse.

Quelque temps après, grâce aux protecteurs d'une sœur aussi blonde mais plus agréable que lui, la Porte-Saint-Martin joua son premier drame intitulé *Farruck le Maure*. J'assistai à la première représentation. Tout ce qu'on peut se figurer d'ignorance historique et d'incohérence dramatique, éclataient dans cette production sans talent et sans goût. Quant au style, un seul vers peut en donner l'idée. Le maître de Farruck, anticipant sur le réalisme à venir, l'appelait tout crûment un porc, à quoi Bocage, qui jouait Farruck, répondait avec son accent nasillard et d'une voix tonnante :

Un porc vraiment ! un porc ! Sais-tu que dans sa rage
Un porc peut, s'il le veut, te cracher au visage !...

Associé plus tard à un collaborateur de sa force, il fit un autre drame qui fut sifflé, et l'orgueil insensé qui le gonflait ayant fait éclater sa tête, il mourut comme son portier, en allumant un réchaud de charbon.

Si mon espoir avait été déçu chez Casimir Delavigne, il le fut bien davantage auprès du célèbre banquier de la guerre aux Bourbons. Introduit, non sans quelques difficultés, dans le cabinet de M. Jacques Laffitte, je trouvai un homme correctement vêtu d'un habit marron, d'un pantalon gris sur lequel tranchait, désagréablement à mon avis, un gilet jaune serin.. Une cravate blanche et des manchettes complétaient ce costume du matin. Son accueil fut assez affable ; je m'étais aguerri dans mes visites, et lui expliquai assez nettement le but de mon arrivée à Paris ; il le désapprouva hautement.

— Faites de la politique ! la politique seule peut vous mener à quelque chose.

Plus il insistait sur ce point, plus je résistais intérieurement ; il le comprit et termina l'audience en me donnant au dos de sa carte un mot pour Béranger. Il m'aurait donné un million que j'aurais été moins content.

La popularité qui brille sur le nom d'Hugo n'est rien en comparaison de celle que le chansonnier voyait flamboyer autour du sien en 1830. Béranger n'était plus un homme : c'était le peuple français vaincu un jour par l'effort de l'Europe entière, et qui luttait avec ardeur pour se relever et chasser les maîtres imposés par ses vainqueurs. La France libérale, la gauche, l'ancienne armée si longtemps couverte de gloire, tout cela se personnifiait en lui. Aussi, à l'idée de le voir face à face, de lui parler, moi petit-fils d'un républicain, et fils d'un libéral proscrit, je perdis à demi la tête. Me jetant dans le premier fiacre venu, je courus chez lui, ma carte à la main. Tout m'était bonheur, ce jour-là : je le rencontrai. J'ai oublié, tant la joie m'avait étourdi, la position et le nom même de la rue; mais ce que je me rappellerai toujours, c'est l'homme que j'allais voir.

Béranger n'était ni petit ni grand, mais la nature l'avait vigoureusement bâti. J'avais vu cent fois son portrait, je ne le reconnus pas. Cela tenait à une particularité impossible à rendre en peinture. L'œil chez lui était froid et le regard ferme et même dur. En observant cette tête puissante et encadrée par des cheveux flottants et grisonnants déjà, on devinait que le bon sens, la volonté, l'énergie, couvaient sous ce large front sillonné de rides; mais on n'y sentait ni la sensibilité, ni la bonté naturelle ; l'accueil qui me fut fait démentait pourtant mes observations psychologiques. Avec une patience, due sans aucun doute au mot de Laffitte, Béranger écouta mes projets, quelques-uns de mes vers même ; puis m'interrompant tout à coup :

— Avez-vous de quoi vivre en dehors de la littérature ?...

— J'aurai, à ma majorité, cent cinquante mille francs.

Il me sembla que ce chiffre m'élevait d'un degré dans l'esprit du grand chansonnier. M'examinant d'un air moins froid :

— Que vous a dit M. Laffitte? me demanda-t-il après avoir réfléchi un moment.

— De faire de la politique.

— Est-ce votre dessein ?

— Non; car je n'en ai ni le désir ni le goût.

— Bravo ! mon enfant, fit-il alors en se levant et me tendant la main. Vous avez les traits d'un adolescent et les paroles d'un vieillard ; d'où je conclus que la raison mûrit en vous, et que vous devez avoir l'amour du travail et de la retraite.

— Cela est vrai, monsieur.

— Je vous conseille, dès lors, de continuer sérieusement vos études historiques et de n'appliquer la poésie qu'au théâtre, pour lequel il me semble, d'après les scènes que vous m'avez lues, que vous avez quelque aptitude.

Je le remerciai fort ému, et lui demandai, lorsqu'il me conduisait doucement vers la porte, s'il me permettait de venir quelquefois le voir.

Il réfléchit encore, jeta un coup d'œil sur une personne qui travaillait dans l'embrasure de la croisée, et me répondit :

— Ce que vous me demandez ne servirait qu'à vous faire perdre votre temps. Les provinciaux viennent tous à Paris avec une idée des plus fausses. Ils croient trouver, en débarquant des Messageries, un protecteur tout prêt, comme dans les contes de fées, à leur donner, en un clin d'œil, ce qui ne s'acquiert, en ce pays plus qu'ailleurs, qu'après une longue série d'efforts, de travaux et de luttes. Ne comptez que sur vous pour arriver : *il faut ici faire son trou soi-même.*

Le bruit sec de la porte qui se fermait sur moi grava ces mots dans ma mémoire en traits ineffaçables.

Il me restait quelques lettres de recommandation, je les brûlai toutes, à l'exception d'une sans français et sans orthographe, que je tenais d'une voisine de ma femme de ménage ! Celle-là, par un contraste bien étrange, devait m'ouvrir une porte d'accès peu facile et me mettre en présence du prince de Talleyrand. Je suis, par mes aïeux et par vingt ans de domicile, d'une ville où le talent, au lieu, commme ailleurs, d'élever les hommes, fait autour d'eux un vide qui les entoure d'un cercle de jalouse envie et de haine. Parmi les jeunes gens partis de Montauban dix ans avant moi, il en était un doué de facultés supérieures et qui, par son mérite seul, était devenu le secrétaire de Talleyrand. Tout le monde le méprisait dans son pays, d'abord, parce qu'il était instruit et vraiment remarquable, et puis, crime capital aux yeux d'une aristocratie dont l'élite, date à peine de Napoléon Ier, et de la bourgeoisie riche issue, pourtant fort récemment de la classe ouvrière, parce qu'il était le fils d'un fossoyeur. Peu accessible aux idées de ce genre, j'allai lui porter la lettre de sa mère, et, lorsqu'il vit, dans notre entretien, à quelle distance j'étais des sots préjugés de mes compatriotes, il m'accueillit comme un ancien et véritable ami. La conversation étant tombée naturellement sur le grand seigneur qui lui avait donné toute sa confiance, il me dit tout à coup :

— Il me semble avoir entendu dire, quand je faisais mes études au séminaire, que vous apparteniez à la famille Cazalès. Est-ce vrai ?

— Oui, oui. et d'assez proche même.

— C'était un ami du prince, qui m'en parle souvent, comme je suis de son pays. Je crois que la vue d'un de ses parents lui serait agréable : voulez-vous que je vous présente à lui ?...

La réponse n'était pas douteuse.

— Eh bien, reprit-il, venez demain au soir, à neuf heures, et demandez-moi.

Je dormis mal cette nuit-là, l'idée de voir un personnage aussi considérable me troublait excessivement. La journée me parut longue, et cependant, lorsqu'elle s'acheva, j'aurais voulu, tant je me sentais peu rassuré, qu'elle se prolongeât encore. Rappelant tout mon courage, je me rassurai de mon mieux et me rendis à l'heure dite rue Tronchet. Le cœur me battait fort en entrant dans cet hôtel où avaient passé, avec les rois et les empereurs, toutes les illustrations politiques de trois régimes. Le secrétaire m'attendait et me conduisit au salon. Il n'y avait devant la cheminée que deux personnes, le prince d'un côté, couché à demi dans son fauteuil, et une dame belle encore, bien que touchant à l'âge mûr, renversée dans le sien.

Je fus présenté dans les formes; la dame, tout en jetant sur moi ce coup d'œil fixe et assuré des femmes du grand monde, répondit par une légère inclination de tête à mon profond salut.

Le prince, lui, indiquant de la main un fauteuil que le valet de chambre s'était empressé d'avancer, et fermant les yeux sans que sa tête bougeât du dossier qui l'appuyait, garda le silence pendant quelques minutes. Rassuré par un signe du secrétaire, je profitai de ce moment pour l'examiner de sang-froid. L'Église frappe ses élus d'un timbre indélébile. Malgré sa laïcisation, M. de Talleyrand, avec ses cheveux blancs de vieillesse et de poudre, qui flottaient en boucles épaisses sur son cou, et la haute cravate du Directoire où plongeait son menton, ressemblait trait pour trait à un vieux curé de campagne. Au bout d'un instant, de retour sans doute d'un voyage dans le passé, il m'adressa la parole d'un ton affectueux :

— Vous êtes parent de Cazalès, mon ancien collègue à l'Assemblée constituante ?

— Oui, prince : ma grand'mère était sa cousine germaine.

Il m'enveloppa d'un coup d'œil rapide et scrutateur ; puis, comme se parlant à lui-même :

— Il ne lui ressemble pas exactement ; mais il a sa taille, son front, ses yeux, et, si je ne me trompe, sa chaleur de cœur et son audace.

— Oh! oui, dit alors le secrétaire, c'est une tête du Midi.

— Nous étions très liés avec Cazalès, reprit Talleyrand, quoique nous fussions assis à la Constituante sur des bancs opposés. Êtes-vous avocat ? Vous devez avoir comme lui la parole facile.

J'avouai courageusement ma profession. Il sourit ; mais, reprenant aussitôt son air sérieux :

— Vous vous préparez bien des chagrins.

— N'importe ! m'écriai-je avec une vivacité dont, une heure après, je m'étonnais moi-même, qu'importe la longueur et la rudesse du chemin quand la gloire est au bout !

— Ou le Calvaire !... Ah ! les jeunes gens, les jeunes gens ! qui les guérira de l'illusion et de cette sirène qu'on appelle espérance ?

Ici, la dame, sans quitter sa posture voluptueuse, intervint pour prendre mon parti.

— Pourquoi, dit-elle à Talleyrand, décourager ce débutant, qui peut devenir...

— Un martyr de sa chimère !

— Ne l'écoutez pas, reprit-elle en se tournant vers moi, et suivez votre vocation. Faites-vous des vers ?

— Oui, madame ?

— Moi, j'adore les vers patois. Votre compatriote en sait ; mais ce superbe méprise trop, pour me les dire, la langue du berceau.

Je répondis timidement qu'à sa place, je ne les ferais pas attendre. Elle me prit au mot. Après quelques strophes de Gondonli, qui la charmèrent, je me rappelle que je lui récitai, en les traduisant à mesure, ces vers de Despourrins :

> Uno poumo rougetto,
> A mens de vermillou
> Que sa raro bouqueto
> Q'embaumo de doussou.

> *Une petite pomme rose*
> *A moins de vermillon,*
> *Que sa mignonne bouche*
> *Qui embaume de douceur.*

> Ni las rosès musquates,
> Ni la flou del bruchou,
> N'esgalent tas poupètes
> En aoudou ni blancou.

> *Ni les petits muscadets,*
> *Ni la fleur di l'aubépine,*
> *En parfum et blancheur*
> *N'égalent.....*

Là, je m'arrêtai embarrassé de ma traduction.

— Eh bien, demanda malicieusement le prince, quel est l'objet que l'aubépine et les petits muscadets n'égalent pas ?

— Dites-le, ajouta la dame en me lorgnant.

— Les seins de la bergère de Despourrins, dis-je à demi-voix. Ma réponse fut couverte par un double éclat de rire.

— Bon, jeune homme ! s'écriait le prince en se livrant à son accès d'hilarité, il craignait, ma nièce, de vous faire rougir.

On apporta le thé à ce moment, et je bénis cette diversion, qui me tirait d'une position, à mes yeux même, ridicule. Je remarquai que Talleyrand, nous laissant les gâteaux, ne prit qu'une tartine de pain beurrée et couverte de poivre. Après le thé, il me reparlait de ses relations avec Cazalès ; mais un incident fort inattendu m'empêcha de suivre le fil de sa narration. La princesse de Dino, sa nièce, qui, le thé servi, était restée adossée à la cheminée, releva tout à coup robe et jupons jusqu'au plus haut des reins et se mit à chauffer tranquillement devant nous ce qui fit surnommer Vénus Callypige. J'ouvrais de grands yeux, émerveillé de la nouveauté du spectacle, du sans gêne de la dame et du calme du prince, qui continuait la conversation comme auparavant. Voyant, cependant, ma surprise :

— Mode russe, dit-il en s'étendant dans son fauteuil, et, s'adressant à la princesse :

— Vous oubliez toujours, ma chère, que le maître de mes secrets est un ancien séminariste.

> Par de pareils objets les âmes sont blessées ;
> Et cela fait venir de coupables pensées

à ce jeune homme, qui rougissait tout à l'heure, en vous traduisant les vers de Despourrins.

Nous sortîmes sur ces paroles ; car mon compatriote n'y tenait plus, et bouillonnait d'indignation toutes les fois que la princesse se chauffait à la mode russe, prétendant, non sans raison peut-être, qu'en ayant l'air de ne pas s'apercevoir qu'il fût un homme, elle le traitait comme les dames de Saint-Pétersbourg traitent leurs moujiks. Je revis plus tard le prince dans son château de Valençay. Quant au secrétaire, dans un accès de désespoir d'amour trompé ou d'ambition, il alla se tuer sur les rochers de Penne, station de chemin de fer, à quelques lieues de Montauban.

III

Après cette visite, je me mis au travail d'un cœur ferme et bardé du triple airain du poète.

Passant de ma chambre dans les bibliothèques, je ne prêtais qu'une oreille distraite aux bruits partis de la Révolution, qui montait en grondant comme les fleuves débordés. Elle arriva tout à coup, emporta en trois jours la vieille monarchie et en jeta aux Tuileries une plus jeune qui ne devait pas y rester. Malgré mon mépris pour les mouvements populaires excités par des ambitieux et exécutés par la lie des classes dangereuses, je dois convenir que les journées de juillet se distinguent toujours, dans l'histoire, de celles qui devaient la suivre. A part le spectacle écœurant de cette nuée d'habits noirs sautant par-dessus les barricades encore debout pour courir à l'assaut des places, et l'importance vraiment comique de ces bons épiciers déguisés en gardes nationaux et se croyant des héros parce qu'ils portaient la capote et les bonnets à poil des soldats de la vieille garde, la révolution de juillet offrait un caractère frappant de courage et d'abnégation. Le peuple alors fut grand et beau, et je ne peux mieux rendre l'impression que me laissa sa victoire, pure de tout excès, qu'en retranscrivant l'œuvre d'un poète inconnu, qui lisait lui-même, le soir, dans les carrefours, à la lueur de deux ou trois bouts de bougie, cette inspiration du moment, digne par sa vigueur de l'immortel auteur de la *Curée* :

LE PEUPLE,

SON NOM, SA GLOIRE, SA FORCE, SA VOIX, SA VERTU, SON REPOS.

Son Nom.

O vous qui célébrez tous les pouvoirs, ainsi
    Que le canon des Invalides,
    Et qui, pendant la lutte aussi,
    N'êtes jamais plus homicides !
Les temps sont accomplis, le sort s'est déclaré,
Des Francs sous les Gaulois l'orgueil enfin s'abaisse;
    Le coq du peuple a dévoré
    Les fleurs de lis de la noblesse,
Maintenant, paraissez ! à la tête des rangs,
Cherchez quelques héros à proclamer très grands !
Mais, entre tous, les noms que le siècle répète
Un seul reste à chanter.... cherchez encore un nom
Plus noble qu'Orléans, plus beau que Lafayette
    Et plus grand que Napoléon !

Sa Gloire.

Le peuple ! trop longtemps on n'a vu dans l'histoire,
Pour l'œuvre des sujets, que des rois admirés.
    Les arts dédaignaient une gloire
    Qui n'avait pas d'habits dorés.
A la cour seule étaient l'éclat et le courage,
    Et le bon goût, et le vrai beau ;
Les habits déchirés du peuple et son langage
Faisaient rougir la muse et souillaient le pinceau :
    Combien ce préjugé s'efface !
Nous avons vu le peuple et la cour face à face :
Elle, ameutant encor ses rouges bataillons ;
Lui, sous leur feu cruel, marchant aux Tuileries ;
Elle, tremblante et vile avec ses broderies :
    Lui sublime avec ses haillons !

Sa Force.

C'est que, le peuple aussi, malheur à qui l'éveille !
Lorsque, paisible, il dort sur la foi des serments,
    Il laisse bourdonner longtemps
    La tyrannie à son oreille ;
Il semble Gulliver environné de nains...
    Voyez par des fils innombrables
    Des milliers de petites mains
    Fixer ses membres redoutables :
Ils y montent joyeux, triomphants... Le voilà
Bien lié !... Que faut-il pour briser tout cela ?
Qu'il se lève ! — Déjà, de ses mains désarmées,
Il lutte avec les forts où gît la trahison,
Et son pied, en passant, couche à bas les armées,
    Comme les crins d'une toison.

Sa Voix.

Et puis, victorieux, il jette un cri sublime
Dont ceux qu'on a crus morts s'éveillent en sursaut,
    Qui fouille au plus profond abîme,
    Éclate au faîte le plus haut !
Un cri de liberté qui gronde et qui dévore,
Que frontières ni murs n'arrêtèrent jamais ;
Tonnerre au vol immense, à l'éclair tricolore,
    Qui menace tous les sommets !
Cri dont se fait l'écho toute poitrine libre,
Cri qui des nations renverse l'équilibre ;
Oracle qu'en tous lieux et cultes et partis
Reconnaissent divin... et comprennent s'ils peuvent,
Et qui fait que les rois sur leurs trônes s'émeuvent,
    Pour sentir s'ils sont bien assis !

Sa Vertu.

Je crois le voir encor, le peuple, aux Tuileries,
Alors que sous ses pieds tout le palais trembla !
    Que de richesses étaient là !
    Étincelantes pierreries,
Trône, manteau royal sur la terre jeté,
Colliers, habits, cordons oubliés dans la fuite,
Enfin, tout ce qu'avait la famille proscrite
    De grandeur et de majesté !
Eh bien, de ces trésors rien pour lui qui le tente ;
De les fouler aux pieds sa fureur se contente ;
Et, dans ce grand château d'où les valets ont fui,
Partout, sans rien détruire, il regarde, il pénètre ;
Montrant qu'il est le roi, montrant qu'il est le maître
    Et que tout cela, c'est à lui.

Son Repos.

Non, rien de ces trésors, qu'il voit avec surprise,
Ne le tente. Il confie à des princes nouveaux
    Sa couronne qu'il a reprise
    Et puis retourne à ses travaux.
Maintenant, courtisans de tout pouvoir qui règne,
Accourez, battez-vous, traînez-vous à genoux
    Pour ces oripeaux qu'il dédaigne
    Et qui ne sont bons que pour vous!
Mais, lorsque des grandeurs vous atteindrez le faîte
N'ayez point trop d'orgueil d'être assis sur sa tête,
Et craignez de peser sur lui trop lourdement ;
Car tranquille au plus bas de l'immense édifice,
Pour que tout, au-dessus, penche et se démolisse
    Il ne lui faut qu'un mouvement!...

Tel était peint au vrai le peuple de 1830, qui ne ressemblait guère, comme on voit, aux insurgés de juin en 1848 et aux fédérés de 1871 ; il y a trois siècles entre ces trois peuples. Courage, probité, désintéressement se trouvaient bien en ce temps-là sous la veste et la blouse, comme la vanité, le ridicule sous l'uniforme de la garde nationale ; l'intrigue, l'avidité, l'audace et l'impudence, poussées à leurs extrêmes limites, sous l'habit des solliciteurs.

La Révolution des Trois jours, en ébranlant violemment les esprits, acheva de jeter à bas le vieux temple classique déjà bien lézardé. C'était l'abomination de la désolation dans le camp des littérateurs de l'Empire. La tragédie se mourait, la tragédie était morte. La politique elle-même se sentait impuissante à la soutenir. On essaya de jouer une de ces pièces interdites par la censure des Bourbon ; ce qui devait, pensait-on, ramener la foule, hélas! si rétive, au Théâtre-Français. Le *Brutus* de M. Andrieux, malgré ses tirades libérales, ne parvint pas à remplir la moitié des banquettes et s'éteignit piteusement dans la solitude et l'ennui des spectateurs.

Après avoir écouté cette sorte de testament au théâtre, j'eus la curiosité d'aller entendre l'auteur au Collège de France où il professait la littérature française. L'impression produite me consolait peu du *Brutus*. Figurez-vous un singe, petit, vieux, au visage plissé de rides et déclamant d'une voix aigrelette et cassée des lieux communs contre le romantisme et des épigrammes du goût de celle-ci : « Vous croyez, Messieurs, que les romantiques ont inventé le vers haché, l'inversion et la coupe originale?.. point!.. Il y a longtemps que tout cela était connu,.. témoin ce vieux distique :

>   Enfin dans le palais nous arrivâmes, car
>   La porte était ouverte et nous passâmes par !... »

Laya, un autre immortel, professeur d'éloquence à la Sorbonne, lisait derrière son chapeau un carnet antique dont les feuillets, jaunes comme le beurre attestaient l'âge vénérable. Saint-Marc Girardin seul cherchait l'esprit dans sa chaire et l'y rencontrait quelquefois. Au total, le haut enseignement, veuf de la parole éloquente de Guizot, de Villemain et de Cousin, qui avaient déserté leur chaire pour les hôtels ministériels, n'offrait plus qu'un intérêt médiocre et qu'une utilité pratique vaine ou douteuse. Aussi je l'abandonnai complètement pour les bibliothèques et les théâtres. Ces derniers venaient de se transformer en champ de bataille. Lutte ardente de tous les soirs, où l'avenir, sous les traits d'une jeunesse folle d'enthousiasme et ivre du nouveau, disputait énergiquement la victoire au passé représenté par tous ceux qui l'avaient précédée dans la vie et dans le succès.

Détaché de Casimir Delavigne par l'étude du théâtre étranger et, pourquoi ne l'avouerais-je pas? par la platitude de *la Parisienne*, que de maladroits prôneurs comparaient à *la Marseillaise*, j'étais de cœur avec les romantiques, mais sans cesser de respecter les fronts et les talents vieillis. Ce sentiment qui me suivra jusqu'au tombeau m'attira une scène dont le contre-coup devait se faire sentir longtemps et fatalement dans ma carrière dramatique. On jouait *Hernani*, que je venais d'applaudir, comme tous nos jeunes contemporains, avec frénésie. Dans un entr'acte, je monte au foyer des artistes et tombe au milieu d'une discussion violente, commencée avant mon arrivée entre le baron Taylor et M. de Jouy. Au moment où j'entrais, ce dernier, vieillard des plus respectables par son âge et son passé tout littéraire, était grossièrement apostrophé par son interlocuteur, qui lui disait à la figure :

— Oui, nous triompherons ! ma tête est noire et la vôtre blanche, et je verrai longtemps cette victoire, que bientôt vous ne verrez plus !

Ces paroles insolentes me frappèrent comme un soufflet. Le sang est chaud dans le Midi, et le mien, à vingt ans, bouillonnait comme de la lave. Je vais droit à Taylor, et, lui touchant l'épaule : « Ma tête lui dis-je en le toisant d'un air significatif, est plus noire que la vôtre !

— Qu'est-ce que cela veut dire, Monsieur ?

— Qu'on ne parle pas à un homme de l'âge et du mérite de M. de Jouy, comme vous venez de le faire !

Taylor recule alors, et, croisant ses bras sur sa poitrine :

— Savez-vous qui je suis, Monsieur ?

— Parfaitement !.. Vous êtes le commissaire anglais choisi par les alliés pour dépouiller le Musée du Louvre des tableaux conquis par nos armes !...

— Monsieur, nous nous reverrons...

— J'en doute ; mais, si l'envie vous en prend jamais, je m'appelle comme monsieur, dis-je, en désignant l'ex-acteur Lafon, présent à la scène, et je demeure rue Neuve-Richelieu, hôtel *Richelieu*.

Il était déjà sorti, et la plupart des spectateurs de ce débat avec M. de Jouy, qui, me serrait cordialement la main, m'entraînèrent au café *Minerve*.

J'ai dit qu'à première vue, j'avais applaudi chaleureusement *Hernani*. En y regardant de plus près, l'enthousiasme se refroidit. Comme drame, l'œuvre m'apparut telle qu'elle est réellement : un assemblage de scènes incohérentes, soudées par de beaux vers et parfois aussi ridicules, à part la scène des tableaux, empruntée à Schiller, que ce roi d'Espagne qui se cache dans une armoire, et ce bandit, caricature du brigand allemand prêt à tout tuer, tirant à tout bout de champ son eustache et ne frappant personne. Mis dès lors en défiance, j'observai curieusement le mouvement romantique et j'avoue que le moyen âge en carton-pâte inventé par nos chers confrères m'amusa pendant toute cette période comme une bonne comédie. N'ayant fait aucune étude sur ce terrain, ils n'en savaient pas le premier mot et je ris encore de la colère d'un attaché aux Archives de la rue du Chaume, grand déchiffreur de manuscrits, lorsque, après une journée passée sur les documents et les chartes du XIIe ou du XIIIe siècle, nous lisions ensemble les romans et les drames du jour.

IV

Sur le côté droit de la rue de l'Ancienne-Comédie et presque en face du café Procope, encore plein des ombres de Voltaire et des lettrés du xviiie siècle, se trouvait le restaurant Edin, tenu par un gros bonhomme à face joufflue qu'on appelait Pinson. Le teint frais, vermeil, et l'oreille rouge, Pinson, en habit noir, la cravate blanche dès le matin, faisait, en digne élève de Carême et avec dignité, les honneurs de son établissement, fréquenté par l'élite de la population grecque et latine, artistique, scientifique et littéraire. Ainsi, près de la table du vieux Desprets, professeur de physique, et de l'astronome Biot, on voyait assis Charlet, le dessinateur militaire, le peintre Jean Gigoux, quelquefois, mais rarement, et les jours d'Institut, Paul Delaroche, et, plus loin, convives assidus, Jules Janin,

Delaunay, directeur de *l'Artiste*, l'éditeur Renduel et le jeune fils de mon père.

C'est là que je vis, pour la première fois, deux personnes destinées à une célébrité d'un caractère bien divers : George Sand et l'aimable et bon écrivain qui lui avait cédé la moitié de son nom. Comme homme, avec ses doux yeux bleus, ses cheveux blonds et sa figure souriante, Jules Sandeau était charmant ; on eût dit une femme habillée en homme, et sa célèbre compagne, un homme à moitié déguisé en femme. Madame Sand a fait d'elle un portrait aussi flatté que celui de Boulanger ; je dois dire, l'ayant vue vingt fois avec des yeux de vingt ans qui ne diminuaient pas la beauté des femmes, qu'elle n'avait rien de bien séduisant. Une figure mentonnée, le nez des brebis du Berry et trop fort, une bouche trop grande, des yeux trop hardis, assez de cheveux, mais d'une longueur ordinaire, voilà ce qui frappait en elle. Joignez-y la tournure ridicule que, par les jambes et le buste, développe une femme sous le costume masculin, avec une gorge qu'on eût admirée à bon droit à la Maternité et vous verrez madame George Sand telle qu'elle apparut, sous sa forme plastique, à la jeunesse de 1831.

Si elle avait eu peu d'attraits pour moi comme femme, il n'en était pas de même comme écrivain. Ce jeune talent, à son lever surtout, m'enchanta ; je n'oublierai jamais l'impression que me laissa la lecture de ses deux premiers romans *Indiana* et *Valentine*. La fraîcheur des descriptions, bien que procédant des *Études sur la Nature* de Bernardin de Saint-Pierre, la vérité des personnages et, avant tout, ce coloris charmant d'un talent en floraison printanière, nous ravissait tous.

Traduisant cette impression, deux ou trois ans plus tard, je disais dans une des pages de *Silvio* :

Comme une aube d'amour qui rayonne dans l'âme,
Le matin, j'avais vu se lever cette femme
  De loin sur mon chemin :
Elle venait, ayant, comme deux fraîches roses
Sur le jeune églantier avant la pluie écloses,
  Deux enfants à la main ;
De ces filles d'un jour qu'en esprit la mort change,
Que sur ses ailes d'or, en souriant, un ange
  Dans le ciel amena ;
De ces vierges de Dieu que Raphaël dessine :
Et disait sa voix douce à l'une *Valentine*
  A l'autre *Indiana*.
D'arome, de fraîcheur la campagne était pleine,
A ses pieds, liserons, thym, baume et marjolaine
  Parfumaient le gazon.
Des blonds acacias les tiges arrosées
Sur son front s'égouttaient humides des rosées
  De la tiède saison.
De plaisir à la voir la foule était ravie,
Gloire et joie accouraient au devant de sa vie.
  Oh ! bonheur, à ses jours !
Puisse le beau soleil qui paraît et la flatte
De son dôme d'azur à tenture écarlate
  Étinceler toujours !

Mes relations avec Jules Janin datent de cette année. J'avais fait connaissance avec lui rue du Dragon, chez un de mes compatriotes du Midi, Eugène Labat, ancien précepteur du fils de M. de Lasteyrie et qui s'occupait de théâtre et de littérature avant que, par la protection du père de son élève, beau-frère de Lafayette, on lui eût donné le poste, qu'il remplit du reste avec honneur et probité jusqu'à sa mort, d'archiviste de la préfecture de police. C'était, comme Janin, un fanatique du domino. Je le jouais passablement, et, avec Burette et Janin, qui adorait ce jeu et s'y croyait de première force, nous faisions presque tous les jours d'interminables parties à quatre au café *Voltaire*. Janin venait de publier un roman qui éclata tout à coup à grand bruit comme un obus moins littéraire que politique. *Barnave*, dirigé surtout contre le roi et la famille d'Orléans, le rendit suspect au premier chef. Selon les us de cette époque, on mit à ses trousses un policier chargé de tenir registre de tous ses faits et gestes. Or, cette surveillance, par la bêtise de l'agent, amena un quiproquo des plus joyeux. Janin usait, en général, d'une grande liberté de langage. A la fin d'une de nos parties, il dit un jour en se levant :

— Allons ! maintenant je vais avec ma truie !

Prenant ces mots à la lettre, le policier se hâte de les coucher sur son calepin et court rue de Jérusalem annoncer que cet infâme auteur de *Barnave* avait des mœurs plus infâmes encore !

Le préfet en frémit d'horreur. Il s'agissait de prendre cet être effréné en flagrant délit. On lance une escouade d'agents qui, entourant à l'improviste la maison où il se rendait, rue de l'Ouest, entrent tout à coup et surprennent Janin dans les bras de mademoiselle Georges, qu'il désignait d'ordinaire par ce gracieux qualificatif. On voit d'ici les têtes des agents et surtout l'ahurissement de l'homme au calepin.

C'est vers le même temps que les fils de Saint-Simon firent leur apparition au quartier Latin. Leurs jaquettes bleues, serrées à la taille par une ceinture de cuir verni; leurs pantalons rouges, leurs barbes, que les sapeurs portaient seuls avant eux, et leurs toques écossaises, y produisirent un effet de curiosité et de surprise qui devenait souvent de l'hostilité. Ils tenaient leurs conventicules dans une salle de danse située à côté de Flicoteaux, le légendaire restaurateur de 1830, et qui formait un des angles de la place de la Sorbonne. La cage de l'orchestre suspendue et clouée au mur leur servait de tribune. J'allais quelquefois écouter leurs divagations. Un jour, je m'y trouvai assis sur un banc à côté d'une jeune femme habillée de bleu des pieds à la tête; costume excentrique au dernier point, mais qui s'harmonisait fort bien avec ses yeux doux et ses cheveux d'un blond fauve. Nous causâmes très librement, et, la séance finie, elle voulut bien me demander mon nom et mon adresse: je lui montrai, en sortant, l'hôtel où je perchais, et j'avais oublié mon luet, lorsque, cinq ou six jours après, le domestique, ouvrant ma porte, m'annonça Julie Fanfernault.

— En votre qualité de civilisé, me dit-elle en entrant, vous êtes peut-être surpris de ma visite...

J'allais protester galamment, elle ne m'en laissa pas le temps, et, se débarrassant, comme chez elle, de son chapeau et de son châle, elle ajouta :

— J'ai mis ma pudeur au soleil et je l'y ai étendue comme un linge qu'on fait sécher.

Enchanté qu'elle eût pris mon humble logis pour séchoir, j'approuvai toutes ses théories et, pendant tout le printemps de cette première année révolutionnaire, elle put croire avoir gagné un disciple à la secte du père Enfantin.

On rencontrait alors, dans quelques salons de l'autre côté de l'eau et dans les réunions littéraires, une fille de l'Armorique jetée à Paris, comme un alcyon de ses mers, par le vent de la poésie. Petite, d'un brun presque noir, avec des yeux de jais et d'une expression douce et profonde Élisa Mercœur, comme tant d'autres, était venue brûler ses ailes au soleil de Paris. Protégée de Chateaubriand, que de beaux rêves elle avait dû faire avec sa mère dans la diligence de Nantes à Paris ! Le réveil fut triste et cruel ! Tout ce que lui valut le patronage du grand écrivain se résuma dans une soirée à l'Abbayeau-Bois, où elle fit bâiller avec ses vers Villemain et Ballanche, dans l'entrée de deux ou trois maisons du faubourg où régnait la Bretagne, et dans un misérable secours de quatre cents francs par an, un morceau de pain vendu assez cher par l'intolérance de ses jeunes confrères. Ceux, je dis le grand nombre, qui professaient des opinions républicaines, regardaient comme un crime tout contact avec le gouvernement; ils reprochaient presque à Élisa Mercœur de vendre son talent au pouvoir. Si bien que cette obole, sans laquelle elle n'eût pu vivre, lui devenait pénible à recevoir et était maudite en secret.

Souvent elle protesta contre cette injustice.

« Vous ne me connaissiez pas, m'écrivait-elle quelque temps avant sa mort, quand vous avez pu croire :

> Qu'à ce marché honteux, par l'intérêt forcée,
> Ma Muse pouvait vendre un hommage imposteur,
> Oh ! ne le croyez pas ! Non ! ma libre pensée
> De la vérité seule, au charme inspirateur,
>   Subit la puissante influence
>   Et, dans sa fière indépendance,
>   Ne sait obéir qu'à mon cœur. »

J'en étais persuadé, pour mon compte ; mais elle n'eut pas le temps de convaincre ceux qui doutaient. La vie s'éteignit en elle avant que son talent eût donné sa mesure, et, chose triste à dire, hélas ! ce ne fut pas la poésie qui la tua [1].

Le commencement de l'été de 1833 amena entre un étrange personnage et moi un contact que je n'aurais certes pas cherché. On jouait à l'Ambigu un drame intitulé *les Deux Roses* dans lequel Montigny, depuis directeur du Gymnase, figurait comme acteur et comme auteur. Par extraordinaire, le paisible Charles, mon oncle, eut envie de voir cette production boulevardière, je pris deux stalles de balcon, et, après un dîner au *Banquet d'Anacréon*, d'où aucun de nous ne se leva avec la soif, bien qu'il fît une chaleur torride, nous montâmes au théâtre. Le premier acte joué, mon oncle, altéré comme un sycomore au milieu du désert, propose d'aller se rafraîchir ; nous descendons au café, et, en regagnant nos places avant la fin de l'entr'acte, je trouve sur nos deux stalles où j'avais laissé une carte et un *Vert-Vert*, un chapeau et une paire de gants. Malgré les représentations pacifiques de mon compagnon, je jettai les gants et le chapeau dans le corridor et m'assis dans ma stalle. L'oncle seul, agité d'une inquiétude visible, se tenait debout devant la scène.

---

1. Dans l'ouvrage intitulé *Victor Hugo, raconté par un témoin de sa vie*, on dit, t. II, p. 371, que le grand poète, après avoir renoncé à sa pension, pria le ministre de l'intérieur de la reporter, en tout ou en partie, sur Élisa Mercœur, mais que M. Thiers répondit qu'il ne pouvait rien faire pour sa protégée. Le témoin était mal informé. La jeune muse bretonne touchait une pension littéraire.

Tout à coup, je le vis pâlir et l'entendis murmurer d'un air de profonde terreur :

— Ah ! mon Dieu, c'était Charles Maurice !

Je tournai la tête et j'aperçus un homme grand, osseux, d'assez mauvaise mine qui s'avançait vers nous en fronçant le sourcil. Arrivé à nos stalles :

— Il y avait là, dit-il d'un ton rude et provocateur, un chapeau et des gants, qui s'est permis d'y toucher ?

— Ce n'est pas moi, s'écria mon oncle Charles d'une voix tremblante.

— Je le crois, reprit-il en lui jetant un méchant regard ; mais qui est-ce ?

— Moi ! lui dis-je tranquillement.

— Vous, jeune homme ?

— Moi-même !

— Savez-vous qui je suis ?

— Non, ni ne m'en soucie !

— Il faut que vous l'appreniez, cependant. Je m'appelle Charles Maurice !

Puis, voyant que ce nom, la terreur des comédiens et des actrices qu'il dominait embusqué dans sa feuille de chou comme en ses bois un bandit des Abbruzes, ne semblait pas produire une grande impression :

— Je vous ai dit mon nom, jeune homme, puis-je à présent savoir le vôtre ?...

— Le voici avec mon adresse que vous aviez trouvée sur nos stalles, quand vous avez cru devoir vous en emparer en mon absence.

— Si je me suis trompé, vous pouviez me le faire savoir autrement qu'en jetant mon chapeau et mes gants dans le couloir ; c'est de cette façon un peu cavalière d'agir que vous voudrez bien me rendre raison.

— Ce soir même si vous voulez !

— Demain, vous aurez de mes nouvelles.

— A demain donc !

La querelle avait fait du bruit. Dans l'entr'acte, Charles Maurice alla se renseigner au foyer auprès de Janin et de Labat, ses anciens collaborateurs, qu'il avait vus avec moi; l'un et l'autre m'attribuèrent à l'épée une force dont j'étais fort loin.

— C'est un Bordelais, disait Janin, fils d'un militaire, et né un fleuret à la main.

— Regardez-le, disait Labat quand je passais en me promenant avec l'oncle, il a des nerfs d'acier, et quelle élasticité ! quelle vigueur !

Ces deux avantages, n'étaient pas trop exagérés ; et quoique mon adversaire eût une réputation bien établie de spadassin, je passai une nuit assez tranquille. Le lendemain, Esquiros, mon voisin et mon commensal, que j'étais allé avertir, vint avec un fils du Périgord, mon ami, me prendre en fiacre. Le rendez-vous était chez M. Saint-Hilaire, ancien intendant militaire et régisseur, à cette époque, de la Porte-Saint-Martin.

Là, mes témoins, s'étant abouchés avec ceux du spadassin qui étaient Janin et Labat, une discussion s'engagea sur le choix des armes. Ces messieurs, pour égaliser les chances autant que possible, venaient d'adopter le pistolet. Voilà qu'une porte latérale s'ouvre doucement, Charles Maurice entre à pas comptés dans l'appartement et me regardant d'un air terrible :

— Messieurs, dit-il, ce jeune homme a besoin d'une leçon !

— Prenez garde de la recevoir ! reprit froidement Esquiros.

— Il a besoin d'une leçon ! et je vais la lui donner tout de suite.

Montant en même temps sur une chaise, il se mit à déclamer le récit de Théramène, que nous le laissâmes, en riant et haussant les épaules, achever devant ses témoins, aussi surpris que nous de ce dénouement imprévu.

Quoique je ne l'eusse revu qu'une fois aux Archives, dont il avait fait donner la direction à son ami Lebrun, qu'il visitait de temps en temps, je suivais, sans en souffler mot à personne, le conseil de Béranger. Ma journée appartenait aux bibliothèques, mes soirées au théâtre, une partie de mes nuits aux compositions dramatiques. Outre le drame, si malheureusement interrompu chez Célimène, rue de la Tour-des-Dames, j'en avais fait un autre, aussi en vers, sur la révolution de juillet, que, sur l'excellent conseil de Jemma et de Provost, acteurs de la Porte-Saint-Martin, je jetai au panier, moins le dernier acte, joué à Toulouse, l'année suivante, au théâtre du Capitole. C'est à cette occasion que je fis connaissance avec Granier de Cassagnac père, Louis de Maynard, Burat de Gurgy, trois journalistes toulousains que je devais retrouver l'an d'après à Paris.

Chez Lafon, le tragique où, je n'allais plus que rarement, je m'étais lié avec Perrier de la Comédie Française. Perrier aimait ma gaieté, *ma bonne figure*, comme il l'appelait, et ma manière insouciante et heureuse de mener la vie. Il venait quelquefois déjeuner avec moi chez Serveille, un des bons restaurants du quartier Latin, qui s'ouvrait en face de la rue de l'École-de-Médecine. Dans une de ces agapes artistiques, je lui confiai le plan d'une nouvelle production théâtrale dans laquelle je me proposais de ressusciter deux grandes figures du XVIe siècle, le maréchal de Montluc et Catherine de Médicis.

Encouragé par lui, je me mis à l'œuvre. A mesure qu'elle avançait, j'allais la lui réciter dans son appartement de la rue du Doyenné, et il n'était pas le seul qui reçût cette confidence. Les jeunes auteurs dramatiques sont comme la poule qui chante aussitôt qu'elle a fait son œuf. Eugène de Pradel, le célèbre inprovisateur, étant venu me remercier d'un article que Jules Janin avait fait sur lui à ma sollicitation, je ne pus m'empêcher de lui débiter quelques tirades de ma pièce. Il les loua, bien plus sans doute qu'elles ne le méritaient, et m'invita sur-le-champ à ses soirées. Je trouvai là, avec deux ou trois gens de lettres et quelques musiciens peu connus, Maillon, Jacques Arago, Saint-Arnaud et le frère du chirurgien de l'Hôtel-Dieu, Samson, médecin lui-même, mais qu'un goût très vif poussait vers la littérature.

Ma pièce ne fut pas trouvée mauvaise ; mais on jugea ma diction exécrable, et, soit qu'on eût raison ou que ce fût un parti pris, tous me conseillèrent de faire lire ce drame par l'improvisateur, qui lisait, en effet, d'une manière remarquable. A demi convaincu, je me rendis et donnai à Pradel pour l'étudier, avant la lecture que Perrier m'avait obtenue à la Comédie française, mon unique manuscrit.

Le jour venu, je me rends au café *Minerve*, où devait me rejoindre mon lecteur. Une demi-heure auparavant, voici le billet que m'apporte un de ses commensaux. C'était.... non, je ne le nommerai pas !

« Mon cher ami, il m'arrive un affreux malheur ! je viens d'être arrêté pour dettes, et, si je n'ai pas dans vingt minutes une somme de cinq cents francs, le garde du commerce m'emmène à Sainte-Pélagie avec votre manuscrit qu'il croit m'appartenir. Voyez si vous pouvez me tirer de là pour ne pas perdre votre lecture. »

Le porteur du billet me regardait, je levai à mon tour les yeux sur lui et les siens se baissèrent. Comme je gardais le silence :

— Que faut-il dire, demanda-t-il à M. de Pradel

— Vous lui direz que je le remercie de la nouvelle édition qu'il veut bien me donner des *Liaisons dangereuses.*

— Que croyez-vous donc ?

— La vérité. Pradel improvise à merveille, seulement, aujourd'hui, il a changé de genre et sa comédie a pour titre *le Garde du commerce.*

— Je vous jure....

— Il suffit, monsieur; je n'ai besoin pour cette affaire ni de lui ni de vous, et, payant ma consommation au vieux père Tharin, je me levai et me dirigeai tranquillement vers le Théâtre Français placé de l'autre côté de la rue. L'ami de Pradel me suivit jusqu'à la porte et ne se retira, bien désappointé à coup sûr, qu'en me voyant gravir les premières marches de l'escalier. Dix minutes plus tard. mon protecteur Perrier me présentait à l'aréopage comique réuni pour m'entendre et me juger.

La salle était la même qu'aujourd'hui. Mais le comité de la vieille Comédie-Française différait de composition et d'aspect avec le comité moderne. Il se composait, ce jour-là, de Grandville, un ancien comédien à perruque noire, sourd comme un pot ; Desmousseaux et Dunilâtre, deux tragédiens ou plutôt deux classiques intransigeants ; Monrose, un artiste de vrai talent, mais nerveux jusqu'à la folie ; Menjaud, gravé, comme une écumoire, de petite vérole, et dont le jeu élégant faisait oublier la laideur ; et enfin de Perrier.

Le côté des femmes, car elles avaient droit égal au vote, était représenté par madame Desmousseaux, grande femme, sèche et longue comme un manche à balai ; par mademoiselle Mante, qui en pesait, avec ses formes plantureuses, douze au moins comme sa doyenne ; et par Rose Dupuis, charmante personne à l'œil intelligent et noir.

Perrier me présenta, me fit asseoir devant le pupitre et le verre d'eau sucrée traditionnel, et m'invita en m'encourageant de l'œil à commencer ma lecture. Je racontai alors, en manière de préface, ce qui venait de m'arriver et montrai le billet de Pradel. Un murmure d'indignation s'éleva des deux côtés. Ces dames ne parurent pas moins émues du fait que les hommes. Le plus contrarié semblait Perrier, qui croyait la lecture manquée. Il fut donc aussi surpris que les autres lorsque je me déclarai prêt à réciter ma pièce sans manuscrit. Pour la rareté de l'événement sans doute, le comité consentit à m'entendre. Je dis le titre : *les Pâques de la Reine*, les noms des personnages, puis je débitai, sans me tromper ni me troubler, les quinze cents vers de mon drame. Si j'avais eu moins de sang-froid et une foi moins ferme dans la sûreté de ma mémoire, ce tour de force, qui intéressait sans doute mes auditeurs plus que mon œuvre dramatique, se serait peut-être arrêté au troisième acte. Au moment où je le commençais, en effet, la porte du cabinet directorial s'ouvrit et M. Taylor vint s'asseoir au milieu de mes juges. On le mit au fait de ce mode nouveau de lecture; il ne répondit pas un mot et ne cessa de me regarder fixement jusqu'à la fin de l'acte. Espérait-il me troubler? Peut-être oui, peut-être non! Il est certain que, sans la scène de M. de Jouy, il m'eût été plus favorable. J'ignore, du reste, et je n'ai jamais voulu savoir quelle avait été dans le verdict sa part de responsabilité. Il me fut annoncé, ce verdict souverain, que j'attendais dans la salle voisine avec un vif battement de cœur, par mon ami Perrier.

— Le comité vous reçoit pour vous encourager; il ne jouera pas votre drame à cause de votre jeunesse; mais il vous engage à travailler de plus belle et à lui apporter une autre pièce. En attendant, il m'a autorisé à faire connaître sans réserve votre réception dans les journaux.

Cette réception ne m'encourageait pas beaucoup; j'en parlai le soir à Provost, qui me conseilla de porter la pièce à son directeur. Harel dirigeait alors la Porte-Saint-Martin. C'était un homme à qui le goût ne manquait pas, mais qui manquait toujours d'argent. Il écouta mon drame avec une attention des plus sympathiques.

— Le premier acte est court, dit-il, mais bien fait. Voyons l'autre.

Je lus le second.

— Bien! bien! Une chose m'étonne, murmurait-il; dans toutes les pièces des jeunes auteurs, il faut couper à chaque scène, et ici, rien. Passons au troisième.

Le troisième achevé.

— Mon cher Monsieur, dit-il en se levant, je reçois votre pièce, je la monte immédiatement et vous donne Georges pour votre reine, à une seule condition.

— Laquelle ?

— Vous allez m'avancer mille francs que je vous rendrai à la vingtième représentation.

L'ombre de Pradel m'apparut derrière ce directeur besogneux et sans cesse aux expédients. Je ne réfléchis pas à ce que sa proposition avait d'avantageux en m'ouvrant à deux battants des portes si difficiles à faire rouler sur leurs gonds. La seule impression que je reçus fut, non pas le sacrifice d'une somme qui se trouvait presque toujours dans mon bureau, mais l'idée, honteuse à mes yeux, et des plus blessantes pour mon amour-propre, de payer pour faire jouer ma pièce.

Je refusai donc, et, comme ne cessa de me le répéter Harel jusqu'à la dernière marche de l'escalier, j'eus tort.

Perrier avait tenu parole : une des réclames publiées par la presse du temps tomba sous les yeux de Charles Malo, directeur de *la France littéraire*, et il vint m'offrir la revue des théâtres, que j'acceptai avec plaisir, dans son recueil. Cela se passait en mars 1833. A *la France littéraire,* je trouvai Léon

Gozlan, Théophile Gautier, Xavier Marmier, l'académicien actuel, et Granier de Cassagnac père ; il était venu à Paris, par suite d'une mystification gasconne du plus mauvais goût qu'un sien camarade nommé Dupau imagina pour se moquer de ses prétentions un peu gonflées par l'air si vif de la Garonne, mais que justifiait au fond un mérite réel ; se procurant je ne sais comment du papier à tête du ministère des affaires étrangères, il lui adressa à Toulouse une lettre ainsi conçue :

« Monsieur Granier de Cassagnac.

» J'ai l'honneur de vous informer que, sur la recommandation de M. Romiguière, pair de France, vous avez été nommé officier du corps diplomatique. »

En recevant cette pièce, dont la signature était illisible, comme la plupart, du reste, des signatures officielles des administrations, Granier de Cassagnac embrasse ses amis, fait sa malle et s'envole, léger d'argent mais riche d'espérance, vers la capitale des places et des honneurs. A peine a-t-il touché ce sol ardemment désiré, qu'il court au ministère des affaires étrangères et se précipite comme un fou dans la cour, dont l'entrée était alors dans la rue Neuve-Saint-Augustin, tout à côté du boulevard des Capucines.

En voyant cette invasion, le concierge sort de sa loge :

— Monsieur ! monsieur ! où allez vous ?...

— Où je vais ? répond Granier tranquillement, au bureau des officiers diplomatiques.

— Vous dites ?...

— Je dis au bureau des officiers diplomatiques.

— Vous devez vous tromper, nous n'avons pas ça ici.

— Voyez si je me trompe, répliqua fièrement Granier en déployant sa lettre.

— Tiens! tiens! après ça, c'est peut-être une nouvelle fonction qu'ils ont créée; les députés demandent tant de places !

— Justement c'est un pair de France qui me l'a fait obtenir.

— Bien! bien! voyez au secrétariat, premier couloir, deuxième bureau à gauche. Le cerbère ministériel regagna sa loge, et Cassagnac, après plusieurs tours et détours dans les couloirs, parvint enfin au secrétariat. Il renouvelle sa demande et, à la surprise peinte sur le front de l'employé, le froid du doute et la triste vérité commencent à glacer son cœur ; une explication s'ensuit après laquelle Granier sort convaincu autant que possible qu'il a été la dupe d'un méchant mystificateur.

Sans répondre au concierge, qui, le voyant revenir la tête basse et l'œil navré, lui criait d'un ton gouailleur : « Eh bien! avez-vous trouvé le bureau des officiers diplomatiques ?... » il sortit précipitamment et dut avoir un rude moment d'angoisse en se trouvant sur le boulevard seul, et la bourse vide, dans ce grand désert d'hommes qu'on appelle Paris.

D'abord atterré, il y avait de quoi, Cassagnac, nature forte et énergique, se redressa comme un jeune peuplier violemment courbé par l'orage, il n'hésita pas à jouer sa dernière carte qui consistait dans une lettre signée Victor Hugo. Granier lui avait écrit de Toulouse : *Vous êtes le Roi de la littérature*, et, fidèle à son habitude de thuriféraire universel, le maître se hâta de riposter : *Vous êtes, vous, de ces sujets qui détrônent leur roi ! Venez, mes bras vous sont ouverts.*

Prenant, comme moi pour Casimir Delavigne et Laffitte, ces banalités au sérieux, Cassagnac se rend à la place Royale et fait passer sa carte au poète, ne doutant pas que toutes les portes ne s'ouvrissent d'elles-mêmes à son nom. Jugez de sa surprise, en voyant la bonne revenir avec sa carte et ces paroles :

— Il y a erreur, probablement, mon maître ne connaît pas Monsieur.

Atteint cette fois en plein cœur, l'enfant de Toulouse chancela. Tirant de sa poche la lettre d'Hugo il eut à peine la force de la renvoyer au poète. Celui-ci, qui en avait écrit des milliers depuis et ne s'en souvenait pas plus que du jour de son baptême, parut quelques instants après, et, aux phrases toutes clichées qu'il prononçait en le conduisant doucement vers la porte, le pauvre jeune homme comprit enfin la triste vérité, et, pris d'un profond découragement, se mit à fondre en larmes.

Ému de cette douleur, Victor Hugo en demanda la cause, et, lorsqu'il sut la mystification dont il venait d'être victime et qu'en l'interrogeant, le vrai de sa situation lui fut révélé, il en eut pitié et lui donna une lettre de recommandation pour Anténor Joly, directeur du *Vert-Vert*, qui l'accepta immédiatement comme rédacteur de cette feuille [1].

Les grands hommes ne font rien pour rien, l'auteur d'*Hernani*, bon juge en cette matière, ne tarda pas à s'apercevoir que son protégé réunissait à une vigueur de style peu commune un vif et remarquable esprit de polémiste et de critique. Aussitôt, il trouva bon d'en profiter pour lui-même. La célébrité d'Alexandre Dumas, plus éclatante alors dans le grand public que la sienne, le blessait vivement. Il la livra non sans colère à Cassagnac en lui ouvrant les colonnes du *Journal des Débats*. Le critique avait bonne poigne et scalpel tranchant; il étendit Dumas sur ce nouveau lit de Procuste et l'y disséqua impitoyablement. Tous les emprunts faits par lui aux théâtres étrangers furent détachés de son œu-

---

1. Cet épisode est raconté tout différemment par le témoin de la vie de Victor Hugo, voir t. 2, p. 377; mais il était encore mal informé. 1° Granier de Cassagnac ne fut jamais professeur à la Faculté de Toulouse; 2° au lieu de rédiger *le Patriote* et de l'avoir fondé, il le combattait, au contraire, tous les jours dans *la France méridionale*, journal juste milieu. Quant à la main qui l'introduisit aux *Débats*, tout le monde la connaissait.

vre et mis à nu. L'impression laissée dans les esprits par cette opération rudement accomplie fit descendre de plusieurs crans la réputation du dramaturge. Ceux qui savaient eurent beau montrer que le même reproche pouvait être adressé à Victor Hugo, le coup était porté, et l'attaque atteignit son but. Quant à Dumas, cœur sans rancune, il oublia si complètement ce bon trait de confrère, que, vingt-quatre ans après, on lisait dans *l'Indépendance belge* la lettre suivante adressée à M. Empis :

« Monsieur,

» J'apprends que le Courrier du *Figaro*, signé Suzanne, est de mademoiselle Augustine Brohan.

» J'ai pour M. Victor Hugo une telle amitié et une telle admiration, que je désire que la personne qui l'attaque au fond de son exil, ne joue plus dans mes pièces.

» Je vous serais, en conséquence, obligé de retirer du répertoire *Mademoiselle de Belle-Isle* et *les Demoiselles de Saint-Cyr*, si vous n'aimez mieux distribuer à qui vous voudrez les deux rôles qu'y joue mademoiselle Brohan.

» Veuillez agréer, etc.

» Alexandre Dumas. »

Les articles des *Débats*, restés célèbres, furent le pont qui mena Cassagnac à *la Presse,* où il entra tout de suite, conduit par la même main, et déploya pendant dix ans dans ce journal, comme polémiste et comme écrivain, des qualités de premier ordre. Revenons maintenant à *la France littéraire*. Une épreuve m'y attendait, que je n'avais nullement prévue. Le 18 mai 1833, Casimir Delavigne fit jouer au Théâtre-Français *les Enfants d'Édouard*. Le moment était mal choisi, en ce qui me touchait du moins. J'étudiais, avec le secours d'une charmante Anglaise, son grand poète national ; nous en étions précisément à *Richard III*, lorsque la pâle imitation de Delavigne parut sur la scène française. Je ne pus retenir ma plume : l'impression qu'elle traduisit effraya le paisible Charles Malo, ami de Delavigne. Il s'efforça de m'arracher un autre article, je résistai. De protecteur trop platonique, Casimir Delavigne devenu, à son tour, protégé, m'écrivit ; Scribe, son *Fidus Achates* daigna me venir voir, moi chétif. Tout ce que j'accordai, grâce à une intervention plus douce, fut un compte rendu mitigé qui me fit l'effet d'une capitulation de conscience.

Après le poète de Louis-Philippe vint l'homme à succès du Gymnase. C'est avec *Bertrand et Raton* que Scribe entra de plein saut à la Comédie-Française, et qu'il s'y maintint triomphalement avec des pièces qui étaient moins des comédies que des vaudevilles, plus longs et sans couplets. Je retrouve l'appréciation que je fis alors de cet ouvrage trop vanté, et, malgré les quarante-sept ans tombés comme des grêlons sur ma tête, en ce moment, je n'y changerais rien. Elle était sévère, mais je la crois juste. Ce qui m'avait révolté, c'était l'aridité de cet esprit froid et sec comme un chiffre, cette raillerie terre à terre de tous les nobles sentiments, des généreuses illusions de la jeunesse, et ce talent bourgeois et marchand par tous les pores et si peu sûr de lui-même dans la voie du gain et des succès faciles, que cette prétendue comédie était d'abord un drame. Je vois encore Germain Delavigne, le copain de Scribe, se précipitant dans la coulisse avec ce cri :

— Coupe ! coupe les tambours ! le public prend la pièce en comédie !

Je jugeai donc l'ouvrage avec la rude franchise d'un critique de vingt-trois ans.

Inutile de dire que mon directeur ne partageait pas mon avis. Fatigué enfin de luttes incessantes et qui ne trouvaient pas une compensation suffisante dans les appointements, je quittai *la France littéraire* et allai planter ma tente dans la nouvelle Athènes pour m'y livrer tranquillement, sans compagnon ni maître, à l'étude, au travail et à la poésie.

V

J'avais déniché, tout au haut de la rue Blanche et dans la dernière maison portant le n° 43, un petit appartement de garçon vraiment délicieux. Il donnait sur des terrains vagues, rampant jusqu'au mur de la prison pour dettes de Clichy; de frais peupliers agitaient leur éventail vert devant mes fenêtres; j'avais, en face, un élégant hôtel habité par le duc de Fitz-James, et, au-dessus de moi, l'artiste populaire et spirituel par excellence, Gavarni.

Oh! la bonne, la douce année que je vécus dans cet Éden! les vers y naissaient tout seuls comme les fleurs des champs; l'imagination, dont nul souci ne gênait l'essor, se promenait déjà dans les plaines idéales et fantastiques du roman. Que me manquait-il pour être complètement heureux? Rien, absolument rien, et ce bonheur aurait duré longtemps sans une fatale connaissance de bibliothèques.

Avant de narrer cet incident, qui me fit verser pour un temps du côté sérieux conseillé par Béranger, il faut que je raconte comment je fus amené à rendre ma dernière visite à l'ami du chansonnier célèbre. J'avais souvent pour commensal un des bons caricaturistes du *Charivari* nommé Traviès. Cet artiste, fils d'un Anglais, rappelait bien par sa taille, une forte allure, la grosseur des mains. son origine britannique. Comme signe particulier, il possédait un nez exceptionnel. Celui de M. d'Argout, célèbre à cette époque et proverbial pour ainsi dire, aurait pu seul lui être comparé. Traviès ne manquait ni d'observation, ni d'esprit, ni d'une certaine humour moitié britannique, moitié française, formant le cachet principal de son talent. Mais son imagination d'artiste primait la raison et l'exposait à d'étranges mécomptes.

Un matin, après déjeuner, son repas favori, chez moi, s'entend, il me pria sans préambule de l'accompagner chez Laffitte. Ma présence était, me disait-il, nécessaire. Je me contentai de ce motif et le suivis à l'hôtel du banquier. Sur le vu de la carte d'un journaliste, le père de la révolution de juillet nous reçut au bout d'un quart d'heure. Il portait le même habit marron, le même pantalon gris, le même gilet jaune serin et les mêmes manchettes qu'au jour de ma première visite. Seulement, sa physionomie, d'une expression ferme et joviale avant 1830, semblait voilée d'une ombre triste mais qui n'était pas sans douceur. Traviès, prenant la parole, lui exposa, sans le moindre embarras, le but de sa visite. Il s'agissait d'une bagatelle : un prêt de vingt mille francs. A ces mots, Laffitte l'interrompit, et, lui remettant un papier sur lequel il venait de tracer des lignes :

— Rien n'est si simple, dit-il de l'air le plus bienveillant et le plus aimable du monde, portez cela au chef de mes bureaux.

J'étais ravi, je dois l'avouer, de cette gracieuse obligeance. Quant à Traviès, il rayonnait, il jubilait, et, dans sa joie et ses remerciements, parlait à la fois anglais et français. Nous descendîmes quelques marches, conduits par un garçon de bureau, et nous nous trouvâmes en face d'un personnage dont le masque ne me plut pas. Arrêtant sur nous un regard froid et interrogateur, il dit d'un ton bref :

— Que désirent ces messieurs ?...

Traviès lui tendit avec assurance le papier donné par Laffitte. Il y jeta les yeux et murmura :

— Un emprunt de vingt mille francs ? Bien ! quelles sont les garanties ?...

— Les garanties ?... les voici, reprit Traviès avec la même assurance.

Et, tirant de sa poche un long rouleau de papier à dessin, charbonné par-ci par-là de quelques figures bizarres et de coups de crayon hiéroglyphiques :

— Je vais, dit-il, faire un tableau représentant, sous la forme allégorique et phalanstérienne, la marche de l'humanité. Regardez-la : elle est au berceau et l'ombre la couvre; mais bientôt le soleil du progrès se lève ; vous le voyez, il brille, il dissipe les ténèbres figurés par ces hachures; alors l'humanité grandit, se met en marche et arrive à la conquête de ce peuplier, de cet olivier et de cet oranger, c'est-à-dire des trois emblèmes de la liberté, de la paix et du bonheur universel.

Pendant que Traviès expliquait avec feu le plan de son tableau futur, je regardais l'homme des chiffres. Il écoutait ces développements d'un air qui ne présageait rien de bon, et son front, chauve comme le crâne d'un vautour, se rembrunissait à mesure que l'artiste déroulait son sujet palingénésique.

Quand il eut fini :

— Autant que je puis le comprendre, dit-il froidement à Traviès, vous vous proposez de faire un tableau ?

— Oui, un tableau que je vendrai quarante ou cinquante mille francs à la Russie, qui me vaudra la croix d'honneur et m'ouvrira toutes grandes les portes de l'Institut.

— Je le souhaite pour vous, Monsieur; mais, à moi, il faut des garanties sérieuses.

— Et celle-ci, dit Traviès étonné, en montrant son esquisse, celle-ci ne vous suffit pas ?...

— Non, répondit-il, durement cette fois, nous ne prêtons que sur hypothèque bonne et valable.

— Eh bien ! j'hypothèque mon tableau !

— C'est-à-dire ces barbouillages !

— Des barbouillages ! s'écria Traviès exaspéré.

— Pas autre chose, et, comme on n'a pas de temps à perdre ici. J'ai bien l'honneur de vous saluer.

— Ainsi, vous ne voulez pas me donner les vingt mille francs ?

— Je vous les donnerai...

— A la bonne heure !

— Quand vous m'apporterez une garantie hypothécaire sur terres ou maisons, situées dans le ressort de la Cour de Paris, ou bien trois signatures acceptées par la Banque.

Autant valait dire à l'artiste d'apporter au bureau les tours de Notre-Dame ! Le pauvre Traviès était anéanti et son nez allongé du double. Nous remontons chez Laffitte : il était sorti, et devint les jours suivants inabordable et invisible. Ainsi s'arrêta, sur une esquisse, la marche de l'humanité.

De Traviès à ma connaissance de la Bibliothèque, il n'y avait que la main. L'un était un bohème de l'art, et l'autre de la littérature. Louis Domint de Rienzi, qui se prétendait issu du Tribun de Rome au XIVe siècle, avait eu son jour de célébrité sous la Restauration. Vingt-quatre duels soutenus pour un journal libéral, *la Renommée*, le classèrent parmi les hommes qu'il est dangereux d'offenser. Il le savait, et son air grave, son œil toujours en garde, le rappelaient, non sans un peu d'ostentation. J'avais aussi le plaisir de le voir assez fréquemment à ma table, où il m'amusait par le récit de ses duels et de ses voyages en Océanie. Arrivant un jour plus tôt que d'habitude, il m'annonça avec solennité que, sur sa présentation, je venais d'être nommé membre de l'Institut historique, classe des langues et des littératures. C'était une société nouvellement fondée à Paris pour encourager, diriger et propager les études historiques en France et à l'étranger. Le but de cette institution nouvelle, entrant pleinement dans mes goûts, je me rendis au n° 14 de la rue des Saints-Pères, où s'assemblaient ses membres, et, y trouvant bonne compagnie, j'y restai.

Il y avait là Michaud, l'historien des Croisades, son jeune collaborateur Poujoulat, Alexandre et Albert Lenoir, Casimir Broussais, Buchez et Roux, les auteurs de l'*Histoire parlementaire de la Révolution*; Népomucène Lemercier, de l'Académie française; le comte de Lasteyrie, beau-frère de Lafayette et le plus bouillant, malgré ses quatre-vingts années, le plus jeune de tous. Ma classe, qui me fit l'honneur de me choisir pour secrétaire, était présidée par le vénérable Villenave, père de madame Mélanie Waldor, un des cent trente Nantais envoyés à Paris par Carrier pour y être guillotinés et que sauva le 9 thermidor. Faisaient partie de cette classe : Samuel Cahen, le savant traducteur de la Bible, le comte Horace de Viel-Castel et une douzaine de linguistes parmi lesquels se trouvaient mêlés ou plutôt fourvoyés Arsène Houssaye, Ferdinand Dugué et le charmant esprit nommé Eugène Labiche, qui prit depuis le chemin du Palais-Royal pour arriver sous le dôme de l'Institut. Des correspondants fort nombreux ; j'en citerai deux seulement : Dilkes, rédacteur de l'*Atheneum anglais*, et le prince Louis-Napoléon Bonaparte.

J'aurais tiré, à mon entrée, un coup de fusil sur mes nouveaux confrères, que je n'aurais pas fait la moitié de la sensation que produisit mon premier article dans le journal de la Société. Il portait ce titre piquant aujourd'hui même : *Beaumarchais est-il le seul auteur de ses ouvrages ?*

Voici la source d'où était sorti ce travail. La révolution de juillet n'avait pas été un signal de joie pour tout le monde. Beaucoup l'entendirent avec terreur. Un vieillard d'opinion royaliste, Salgues, rédacteur en chef du *Drapeau blanc*, ne put soutenir ce choc imprévu. Il mourut au bruit de la fusillade du Louvre. C'était un homme de lettres fort connu, respectable et digne d'estime. Il laissa un grand nombre de papiers. Dans ce moment de trouble, il dut s'en égarer plusieurs. La meilleure partie revint à sa famille. Deux liasses me tombèrent entre les mains à la vente de ses livres et de ses manuscrits. Assez longtemps après, je les ouvris sans curiosité trop vive ; car je m'attendais à ne trouver que des pamphlets politiques, et je lus avec étonnemnnt : « Manuscrits de Collé. » Ce titre était trop affriolant pour ne pas m'attirer. Je m'empressai de les parcourir et m'arrêtai à celui-ci intitulé : « *Beaumarchais, Gudin de la Brenellerie* ».

« Beaumarchais, disait le manuscrit que je retranscris mot à mot, s'était fait une réputation par ses mémoires, dans l'affaire Goesman. Ce que bien des gens ne savaient pas, c'est qu'il avait un teinturier qui lui était aussi utile pour ses œuvres dramatiques que pour ses mémoires judiciaires. Gudin de la Brenellerie était l'ancien ami de Beaumarchais et le mien. Un jour qu'il m'annonça une absence de quelques mois, je lui demandai où il allait et s'il pourrait me donner de ses nouvelles.

» — Oui, me répondit-il, je ne vais pas loin, mais je serai invisible.

Je lui demandai si la distance et l'invisibilité me priveraient du plaisir de le voir.

» — Mon ami, me dit-il, je connais votre prudence, votre discrétion, je vais vous confier un secret, mais vous en serez le seul dépositaire. Ma retraite est Vieille-Rue-du-Temple, maison de Beaumarchais. Je vais occuper l'entresol au-dessus de la porte cochère. Il y a, sous cette porte, un petit escalier qui ne sert qu'à cet entresol. Quand vous viendrez me voir, vous pouvez vous dispenser de parler au portier. Vous monterez avec quelques papiers à la main.

» — Pourquoi donc cet incognito ?

» — Le voici. Pendant que Beaumarchais, dans son lit, entouré de papiers, reçoit tous ceux qui ont l'habitude de venir le voir, et paraît très occupé de son travail, je le fais, moi, fort tranquillement. Lorsque l'heure de fermer la porte de Beaumarchais est arrivée, je descends mon travail chez lui et nous y mettons ensemble la dernière main. *Il en est de même pour toutes les pièces de théâtre ; il en fait la minute, je les lis ensuite, j'écris mes observations, je les lui communique et nous achevons la pièce ensemble.* Voilà ce que beaucoup de personnes ignorent encore. »

Avant de publier mon article, j'avais pris des renseignements sur ce collaborateur anonyme de Beaumarchais. Le savant Cuvier, que j'avais l'honneur de rencontrer quelquefois chez Alibert et surtout dans les salons de M. de Férussac, notre député, qui recevait à l'Abbaye tous les membres de l'Académie des sciences et la plupart des chefs de la gauche, m'avait appris, avec sa bienveillance semi-germanique, tout ce que je voulais savoir. Gudin, mort correspondant de l'Institut et auteur de plusieurs ouvrages, avait fort bien pu remplir la tâche que lui imposait son ami. Je n'hésitai donc plus à lancer la bombe, qui éclata avec un bruit affreux répercuté des colonnes du *Journal de l'Institut his-*

torique dans celles de la *Gazette* et de *l'Impartial*.

Violent émoi chez les classiques. Népomucène Lemercier vient, en assemblée générale, proteste solennellement, *au nom de l'ombre de Beaumarchais*, tandis que Michaud, son frère académique, sourit de sa colère et m'encourage de l'œil. Les réponses, les attaques, les lettres sans signature, les brochures sans nom d'auteur pleuvent sur moi comme grêle. Le plus acharné de tous, Viollet-le-Duc, ami particulier de la famille Beaumarchais, s'attira la réponse suivante, après laquelle, s'il ne se tint pas pour content, il se tint au moins pour battu.

« L'auteur de la lettre, disais-je dans la quatrième livraison du Recueil de la Société, page 212, donne la liste des ouvrages de Gudin. Sauf l'omission de quelques opuscules, tels que le poème sur *la Servitude abolie dans les domaines du roi*, sauf l'*Essai sur les Comices de Rome* et la *Suite du Contrat social*, nous acceptons la liste, nous n'accepterons pas la conclusion.

» Rien n'est, dit-on, plus dissemblable que le style de ces compositions diverses et le style de Beaumarchais : cela se conçoit sans peine pour les tragédies, les poèmes, les contes en vers, les œuvres historiques : ils ne peuvent guère être écrits comme *le Barbier de Séville* : aussi ne les prendrons-nous pas pour sujet de comparaison. Mais Gudin a laissé de la prose sur des sujets moins opposés au genre de l'imbroglio : or, nous soutenons que le faire de Beaumarchais s'y trahit à chaque ligne, à chaque tournure de phrase, à chaque mot, et nous citons. Lecteur impartial, voyez et jugez !

« Ce qu'il y a de sûr, c'est que la morale de ces
» contes pieux était fort avantageuse pour les audi-
» teurs et pour les prédicateurs : on prêchait, on se
» repentait ; on se confessait, on achetait des par-
» dons et on revenait au péché, pour revenir encore
» payer des indulgences aux moines : chacun y
» gagnait.

» Ces mœurs sont à peu près celles de toute la
» terre. On se livre au plaisir, on a peur de la mort :
» on demande au bonze, au talapoin, au lama, au
» dervis, au rabbin, au pape grec, au pope russe, au
» prêtre catholique, au ministre luthérien, ou cal-
» viniste, ou anglican, les moyens de faire la paix
» avec Dieu. Ainsi on vit le plus gaiement possible,
» et on meurt le plus tranquillement qu'on peut :
» on ne fait guère qu'aller de conte en conte.

» J'allais te dire adieu : mais je ne veux pourtant
» pas te quitter sans t'avoir dit un mot de ta maî-
» tresse et de la mienne, j'entends la Liberté ; car je
» suis sûr que tu l'aimes, que tu la désires, que tu
» la cherches, quels que soient tes opinions, ton
» pays, ton âge, ta condition.

» Or, il y a des gens, et j'espère, benoît lecteur,
» que tu n'es pas de ce nombre, des gens de bien

» mauvaise humeur, lesquels s'imaginent que la
» Liberté est une grande et grosse femme, fière, pé-
» dante, passablement bégueule et un peu imperti-
» nente, qui exige qu'on soit toujours grave et morne
» en sa présence. Je t'assure, ami lecteur, moi qui
» l'ai fréquentée toute ma vie, qu'elle n'a ni cette
» figure, ni cette morgue qui ne convient qu'à la
» sottise, lorsqu'elle se rengorge pour se faire consi-
» dérer, parce qu'elle sent qu'elle ne mérite pas de
» l'être.

» La liberté est, au contraire, svelte, vive, légère,
» gaie, amie de la joie et des bons contes et des bons
» mots. Elle permet tous ces badinages qu'on ap-
» pelle de son nom des libertés. Elle se permet et
» elle tolère toutes les folies qu'une femme d'esprit
» peut dire ou entendre, faire ou endurer. »

» Cette définition originale paraîtrait-elle déplacée dans la bouche de Figaro ?

» Ce n'est pas à dire que nous regardions comme légers tous les ouvrages de Gudin. Il avait fait des tragédies, *Clytemnestre*, *Hugues le Grand*, *Coriolan*, aussi mauvaises que ce mauvais genre l'exige. Des poèmes, *l'Astronomie*, *la Saroléide* où l'alexandrin, comme chez tous ses émules, trace son sillon à pas lourds. Mais Beaumarchais, tout aussi faible dans le genre sérieux, a composé de plus mauvais vers, des drames plus assommants encore. Rapprochez *Eugénie* de *Coriolan*, *les Deux Amis* de *Valrade*, et ensuite écoutez ce Beaumarchais que vous connaissez si gai, si vif, si spirituel, lorsque l'envie lui prend de faire de la poésie :

LA NATURE

C'est assez troubler l'univers !
Vents furieux, cessez d'agiter l'air et l'onde,
C'est assez ! reprenez vos fers,
Que le seul zéphir règne au monde.

LE GÉNIE DU FEU

De l'orbe éclatant du soleil
Des cieux admirant la structure
Je vous ai *vu* belle nature
Disposer sur la terre un superbe appareil.

LA NATURE

Humains non encore existants,
Atomes perdus dans l'espace !
Que chacun de vos éléments
Se rapproche et prenne sa place,
Suivant l'ordre, la pesanteur
De toutes les lois immuables
Que l'éternel dispensateur
Impose aux êtres nos semblables.
Humains ! non encore existants,
A mes yeux paraissez vivants [1].

« Nous faisons grâce des vers de Gudin, bien qu'à vrai dire ils soient moins détestables dans les tra-

---

1. Opéra de *Tarare*.

gédies et poèmes et que, toutes les fois qu'il reste dans le cadre des fabliaux, il en ait de fort bons. Pourquoi ces deux hommes, si gais de caractère, si libres de pensée, si pétillants de verve en prose comique sont-ils donc si maussadement ennuyeux en vers lyrico-tragiques? C'est que, même pour ce qu'on appelait la poésie au xviiie siècle, il fallait un cerveau d'une structure spéciale; c'est que les meilleurs prosateurs sont des groupeurs de mots ridicules, en vers; c'est qu'en se croyant inspiré par la muse, on se fourvoie toute sa vie, comme fit Gudin, qui préférait probablement sa *Guerre de Naples*, à sa part de collaboration dans les œuvres de son ami.

» Ayant donc montré que Gudin sur un canevas léger pouvait broder légèrement, que Beaumarchais égale sa lourdeur dans les sujets sérieux, il n'y a plus raison de contester la possibilité de leur collaboration pour ce motif. — Voyons le suivant.

» En arrangeant l'objection à sa guise, on se prépare un facile triomphe et en même temps une facile réponse : l'honorable auteur de la lettre, choisit une preuve morale *isolée*, il la tronque, il n'emprunte au manuscrit que les mots qu'il juge nécessaires, et compose avec tout cela une conclusion foudroyante. Nous viendrons à la véritable; mais il fallait d'abord une preuve matérielle, complète à peu près, et la voici :

» Supposons Beaumarchais faisant la minute d'une

pièce, du *Barbier*, par exemple, c'est ainsi qu'il doit procéder :

PERSONNAGES :

LE DOCTEUR,
SA PUPILLE,
L'AMANT DE LA PUPILLE,
LE VALET DE L'AMANT,
DEUX OU TROIS ROLES SECONDAIRES,
UN NOTAIRE.

SCÈNES PRINCIPALES.

« Le valet chargé d'une lettre pour la pupille,
» celle-ci s'informe de l'amant : il n'a qu'un défaut,
» c'est qu'il est amoureux : est-ce donc un défaut
» que d'aimer?... Non, mais c'est qu'il est fou d'une
» fille qu'il n'épousera jamais, et pourquoi ? il me
» semble que rien ne devrait traverser l'inclination
» d'un si honnête homme... A la fin de la scène,
» la pupille, son portrait ou une lettre... L'amant
» s'introduira ensuite sous deux déguisements, chez
» le docteur, en musicien d'abord, puis avec une
» lettre, priant le docteur de le loger ; lazzis du
» valet : il rase le docteur : tout se découvre :
» scène du notaire : dénouement : apprenez de moi
» que la garde d'une femme est de toutes les pré-
» cautions la plus inutile. »

» Voilà tout le fond du *Barbier de Séville*, pris mot pour mot dans deux canevas de la comédie italienne :

On ne s'avise jamais de tout, et la *Précaution inutile*, joués, l'un en 1692, l'autre en 1761. Maintenant, de cette minute à la pièce, il y a encore une distance immense. Supposons même qu'elle ait été remise à Gudin beaucoup plus développée ; il a *écrit ses observations, les a communiquées* à Beaumarchais, et puis, comme l'avait oublié l'honorable auteur de la lettre, ils ont achevé la pièce ensemble. Or, ainsi qu'on vient de le prouver, puisque Beaumarchais prenait si peu de peine à inventer sa minute, tout porte à croire qu'il ne s'en donnait guère plus à l'ébaucher, et qu'il restait encore de la besogne pour Gudin ; d'autre part, puisqu'il est formellement dit, dans le manuscrit de Collé, que les pièces s'achevaient ensemble, il en résulte à coup sûr... que Beaumarchais n'est pas le seul auteur de ses ouvrages ; le *seul*, entendons-nous bien.

» *L'accusation dont il s'agit* doit sembler déjà moins légère à l'honorable collègue : nous continuons.

» On convient que Beaumarchais a pu demander avis à Gudin, on va même jusqu'à nous concéder des corrections, *tandis qu'il mettait l'œuvre au net*. Grand merci !... Ce n'est, il est vrai, que pour en tirer une conséquence banale, en citant Corneille, Voltaire, Racine. Allons, au risque probable d'empiéter sur la naïveté du fameux marquis, il faut bien lui répondre que Pierre Corneille, non pour avoir demandé des rimes à Thomas, mais pour avoir traduit *le Cid* de Guilhem de Castro, et *le Menteur* de Lope de Véga, n'est pas *le seul auteur de ces deux ouvrages*; ainsi de Racine pour *Phèdre*, ainsi de Voltaire pour *OEdipe* ou *Mérope*. Nous sommes encore fâché de rencontrer un lieu commun : certes personne plus que nous ne prise ce style étincelant de vivacité et d'esprit exclusivement attribué jusqu'ici à Beaumarchais ; mais trouver le *vis comica*, défini par lui la chaleur, le nerf, la force dans les chansons, dans les drames, dans *Tarare*, c'est avoir plus que bonne volonté. Nous savons bien qu'on ne jetait le *vis comica* qu'afin de l'opposer à la froideur, à la pesanteur de Gudin ; mais en ce moment que justice est faite à cet égard, que les deux amis sont reconnus aussi lourds l'un que l'autre dans les matières graves ou poétiques, et qu'il appert des preuves de l'esprit facile, déployé au besoin par Gudin, où s'en va ce grand argument ?

» Nous ajouterons, afin de souffler jusque sur l'ombre du doute, l'insistance de Voltaire à le détourner des sujets sérieux auxquels il s'attelait malgré Minerve ; et l'opinion de Grimm : « Gudin a de l'es-
» prit, de l'imagination, de la verve ; ce qui paraît
» lui manquer, c'est la faculté d'embrasser fortement
» un sujet. » En sorte que, chose singulière, Gudin a toute sa vie marché à rebours de sa vraie vocation, et il n'y revenait qu'en travaillant au *Barbier de Séville* et à *la Folle Journée!*

» Mais l'auteur de la lettre a connu Beaumarchais, et il ne lui a rien confié de semblable?... Ah! monsieur, c'était dans votre enfance! Mais il a conconservé des relations avec les parents et amis, et ils ne lui ont rien confié de semblable!... Le savaient-ils d'abord?... et, quand ils l'auraient su, est-ce d'eux qu'on pouvait l'apprendre? Les révélations de ce genre partent des bouches ennemies. Quand Marin crie à la collaboration, en désignant évidemment Gudin, et que, sur tout le reste, Beaumarchais, écrasant Marin, noyant Marin de ridicule, ne lui dit pas : « Cela est faux ; » je dis cela est vrai! Non, *car Gudin avait trop de sens pour laisser un autre jouir du profit de ses ouvrages...* Nous avons, nous, trop de courtoisie pour insister sur ce point, alors qu'on oublie ce qui a été allégué, alors surtout qu'on ferme les yeux à la belle et noble conduite de Gudin, expliquée par son caractère, résumée par ces deux mots, *amitié et reconnaissance,* qui se sentent et ne se développent pas!

» L'auteur de la lettre passe sur un autre terrain : *Il vient nous affirmer, sans avoir mission pour cela* (je le crois bien, mission de qui?...), il vient affirmer, dis-je, que Beaumarchais n'eût pas accepté le rôle que nous lui prêtons dans l'affranchissement de l'Amérique. Il serait peut-être temps de s'étonner de dénégations si intrépidement lancées ; car, enfin, en admettant même qu'il y eût souvenir, on était si jeune! mais il vaut mieux s'en rapporter à qui de

droit. Debout, illustre Beaumarchais, on vous habille en avide spéculateur, vous qui jetiez, sans compter, un million pour le piédestal de Voltaire, on nie votre patriotisme, que répondrez-vous ? « Je prouverai, par un retour sur tous mes ou-
» vrages connus, que la tyrannie despotique et tous
» les grands abus de ces temps monarchiques an-
» ciens n'ont pas eu d'adversaire plus courageux que
» moi ; que ce courage, qui surprenait alors tout ce
» qui est brave aujourd'hui, m'a exposé sans cesse à
» des vexations inouïes ; je prouverai qu'après avoir
» efficacement servi la liberté en Amérique, j'ai, sans
» ambition personnelle, servi depuis, de toutes mes
» facultés, les vrais intérêts de la France ; car il est
» stupide de croire que celui qui se consacra au ré-
» tablissement des droits de l'homme en Amérique,
» dans l'espoir d'avoir à présenter un modèle à notre
» France, ait pu s'attiédir sur ce point, quand il s'est
» agi de l'exécution. » Le désaveu est clair ; mais on ne saurait demander raison aux morts ; et si, au reste, de justes parallèles sont venus d'eux-mêmes sous notre plume, c'est que nous avions sous les yeux ce cri de détresse du malheureux vieillard, déchiré par l'avenir de ses enfants : « Ils auront
» du pain, mais voilà tout ; à moins que l'Amé-
» rique ne s'acquitte envers moi, après vingt ans
» d'ingratitude. »

» Enfin, pour conclusion, il ne s'agit pas d'une tentative d'anarchie littéraire, il s'agit tout bonnement de rendre à César ce qui appartient à César, comme nous espérons l'avoir prouvé. Et maintenant nous nous arrêtons; peut-être ne nous retrouverions-nous pas sans amertume avec cette question d'argent; car il serait par trop impossible de s'entendre; nous avions dit, nous, *amitié, reconnaissance, on parle de quelques écus!*

» Des deux membres de l'Académie, nos confrères dans la Société historique, l'un, Michaud, était entièrement de mon avis, Lemercier niait, au contraire; il m'aurait poignardé avec le fer de Melpomène. Sur le conseil de Villenave, j'allai demander le dernier mot à deux contemporains de Beaumarchais, qui l'avaient l'un et l'autre connu intimement. Le premier que je consultai était Barrère, l'ex-conventionnel; cet ancien lauréat des jeux floraux n'avait rien oublié, pas même le patois musical et doux de ses montagnes, que nous parlâmes quelques instants dans son logement du Marché des Innocents, avant d'en venir à l'objet de ma visite, lorsque je le lui fis connaître.

» — Vous avez raison, me répondit-il, sans hésiter; Beaumarchais accablé d'affaires employait plusieurs gens de lettres pour la confection ou la mise au point de ses ouvrages. Dumont de Genève et moi-même, avons quelquefois travaillé pour lui.

» Encore plus affirmatif que ce régicide, le comte de Montgaillard, que je finis par déterrer sur les hauteurs de Chaillot, corrobora son témoignage d'une particularité qui prouve que Beaumarchais laissait tous ceux qui pouvaient le servir mettre la main dans son ouvrage. — « J'étais, me dit le comte de Montgaillard, dans la loge de Monsieur, depuis Louis XVIII, à la première représentation du *Mariage de Figaro*. Un peu avant la fin, un homme fit irruption dans la loge et, s'adressant au Prince avec son audace ordinaire :

« — Eh bien ! Monseigneur, s'écria-t-il, êtes-vous » content du succès de notre pièce?... »

» Le Prince sourit et ne démentit pas l'apostrophe de Beaumarchais. On savait, d'ailleurs, à la Cour qu'il y avait un peu du sien dans cette préface aristophanesque de la Révolution. »

C'est pendant qu'on disputait sur l'allégation de Collé, qu'Arsène Houssaye, ce petit-fils de Watteau qui se verrait vêtu de satin bleu et rose comme un berger de Florian, s'il pouvait se mirer dans son style, débutait dans le monde littéraire et donnait ses premières soirées. Il m'en souvient, le salon se composait d'une mansarde située au-dessus du passage des Panoramas. Là, autour d'une table boiteuse, s'asseyaient capricieusement quelques glorieux de l'avenir. Esquiros, Gérard de Nerval, Théophile Gautier. Une actrice à peine habile du théâtre Comte, la maîtresse de Burat de Gurgy ; un jeune d'alors, mort en route, type du vice naturel et inconscient de Paris, y représentait ces courtisanes que notre hôte devait peindre plus tard avec tant de complaisance et de succès. Quant à Houssaye, digne, sérieux et toujours élégant, avec son habit vert et ses immuables gants blancs, astiqués pour la circonstance comme ceux des gendarmes, il offrait son cidre, ses marrons, et, dans les grands jours, sa brioche, plus gracieusement peut-être encore qu'il n'offre maintenant le punch et les glaces, dans son hôtel des Champs-Élysées, au monde artistique et financier de Paris.

Parmi ceux de ce temps-là qui, d'humbles chrysalides devenus papillons, prirent ensuite tout à coup un vol inattendu, j'en retrouve un bien petit, bien petit dans les lointains de ma mémoire. C'était un jeune surnuméraire du ministère des travaux publics nommé Duclerc. Il fut amené chez moi par un ancien condisciple et ami et y reçut l'accueil que tous mes compatriotes méridionaux étaient sûrs d'y trouver. Il savait peu et brûlait de s'instruire. Je lui en facilitai les moyens en lui faisant prêter, sous ma garantie, tous les livres dont il avait besoin, à la bibliothèque Mazarine. Or, l'étude lui profita. Six ans plus tard, je le retrouvai principal rédacteur au *National*, dix années encore écoulées, il occupait l'hôtel de la rue de Rivoli comme ministre des finances et, de révolution en révolution, le voilà aujourd'hui au fauteuil présidentiel du Sénat, du haut duquel il ne reconnaîtrait peut-être plus celui qui lui ouvrit si cordialement les portes, comme dit Saadi, du jardin de la science.

VI

Depuis mon arrivée à Paris, je n'avais pas encore vu Lamartine. Le poète était tout entier dans ma mémoire ; mais je n'avais aucune idée juste de l'homme, car rien de menteur comme les portraits de ce temps. David seul, réaliste par système et par tempérament, faisait ressemblant dans ses petits bronzes. Quant à ses grands confrères, les romantiques surtout, à force d'idéaliser leurs modèles, ils les rendaient méconnaissables. J'aurais vécu vingt ans avec Alfred de Vigny, sans reconnaître dans cet homme petit, un peu lourd et commun de traits et de figures, l'élégant et vaporeux personnage que représentait son portrait.

En voyant Lamartine toutefois, je fus moins désappointé ; c'était à une réunion générale de la Société de la morale chrétienne, qu'il présidait. Je fuyais d'ordinaire les sociétés philotechniques, philosophiques, philanthropiques comme la peste, à cause du profond ennui qu'on respire dans ces enceintes. Aussi n'avais-je accepté l'invitation du père Villenave, une des colonnes de cet institut, que pour voir face à face l'auteur des *Méditations*. La séance, ouverte par lui en quelques paroles prononcées avec la sûreté et l'aisance de l'orateur, mon vieil ami se leva et lut, sur la mélopée antique des professeurs de l'Athénée, l'éloge du cardinal de Cheverus. Je l'écoutais par respect pour son âge, mais sans grand intérêt, lorsque le passage suivant me fit dresser l'oreille :

« L'hiver de 1826, disait Villenave, fut désastreux à Montauban ; la misère accablait les pauvres, et le digne prélat, par ses discours et son exemple, s'efforçait de tourner les esprits vers la bienfaisance. Un concours ayant été ouvert par lui au collège de cette ville, avec promesse d'un prix pour l'élève qui ferait la meilleure pièce de vers sur la charité, ce prix fut remporté par un enfant de quinze ans, qui n'avait fourni au concours qu'un quatrain :

> « Donnez à qui prie et demande,
> Car, au seuil de l'éternité,
> Il n'est qu'un mot que l'ange entende
> Et qui fasse ouvrir : Charité! »

Les applaudissements dont Lamartine donna le signal couvrirent la voix de Villenave, qui ajouta ensuite : « C'est avec ces quatre vers que monseigneur de Cheverus alla glaner pour les pauvres dans un bal protestant, et qu'il y fit riche récolte. Quant à l'élève de quinze ans, il en a maintenant vingt-cinq, est toujours fidèle aux lettres et se trouve au milieu de vous. » — En disant ces mots, l'orateur m'indiquait du doigt à Lamartine, qui voulut, absolument qu'on me présentât à Sa Gloire, après la séance. Or, jamais homme ne se sentit plus fier de ses éloges et de ses encouragements, mais, en même temps, plus confus de les recevoir pour si peu de chose.

Il m'arriva, cette année-là, une aventure assez bizarre et que je reprends à cause de son côté original dans l'*Histoire du Duel* d'Émile Colombey. « M. Mary Lafon, dit l'auteur, pseudonyme de Laurent, le savant et spirituel bibliothécaire de la Chambre des députés, se baignait un matin, au mois de juin 1835 ou 1834, dans la Marne, au port de Créteil, en même temps qu'un commerçant, frère ou parent de Gandillot, le grand marchand du boulevard des Capucines. Celui-ci, engagé dans les herbes, disparut tout à coup. M. Mary Lafon plongea et le ramena sur le bord, et M. Gandillot, revenu à lui, de se confondre en actions de grâces interminables.

» — Mon père n'est plus mort, s'écriait-il avec chaleur, je le retrouve en vous, et vous ne vous en défendrez pas : vous êtes bien mon père, puisque je vous dois la vie!

» — Allons : laissons cela, j'ai une faim d'enfer, et vous devez encore plus que moi avoir besoin de vous restaurer. Ma maison est sous ces peupliers ; venez déjeuner avec moi ; je vous invite, mais à une condition, c'est qu'il ne sera plus question de mort ni de sauvetage.

» — Oh ! vous aurez beau faire, vous ne pourrez vous dérober à l'effusion de ma reconnaissance !

» — Prenez garde ! je n'ai pas un grand fonds de patience, et, pour peu que vous m'y poussiez, je suis homme à vous remettre où je vous ai pris...

» Le commerçant a l'air de s'apaiser ; il suit son sauveur en silence et s'attable en face de lui comme un homme qui ne songe plus qu'à manger ; mais, quelques rasades aidant, sa gratitude ne tarde pas à faire explosion, et il accable son père adoptif des témoignages de tendresse les plus bruyants.

» M. Mary Lafon avait alors vingt-quatre ans ; son fils malgré lui, un lustre de plus.

» — Ah çà ! fit le premier, agacé par ce débordement de piété filiale, est-ce que vous seriez affligé d'une maladie de cœur ?

» Le commerçant parut interdit, soit qu'il ne comprit pas la plaisanterie, soit qu'il en fût affecté ; mais bientôt de s'écrier en larmoyant :

— » O mon sauveur ! ô mon père !

» M. Mary Lafon n'y tint plus : on n'est pas du Bas-Quercy impunément ; il se saisit d'un plat de fraises et le lança à la tête du commerçant. Celui-ci riposta par une carafe. Bref, une heure après, le noyé et son sauveteur arrivaient à Paris en fiacre. M. Mary Lafon fit arrêter son véhicule devant le passage Choiseul, et en revint bientôt avec Dormoy, directeur du théâtre Italien, qui portait une boîte de pistolets.

» — Mon cher, dit-il en le faisant monter dans le fiacre, je vous présente un honnête marchand de toile dont j'ai fait la connaissance au fond de la Marne, et qui m'accable d'une reconnaissance que je ne puis plus supporter.

» — O mon père ! soupirait entre temps le noyé.

» — Vous l'entendez ! Il n'a aux lèvres que ce bêlement-là.

» Les fiacres furent dirigés du côté du boulevard Montmartre et gagnèrent le bois de Romainville, après s'être lestés d'un second témoin, le docteur Ducommun, ami du négociant.

» Arrivés dans la patrie des lilas, les témoins mesurèrent vingt-cinq pas, et, après le signal convenu, les deux adversaires tirèrent ensemble.

» Ni l'un ni l'autre n'était atteint.

» — Continuerez-vous vos démonstrations ridicules? demanda M. Mary Lafon.

» — Oui, jusqu'au dernier soupir, je vous appellerai mon père !

» — Messieurs, rechargez les armes.

» Le commandement exécuté, et les pistolets remis

aux combattants, le signal fut donné de tirer, et de nouveau éclata une double détonation.

» La chemise seule du commerçant avait été trouée au bras par une balle qui effleura la peau.

» — O mon père ! s'écria sur le coup le commerçant.

» Et, franchissant d'un bond les vingt-cinq pas, il vint se jeter au cou de M. Mary Lafon, qui finit par rire et accepter de guerre lasse cette tendresse aussi ennuyeuse qu'obstinée [1]. »

Dans cette agréable retraite du Port-de-Créteil, moins envahie qu'au temps présent par les visiteurs du dimanche, j'avais tout le loisir de me livrer à mes études favorites. C'est là que je conçus l'idée du Congrès historique européen ; idée que je communiquai à mes collègues dans l'assemblée générale du 14 juillet 1834, à laquelle assistaient Buchez, Roux, Michelet, Bouland, Bory Saint-Vincent, Laurentie, Alexandre de Laborde, Albert Lenoir.

Voici comment fut présentée ma proposition qu'on adopta le 31 juillet suivant, sur le rapport de Poujoulat, et, le 15 novembre 1835, le Congrès, réuni à l'hôtel de ville de Paris, sous la présidence de Michaud, de l'Académie française, s'ouvrit par trois discours du président, de Buchez et de l'auteur de la proposition, qui dit après l'historien des Croisades :

---

1. Émile Colombey, *Histoire anecdotique du duel*, p. 135-136.

« Messieurs, ce jour qui nous rassemble doit être solennel pour nous.

» Les pensées qu'il éveille au fond de nos cœurs doivent être grandes et sérieuses.

» Dans ces murs, où nos pères tenaient leur parloir, où ils sont venus tour à tour, avec le chaperon et l'écharpe municipale, s'occuper des affaires souvent orageuses de la cité, vous venez maintenant agiter les intérêts tout pacifiques et tout moraux de l'histoire.

» Quel éclatant témoignage de la marche de la civilisation !

» Aux luttes brutales du fer succèdent les luttes de l'intelligence, non ces niaiseries latines de la rue du Fouarre, non ces disputes éphémères que chaque époque a vu enfanter et mourir dans l'enceinte d'un cloître, d'une académie ou d'un théâtre, mais de graves polémiques qui, fortes d'investigations et d'études, ne tendent qu'au perfectionnement de l'humanité et ne s'exercent qu'à son profit.

» Voilà le dessein qui nous amène, et certes vous pouvez le proclamer hautement, il est noble et digne. Dans un siècle de démoralisation et de dissolution sociale, rallier les idées au même drapeau, à l'égoïsme qui nous déborde, opposer le dévouement, remplacer ces vieux préjugés de nation à nation par la plus sainte fraternité, c'est faire œuvre d'hommes de cœur et de conscience, c'est marcher largement au but du Congrès.

» Vous le connaissez tous, messieurs, vous qui avez suivi la route tracée par notre institut; mais il est bon de l'expliquer encore à ceux qui, étrangers à ses travaux, deviennent aujourd'hui ses collaborateurs.

» En vous appelant autour d'elle, notre association, produit du mouvement qui s'est manifesté depuis quelque temps dans les esprits, a voulu signaler ce mouvement par une date;

» Lui donner une impulsion universelle;

» Fortifier cette impulsion du concours de tous les hommes qui ont du zèle et du temps pour l'histoire;

» Parce que nous avons pensé que, mettre en rapport pour la première fois ceux qui s'occupent de cette science en Europe, était une chose utile au progrès; que nous croyons l'heure venue d'opérer, en commençant par les plus hautes, la fusion des idées entre les peuples; de telle sorte que, pour rendre étrangers et ennemis les enfants d'un même sol, il ne suffise plus d'un fleuve ou d'une montagne;

» Et que nous sommes persuadés que le seul moyen d'atteindre ces résultats était de rompre le huis clos et de convier à nos discussions les controverses de tous.

» Si le vœu de notre association se réalisait, les congrès historiques futurs deviendraient des laboratoires européens.

» Là, préparés d'avance et en commun, les matériaux constitueraient, quand il s'agirait de les employer, un édifice de plus en plus en harmonie avec les idées progressives de l'époque.

» Une voix forte et éloquente va vous dire, messieurs, les moyens que nous croyons propres à atteindre ce but.

» Puissions-nous y marcher ensemble? puissions-nous trouver dans le passé de nos pères des enseignements utiles pour l'avenir, et, avant que la tombe qui les a reçus se ferme sur nos têtes, puissions-nous redonner à l'histoire son caractère sévère et la rendre, comme autrefois, la récompense des bons, la punition des méchants et la dernière raison des peuples. »

Je lus dans ce congrès trois mémoires : le premier sur la formation de *la Langue romano-provençale;* le second sur *les Origines de la nationalité française;* le troisième sur *l'influence du théâtre en France, par rapport à la langue, à la littérature et aux mœurs.* J'y vis pour la première fois, dans son carrik jaune, Fourier, le chef de l'école phalanstérienne, et pour la première fois aussi j'entendis Considérant et Charles Daim, ses disciples, qui furent, de l'aveu de tous, les plus brillants orateurs du Congrès. La petite église catholico-démocratique de Buchez y échoua au contraire misérablement à la tribune, dans la personne de son grand prêtre et de ses plus chauds acolytes Roux et l'anglais Belfield.

Après cette manifestation qui ne manqua point d'éclat, mais qui, dans un temps passionné d'actualité et la proie des reporters, comme le nôtre, aurait eu un grand retentissement, je m'éloignai d'une société où commençaient à dominer l'intrigue et le charlatanisme. Mais, avant mon départ, deux faits s'étaient passés me concernant qu'il faut que je rapporte ici. J'étais chargé de la rédaction du journal. Achille Jubinal m'apporta un jour un article sur le voyage en France de Nodier et Taylor, débordant d'une telle exubérance d'éloges, que je refusai net de le publier. Jubinal, par caractère autant peut-être que par système, était l'ami universel et se mettait obligeamment au service de tout le monde. Mon refus ne le rebuta pas.

— Demain, me dit-il, je vous amènerai l'auteur, et il fera lui-même les modifications que vous désirez.

Le lendemain, en effet, il revint à mon cabinet avec l'auteur de l'article, qui n'était autre que le baron Taylor lui-même. Sans se déconcerter le moins du monde, le Montyon des comédiens m'explique devant Jubinal que, s'il a écrit l'article, c'est par amour pour l'exactitude; car nul ne sait mieux que l'auteur ce qu'il a voulu faire.

— Je le crois, lui dis-je ; mais votre théorie, bien qu'assez commode, n'est pas généralement adoptée.

— Plus que vous ne croyez, s'écrie le baron de sa voix de ventriloque, et je puis vous citer...

—Ne citons personne ! et convenez du moins que les louanges que vous vous donnez dépassent un peu la mesure.

— Je l'avoue ; *mais, comme le public ne croit jamais que la moitié du bien qu'on dit, il faut exagérer un peu afin de rendre la mesure complète.*

J'ai retenu ces paroles, mises en pratique par bon nombre de mes contemporains.

Vers le même temps, je reçus de Suisse un article signé Louis-Napoléon Bonaparte. C'était un extrait de son livre sur l'artillerie. Ce travail était accompagné d'un billet d'Armand Carrel recommandant chaudement l'auteur. Je connaissais le grand rédacteur du *National* depuis la tenue du Congrès européen. Un jeune et digne confrère que je regretterai toute ma vie, Eugène L'Héritier m'avait amené auprès de lui. Talent, esprit, chaleur et délicatesse de cœur, tout se trouvait réuni chez ce pauvre L'Héritier, dont les facultés supérieures se sont usées obscurément, avec sa vie, sous les ciseaux du journal. Accueilli par Carrel, petit homme tout feu et tout cœur, avec une cordialité qui m'enchanta, j'allais accepter ses offres et me plonger comme un nageur dans le torrent quotidien de la presse : les conseils de L'Héritier me retinrent seuls sur le bord et me rendirent tout entier à la littérature. Quoique celle-ci m'ait donné peu en comparaison de sa rivale, qui donne tout, que la mémoire de L'Héritier soit bénie pour son bon conseil !

Je ne cessai pas pour cela d'aller au *National* et de voir Carrel, que je rencontrais presque tous les jours dans ma rue, il demeurait au n° 6 de la rue

Blanche. Sa recommandation seule eût donc suffi pour faire admettre l'article ; mais il n'en avait pas besoin, j'entends, pour le fond, car la forme exigeait quelques modifications. Il y avait au journal un comité de lecture. Je lui présentai l'article et il le refusa d'une voix unanime. Ce refus m'indigna parce qu'il frappait un exilé pour flatter le gouvernement. Sans tenir compte dès lors de la décision du comité, je publiai l'article et pris la liberté de le purger de quelques germanismes et de ces tours de phrase vieux d'un ou deux siècles que n'évitent jamais ceux qui apprennent notre langue à l'étranger.

Grand émoi du comité à l'apparition de l'article ; j'y répondis en envoyant ma démission et revins, sous mes frais peupliers du Port-de-Créteil, mettre la dernière main à mon premier livre. Un début ! c'est chose aussi grave dans la vie qu'au théâtre. Mon insouciance m'en sauva les angoisses, l'indulgence de la presse les amertumes, la bonté du public tous les soucis. Ce recueil de poésies, intitulé *Sylvio*, valait-il l'honneur qu'on lui fit? je ne l'ai jamais cru et l'un de mes étonnements, partagé sans doute par l'éditeur, fut de voir avec quelle facilité il se vendit. Au bout d'un mois, il n'en restait pas un volume. J'opposai un refus formel au bon Baudouin, qui voulait le réimprimer, et, raturant mon exemplaire, je n'épargnai qu'un petit nombre de pièces, parmi lesquelles celle qui porte pour titre, *Ma mère*.

Celle-ci me valut un suffrage bien cher et bien flatteur pour moi, celui de Balzac. Je l'avais rencontré rue de la Chaise, chez madame la baronne d'Hervey, qui était, comme lui, de Tours. Cette dame, la grâce, l'amabilité et la bonté mêmes, avait bien voulu recommander vivement mon volume et moi à l'auteur d'*Eugénie Grandet*. Balzac avait eu en ce moment la fantaisie de faire une revue intitulée, je crois, *la Chronique de Paris*. Cela s'élaborait et s'imprimait dans un entresol de la rue Garancière. J'y montai quelques jours après avec *Sylvio*. Balzac, grand bâtisseur de théories et de systèmes qu'il développait avec une facilité d'élocution prodigieuse, commence une longue et piquante dissertation sur l'inutilité de la poésie; puis, au milieu de ce discours véritablement éloquent, il ouvre mon volume, comptant l'appuyer par un exemple et tombe sur la pièce inspirée par la mémoire de ma mère.

Il la lut deux fois, à haute voix d'abord, puis tout bas et très lentement; ensuite me prenant la main et la serrant en bon et franc Tourangeau :

— Bravo Lafon ! me dit-il ; ceci ne détruit pas ma thèse ; mais c'est une heureuse exception ! Nous rendrons compte de ton livre.

Très occupé, par malheur, il le confia à l'un de ces fruits secs des lettres qui, impuissants à produire, se réfugient dans la critique et, sous l'ombre des initiales, bavent comme le limaçon sur tout ce qui est jeune ou bon. Balzac était furieux : je ne fis qu'en rire.

— C'est une autre exception, lui dis-je. Je connais d'ailleurs (et connaissais trop en effet, le critique masqué) ; il m'a souvent emprunté de l'argent et me devait bien cette marque de reconnaissance.

Je dus encore à *Sylvio* de voir de près Alexandre Dumas, que je n'avais aperçu que de loin au théâtre. Un jour que, sur sa demande, je venais d'apporter mon volume à Michaud dans sa belle maison de Passy, la porte du salon s'ouvre violemment, un homme de haute taille, au teint de bistre et aux cheveux touffus comme une forêt et crépus, s'élance en deux bonds jusqu'au fauteuil de l'auteur du *Printemps d'un Proscrit*, et lui jette ces mots d'une voix essoufflée :

— Monsieur Michaud, je me porte candidat au fauteuil de Parseval de Grandmaison et vous demande votre voix !

— Déjà ! répondit le malin vieillard, qui savait qu'on avait enterré ce jour-là son collègue.

Et il ajouta de sa voix grêle et railleuse :

— Vous êtes donc venu par le corbillard !

Abasourdi, c'est le mot, par cette épigramme, Dumas nous regarda tous, mit son chapeau, et, tournant sur ses talons, disparut aussi brusquement qu'il était entré, au milieu de nos éclats de rire.

Une autre occasion, tout aussi imprévue, me mit, vers la même époque, 1836, en présence de M. Guizot. Un matin que je venais de voir, rue Hillerin-Bertin, mon compatriote et ami Lacabane, premier employé aux manuscrits de la Bibliothèque, alors Royale, je rencontrai le père Villenave, s'acheminant péniblement vers le ministère de l'instruction publique. J'avais, en ces occurrences assez fréquentes, car nous habitions le même quartier, le soin de lui offrir mon bras : le voyant près de tomber, je m'empressai de lui donner cet appui, qui fut accepté avec empressement, et je le conduisis dans l'antichambre du ministre.

Elle n'était pas vide; mais, sur le vu de sa lettre d'audience, au bout de quelques minutes, l'huissier l'appela :

— Ne me quittez pas, me dit-il à voix basse; outre que j'ai besoin de votre bras, je ne suis pas fâché que vous assistiez à mon audience.

Tout le monde a connu M. Guizot. Il portait ce jour-là une redingote bleue, boutonnée jusqu'au menton, qui lui donnait l'aspect, avec ses cheveux tondus, d'un capitaine de voltigeurs en retraite. Droit et raide derrière son bureau, comme au port d'armes, et ne présentant que son œil sévère et son profil à l'emporte-pièce :

— Vous avez désiré me voir, dit-il, d'un ton bref et glacé, au père Villenave.

— Oui, monsieur le ministre, et je vous remercie de cette faveur.

— Veuillez me dire le but de votre visite le plus

brièvement possible; ici, le temps n'est pas à moi, il est au public.

— Le but de ma visite, monsieur le ministre, vous le connaissez; j'ai eu l'honneur de vous l'exposer dans deux suppliques restées sans réponse, sauf l'accusé de réception.

— Ne demandiez-vous pas une place?

— Oui, une place dans une des bibliothèques de Paris, place à laquelle cinquante ans de travaux littéraires et bibliographiques me donnent peut-être quelques droits.

— Il n'y en a pas de vacantes dans ce moment.

— Un ministre peut toujours en faire en nommant un adjoint.

— Ce serait une faveur qui n'est ni dans mon caractère, ni dans mes habitudes.

— Ce serait une justice envers l'homme qui n'a pas quitté un seul jour la plume, depuis qu'il échappa, grâce au 9 thermidor, aux bourreaux de Carrier.

— Nous verrons plus tard, attendez...

— Et que voulez-vous que j'attende à soixante-seize ans?

— Pardon, dit M. Guizot en se levant, je vous ai dit que j'avais peu de temps à moi.

— Vous m'en donnerez pourtant quelques minutes encore, car je n'ai pas fini. D'après votre langage, la place que je sollicite est impossible à obtenir.

— Je le crains!

— Eh bien, monsieur le ministre, écoutez. Il y a onze ans, le gouvernement de la Restauration ôta sa chaire à un célèbre professeur. On le disait, comme moi, sans fortune, et cette mesure injuste et brutale me toucha jusqu'au fond du cœur. J'étais alors rédacteur en chef des *Annales françaises*, d'où est sorti *le Courrier*; mû par un sentiment que tout le monde n'éprouve pas aujourd'hui, j'allai trouver le professeur destitué et lui offrir, au nom du journal, deux actions, ou leur valeur représentative en argent, soit trois mille francs. Il préféra l'argent, que je m'empressai de déposer sur son bureau.

— A quel dessein, dit M. Guizot d'un air superbe, me rappelez-vous ce détail?...

— Vous le devinez bien sans doute : c'est afin que le professeur, devenu ministre, s'il ne peut rien faire pour celui qui l'a obligé, lui rende du moins son argent.

M. Guizot se rassit et nous congédia avec un geste d'empereur, et ces paroles :

— On fera droit à votre réclamation.

— J'y compte bien! murmura Villenave avec colère.

— Pas moi! dis-je en sortant du cabinet.

— Comment vous croyez qu'il oserait?...

— Jamais vous ne verrez un traître écu de cet argent.

— Par exemple ! je l'assignerais devant tous les tribunaux de Paris.

— Vous perdriez devant tous ceux de Paris et de France.

— Mais il n'a pas nié et ne peut nier qu'il n'ait reçu cet argent.

— Non, il ne niera pas, mais, ou je suis mauvais physionomiste ou je pressens le raisonnement qu'il va faire. Je l'observais quand vous lui parliez et lisais sa pensée dans ses yeux austères. En ce moment il se dit ? « La réclamation de cet indiscret est-elle admissible ? Voyons, quel en fut le vrai caractère : ce n'était point un prêt, puisqu'on n'en prit pas de reçu, ni une avance, car je ne l'avais pas demandée. C'était donc un hommage dû et rendu à l'homme politique, une souscription à sa noble disgrâce. Or, comme les dons de cette nature ne se retirent pas, je ne dois rien à M. Villenave, et ne lui en payerai pas davantage ! »

— Savez-vous pourquoi cette supposition m'inquiète ? dit le vieillard, lorsque nous fûmes dans la rue de Grenelle.

— Non ; pourquoi ?

— C'est que j'ai peur que vous n'ayez deviné ; car, en me rappelant son attitude, quand je vins lui faire mon offre...

— Tout en préférant le comptant aux morceaux de papier, il fut magnifique de dignité, je gage ?

— En effet, il semblait m'accorder une grâce !

— Jamais, je le répète, il ne vous donnera un sou.

Malheureusement pour le pauvre Villenave, je fus bon prophète ; il eut beau écrire, solliciter, menacer, M. Guizot ne lui répondit pas.

Cette même année, le 9 avril m'ouvrit les portes de la Société royale des antiquaires de France. Lorsque je me rendis au lieu des séances, situé rue Taranne, n° 12, dans la maison des Bains, tous mes collègues parurent surpris de voir apparaître cette tête noire au milieu de leurs têtes blanches et de leurs perruques d'un blond accentué. Il y avait là, gravement assis et un peu raides sur leurs fauteuils, Leber, collaborateur de M. Guizot, Allou, le père du célèbre avocat, auteur d'une excellente statistique de la Haute-Vienne ; Depping, Berryat, Saint-Prix, de Martonne, Legonidec, savant philologue breton. et un de ses compatriotes, le baron de Freminville, que mes études sur les patois méridionaux avaient, à ce qu'il paraît, très vivement intéressé. Mon identité, dont ces vénérables confrères semblaient douter, bien établie, M. de Fréminville me pressa beaucoup de venir le voir pour comparer nos idiomes montagnards du Sud au bas breton. J'y allai quelques jours après. Il demeurait rue de l'Université. Je demande le baron de Fréminville, et un domestique très correctement vêtu me précède, m'annonce, et qui vois-je au fond du salon entre les deux croisées ? une dame poudrée, les joues badigeonnées de blanc et de rouge avec des mouches, des paniers, et tout l'attirail de la toilette sous Louis XV. Je me crus un moment en présence de mon aïeule ressuscitée dans ce salon ; mais, comprenant bien que la dame présente n'était pas une illusion, car le volume et le caractère très accentué de ses formes suffisait pour repousser cette idée, je la saluai fort poliment et lui demandai où était M. le baron de Fréminville.

— Où il est ?... Mais ici, me répondit-on en éclatant de rire.

— Comment ?...

— Mais oui, c'est moi, mon cher collègue, le costume féminin me plaît, et, quand je suis chez moi, je n'en porte pas d'autre.

— Excusez alors ma surprise, je croyais que l'abbé de Choisy était le seul qui se fût passé cette fantaisie.

— Et le chevalier d'Éon ?

— Alors vous êtes le troisième.

— Oui, peut-être... mais n'importe ? Mettez-vous là et travaillons.

— Quand nous serons en carnaval ! dis-je, en remettant mon chapeau et gagnant la porte.

Quelques-uns de mes collègues, à qui je racontai le fait, connaissaient cette mascarade et m'approuvèrent d'avoir refusé de m'y prêter. Peu à peu la société se rajeunit. La Saussaye, mort membre de l'Académie des inscriptions ; Paulin Paris, le savant philologue français, Maury Bourquelot, Lacabane, l'un des érudits les plus vrais de la Bibliothèque, Longperrier, notre premier numismate, vinrent successivement remplir les vides faits par la mort et transformèrent la vieille Société des antiquaires de France, en *proscenium* ou vestibule de l'Institut.

Depuis six ans et demi que j'habitais Paris, un ennui profond de la foule et du bruit me ramenait avec passion à la campagne. Le port de Créteil, où je passais les trois quarts de l'année, me parut bientôt trop près du grand centre, et, au printemps de 1836, j'émigrai dans la Beauce. J'étais si fatigué de voir des rues, des maisons et des hommes, que les plaines solitaires, désertes et silencieuses de la Beauce me semblèrent un Eldorado. Mon domicile fut établi dans un petit château entouré d'un parc vert qu'enfermait un grand mur de pierres grises. Charmante et douce oasis où allaient s'écouler les jours les plus beaux de ma vie! Jusque-là, en effet, conservant une chaste virginité de cœur, je n'avais senti pour aucune femme rien qui ressemblât à de l'amour. Je ne croyais pas même que ce sentiment eût plus de douceur et de force que celui que j'éprouvais auprès de ma sœur. Comme je me trompais!...

Sur la lisière de la forêt de Dourdan, et à peu de distance de mon habitation, s'élevait, à demi cachée sous bois, une maison occupée par des étrangères. En me promenant à cheval, je rencontrai un jour la plus jeune, amazone élégante autant qu'intrépide, devant le château de Sainte-Même, aujourd'hui propriété de notre confrère Maquet. Il y a des émotions qu'on ne domine pas. Frappé en plein cœur, je m'arrêtai, et cette apparition s'imprima dans mon âme aussi rapidement et avec autant de fidélité que sur une lame photographique ; les années, les événements, les révolutions ont coulé à flots sur ma tête et je la vois, je la vois encore comme ce jour-là !

Son amazone bleue à longs plis bouffait au vent et battait la croupe de son cheval ; le voile vert de son chapeau d'homme flottait emporté par la brise et découvrait son ravissant visage. Jamais, excepté dans les tableaux de Raphaël, je ne vis front si pur, ovale si parfait, lèvres plus roses. Ses yeux, d'un bleu tendre, avaient un regard d'une attraction indéfinissable et irrésistible. Sa chevelure, d'une abondance extraordinaire, tombait dénouée sur ses épaules comme une gerbe d'or. Une chose frappait en elle qu'on n'aperçoit que dans les physionomies où la beauté de l'âme se reflète sur la pureté des formes et les éclaire en les animant, comme le jour éclaire un tableau ; c'est que plus on la regardait, plus on la trouvait belle, et que, si quelque soudaine émotion venait à remuer son cœur, une teinte purpurine colorant ses joues, la pensée brillant dans ses prunelles d'azur, le timbre ordinairement si doux de sa voix retentissant mélodieux et vibrant d'expression, elle était angélique. A dater de ce moment, mes promenades à cheval eurent toutes pour objectif Sainte-Même et la forêt de Dourdan. Suivant tous les jours les mêmes chemins, il était impossible qu'un homme de vingt-six ans et une femme de dix-neuf ne finissent pas par se rapprocher. Un cheval qui se cabre, un voile qui s'envole, une cravache qui échappe amènent fatalement l'entente désirée des deux parts. Aussi naïfs et aussi loyaux en ce genre l'un que l'autre, nous fîmes l'amour à cheval pendant tout l'été et tout l'automne de 1836. Ce ne fût qu'en rentrant l'hiver à Paris, que nous connûmes, miss Lucy et moi, ce bonheur suprême, immense, infini de deux cœurs pleins d'une ivresse sans nom et sans bornes, et auxquels il ne manque rien quand ils battent près l'un de l'autre.

La Jolie Royaliste, mon premier roman naquit et se développa comme une rose du printemps dans cette atmosphère délicieuse. A coup sûr, en parcourant ses pages, on dut sentir que ce livre avait été écrit sous l'œil d'une femme aimée.

Le 22 juillet de cette bienheureuse année, je m'étais rendu à Paris pour prendre aux Archives un document inédit utile à mon roman, *la Conspiration anglaise à Bordeaux, sous le Consulat*. En descendant de voiture, je trouve sur mes pas Romey, un bohême décoré, avec Furne, que je ne connaissais pas encore. Ils étaient fort émus et m'apprirent une nouvelle qui avait soulevé Paris. Armand Carrel, le rédacteur en chef et la gloire du *National*, le porte-drapeau du parti républicain, se battait en duel avec Émile de Girardin. Ils couraient à Saint-Mandé, je les suivis ; car nul ne professait pour Carrel plus d'admiration et d'estime. Hélas ! comme tant d'autres, nous devions venir trop tard. En arrivant à Saint-Mandé et à dix pas de l'institution Chevreau, nous voyons un rassemblement ; j'y vole, le cœur battant et traversé par un fatal pressentiment. Carrel était là, porté sur une chaise, la tête inclinée et touchant sa poitrine, l'œil inerte, les bras pendants. Il nous reconnut cependant ; à la vue du libraire, il laissa échapper ces mots d'une voix saccadée et mourante :

— Ce pauvre Furne !...

Et, fouillant péniblement dans la poche de côté de son habit, il en retira des billets souscrits par Furne pour une histoire d'Espagne qu'il devait lui faire et les lui rendit, sanglant héritage, qui, après être tombé dans les mains de Romey, devait m'échoir, je ne m'en doutais pas alors, vingt-deux ans plus tard.

L'auteur de ce malheur, car la mort de Carrel fut un malheur, comme un deuil public, était un homme de lettres peu estimable appelé Capo de Feuillide ; un de ses articles, dirigé contre Girardin, avait provoqué une réponse et par suite amené le duel. Aussi, après la mort de Carrel, il jetait feu et flammes, envoyait des témoins au rédacteur en chef de *la Presse* et voulait tuer tout le monde. Quelques mois après, bloqué faute d'argent, dans un hôtel de Toulouse, il sollicitait bassement et ramassait l'aumône que lui jeta, sans daigner lui répondre, l'homme sur lequel il avait juré de venger le sang de Carrel. J'évitais cet autre bohême avec soin. Un jour pourtant, je le rencontrai au ministère de l'Instruction publique, j'étais dans le cabinet de Villemain. Des pleurs et des cris d'enfants partant de la salle d'attente s'élèvent tout à coup sur le ton aigu et arrivent, en les déchirant, aux oreilles ministérielles. Villemain, impatient et très nerveux de sa nature, s'élance de son fauteuil, ouvre la porte et demande avec colère ce que c'est.

Feuillide, se levant alors et traînant cinq ou six marmots après lui, répond, d'une voix tonnante et mouillée de larmes :

— C'est un homme de lettres malheureux, un père de famille qui vient demander du pain pour ses enfants !

Villemain détestait le bruit et ne craignait rien tant que le scandale ; or, il y avait foule dans la salle d'attente. Lui faisant signe de se taire, il rentre précipitamment et lui signe un secours pour s'en débarrasser. Un chef de division étant venu lui apporter un travail, quelques minutes s'écoulèrent après le départ de Feuillide. Dès qu'il fut libre :

— Connaissez-vous cet individu ? me demanda-t-il encore ému de cette scène.

— Oui, comme tout le monde.

— Il a donc un régiment d'enfants ?

— Il n'en a pas un.

— Comment ?... Tous ces marmots criards...

— Ont été empruntés à ses voisins pour vous apitoyer.

— Ah ! le gredin !...

Il se mit à sonner à tout rompre et envoya l'huissier à la caisse, trop tard ! Feuillide avait touché et se trouvait déjà loin avec sa famille improvisée.

VII

J'en reviens à mon premier roman.

Il parut l'année suivante chez Gabriel Roux, l'éditeur de deux débutants de mon âge : Emmanuel Gonzalès et Molé Gentilhomme. Cet essai, qui portait en sous-titre : *Mœurs du Midi*, et dont l'action se mouvait dans un cadre d'une époque mal connue, le consulat en province, avait pour but principal, dans ma pensée, de me familiariser avec les sujets historiques. Imitant le peintre, qui crayonne plusieurs esquisses avant de commencer son tableau, je jetais des sujets dramatisés sur le papier avant d'aborder l'histoire du Midi, dont le plan bouillonnait depuis des années sous mon front. C'est dans cet ordre d'idées qu'après *la Jolie Royaliste*, qui reçut assez bon accueil, j'écrivis *Bertrand de Born* autant pour essayer mes forces que pour plaire à mon Anglaise en choisissant un sujet qui touche, avec un intérêt égal, à l'histoire de France et à celle d'Angleterre. Le livre fait, il fallut songer à l'éditeur ; l'ambition m'était venue avec le succès et j'allai frapper hardiment, rue Vivienne, à la porte du roi de la librairie romanesque.

Ambroise Dupont, dont le ciel garde l'âme en paix ! avait, à son petit lever, l'air gracieux du sanglier sortant de sa bauge après une mauvaise nuit. C'est vous dire, en termes fleuris, l'accueil que je reçus ; il fut de telle nature, que, si le fils de M. Lafon père n'avait eu l'amour de la littérature cloué et chevillé dans l'âme, il aurait pris ses jambes à son cou et se serait enfui. Mais j'avais fait provision de sang-froid et de persévérance, et, après avoir reçu la bordée sans sourciller j'offris au farouche éditeur mon manuscrit, qu'il s'empressa d'écarter comme un calice d'amertume.

Un véritable débat s'engagea sur la question de savoir si cette liasse menaçante resterait sur le bureau d'Ambroise Dupont ou si l'auteur la remporterait à l'instant même. Ce débat fut long ; mais j'obtins l'avantage, grâce à l'intervention de sa femme, belle et blonde Méridionale, qui intervint en faveur de son jeune compatriote.

Congédié avec la promesse que mon manuscrit serait lu, je revins huit jours après, et, pendant trois mois, je me présentai à la même heure tous les samedis pour demander quel était le jugement porté sur l'infortuné manuscrit. On me le fit enfin connaître, et, s'il n'était pas très flatteur, l'arrêt avait, au moins, le mérite de la clarté. Avec moins d'expérience des hommes et une connaissance plus superficielle des mœurs de Paris, je me serais découragé : il n'en fut rien, et, sans songer à *Chatterton* qu'on jouait alors avec grand succès, quinze jours plus tard je repassais chez Dupont et le dialogue suivant s'engageait entre nous dans l'antichambre.

AMBROISE DUPONT.

Comment, Monsieur, c'est encore vous ! il me semble pourtant que, la dernière fois, je m'étais exprimé de façon....

MOI.

A me convaincre, Monsieur, de la bonté de votre goût ; je suis même si bien guéri de la petite blessure faite à mon amour-propre, que je viens de livrer mon roman aux flammes.

DUPONT, un peu rassuré et se radoucissant.

Je ne comprends pas bien, dès lors, le motif de votre visite.

MOI.

Ce n'est pas un motif personnel, et, si vous pouviez m'accorder quelques minutes...

DUPONT, après m'avoir conduit dans son salon, et se promenant avec sa robe de chambre bleue, son bonnet de velours à glands d'or et ses lunettes noires.

Monsieur, je vous écoute.

MOI.

Connaissez-vous l'auteur des *Fiancés* ?...

DUPONT.

Manzoni !... Sa réputation est européenne, et, s'il eût habité Paris, j'aurais édité son roman, n'importe à quel prix ; car j'ai toutes les célébrités contemporaines dans mes catalogues.

MOI.

Eh bien, sans aller à Milan, vous pouvez y inscrire Manzoni.

DUPONT.

Que voulez-vous dire ?

MOI.

Que je vous apporte, dans le plus grand secret, la traduction du premier volume d'un roman nouveau de l'auteur des *Fiancés*, dont l'existence et le titre sont aussi ignorés à Milan qu'à Paris.

DUPONT.

Serait-il possible ?..

MOI.

Savez-vous l'italien ?...

DUPONT.

Ma foi, non !

MOI.

Voilà sa lettre et le texte des premiers chapitres.

DUPONT.

Et vous en avez déjà, dites-vous, traduit quelque chose ?

MOI.

Tout un volume.

DUPONT.

Si vous voulez me laisser...

MOI.

Impossible ! l'auteur me défend de m'en dessaisir avant d'avoir traité.

DUPONT.

Et quelles sont vos conditions ?

MOI.

Je vous le dirai quand ma traduction vous sera connue.

DUPONT.

Avez-vous le temps de m'en lire un ou deux chapitres ?

MOI.

Je suis à vos ordres.

Dupont alla ouvrir une porte latérale, ramena de la chambre voisine un homme jeune encore et remarquable par ses yeux et ses sourcils noirs, et, s'asseyant avec lui sur le canapé après lui avoir parlé bas :

— Vous pouvez commencer, me dit-il, nous écoutons.

Je lus le premier chapitre, en m'excusant à chaque page sur mon inexpérience et la pénurie de la langue française, qui ne permettait pas de rendre les riches couleurs de l'original ; j'allais entamer le second chapitre, lorsque l'éditeur se leva, échangea un coup d'œil d'intelligence avec le nouveau venu et dit d'un ton bref et décidé :

— Vos conditions ?

— Les voici, répondis-je tranquillement. Vous paraîtrez dans un mois, j'aurai vingt-cinq exemplaires et mille francs le jour de la mise en vente.

— Vous ne plaisantez pas ?

— Si peu, que je suis prêt à signer un traité sur ces bases.

Ambroise Dupont me prit au mot, et, lorsque nos deux signatures furent couchées au bas de cet engagement fait en double, il laissa éclater sans mesure son enthousiasme et son admiration pour ce qu'il venait d'entendre.

— Tenez, Soulié, disait-il au témoin de cette scène, qui faisait alors fureur avec ses *Mémoires du Diable*, vous mettez du drame et de la vie dans vos romans, vous les touchez avec vigueur et savez nouer admirablement une intrigue ; mais vous n'avez, mon cher, ni cet intérêt, ni ce naturel, ni cette vigueur. On sent là-dessous le reflet vif et chaud du soleil d'Italie.

Le traducteur courbait modestement la tête et paraissait confus de ces éloges.

Le roman s'imprima en dix-huit jours. Chaque feuille nouvelle augmentait l'admiration de l'éditeur, qui dévorait les épreuves. Enfin, vint le moment solennel, celui où il fallut livrer le titre. A sept heures du matin, Dupont entrait dans mon cabinet. Je lui remets le papier si impatiemment attendu, il le déplie et lit : *Bertrand de Born*.

— Vous moquez-vous de moi, s'écria-t-il alors dans sa brusquerie accoutumée ; c'est là le titre du premier roman que vous m'aviez porté ?

— C'est vrai !

— Et vous voulez le mettre à votre traduction ?

— Je n'ai pas traduit.

— Comment ?

— C'est mon pauvre livre que vous aviez refusé sans le lire et que je vous ai fait accepter et louer sous le couvert de Manzoni.

La revanche avait du montant ; mais Dupont en prit son parti, car il était homme d'esprit, et il refusa même de déchirer le traité, qu'en conscience je me croyais obligé de lui rendre.

Ce roman, qui n'était pas écrit pour les cabinets de lecture, remplit le double but que je me proposais. D'une part, il plut à la partie sérieuse du public, à laquelle je le destinais, et, de l'autre, il me servit, en quelque sorte, de pont pour passer dans le champ de l'histoire.

J'y avais déjà un pied par la philologie : j'étudiais, en effet, depuis douze ans, les origines de notre langue et surtout nos dialectes méridionaux, si intéressants, si riches d'expression et si mélodieusement sonores. C'est vers cette époque à peu près que, par fantaisie ou par genre, quelques délicats qui n'en comprenaient pas un mot, firent un certain bruit des prétendues poésies d'un coiffeur Agenais, nommé Jasmin. Charles Nodier, un de mes collègues à la Société de linguistique, qui s'était déclaré le champion des patois, me pria de rendre compte du premier volume du barbier, intitulé *la Papillotos*, dans le journal *la Langue française*, dont Armand Marrast venait de me céder la direction. J'ouvris ce livre, et ce qui me frappa d'abord, ce fut la forme toute française des phrases et le grand nombre de mots purement français que je trouvais à chaque ligne. Notre langue méridionale se composant de latin, de grec, de gothique et d'arabe, pour la comprendre à fond et l'écrire convenablement, il est indispensable de connaître ces quatre sources principales. Or, figurez-vous un Figaro départemental, pauvre élève des ignorantins du faubourg et qui prend hardiment la plume pour écrire dans une langue dont il ignore les premiers éléments ! Cette audace inconsciente me fit sourire de pitié. Cependant, par égard pour Nodier, dont l'amitié m'était aussi chère qu'aujourd'hui sa mémoire, j'adoucis beaucoup les termes de mon jugement, et, dans l'espoir que l'incontestable facilité, révélée par cet essai informe, pourrait devenir à la longue un talent de deuxième ou troisième ordre, j'écrivis à Jasmin et me permis, avec une foule de ménagements, de lui donner des conseils sur la route à suivre.

Je croyais, étant du pays, connaître un peu la vanité gasconne, quelle erreur ! Jasmin me montra que j'étais loin de me douter de son exubérance ! Ivre des éloges à lui prodigués par les aristarques du cru, il m'écrivit une lettre où l'ignorance s'étalait avec insolence, où l'orgueil devenait folie ! Justement, je venais, comme je l'ai dit, d'achever ces études philologiques poursuivies pendant douze ans. Chartes et poèmes manuscrits, j'avais presque tout exploré dans nos nécropoles littéraires de Paris ou des départements. Trente-six mille vers de nos grands troubadours avaient jailli déjà sous la pioche de la traduction. Jugez donc du sentiment de pitié profonde, plus encore que de mépris, que j'éprouvai en recevant une lettre où ce pauvre frater d'Agen, qui ne savait rien que rimailler des vers sans prosodie, pleins de tournures et de mots français, et faux pour la plupart, car ils sont criblés d'hiatus, me criait fièrement : *Monsieur, c'est moi qui ai régénéré la langue de nos pères !*

L'orgueil de cette médiocrité si étrangement surfaite par des hommes qui, tels qu'Augustin Thierry et Lamartine, qui ne pouvaient la juger, puisqu'ils ne la comprenaient pas, m'écœura tellement, qu'après avoir haussé les épaules, je n'y pensai plus et ne m'en serais à coup sûr plus occupé sans un incident imprévu. Sainte-Beuve, ayant eu la fantaisie de faire un article sur la poésie méridionale, vint me demander quelques notes que je m'empressai de lui fournir. Il voulut savoir mon opinion sur Jasmin et je ne la lui cachai pas. Aussi jugea-t-il convenable de mettre, en guise de sourdine à son article publié le 30 avril 1837, dans la *Revue des Deux-Mondes*, une note ainsi conçue :

« Depuis que ceci est écrit, nous lisons dans le *Journal grammatical, avril et mai 1836,* un article philologique sévère sur le patois de Jasmin par M. Mary-Lafon, qui s'est occupé, en érudit, de l'idiome provençal. — Nous concevons, en effet, le peu d'estime que des antiquaires, épris de cette belle langue, en ce qu'elle a de pur et de classique, expriment pour le patois, extrêmement francisé, qu'on parle dans une ville du Midi, en 1836. Nous concevons que Goudouli, au commencement du xvııᵉ siècle, ait été plus nourri dans son style des purs idiotismes provençaux et que la saveur de ses vers garde mieux le goût de la vraie langue. Le jugement de M. Mary-Lafon nous paraît porter sur la détérioration inévitable du patois plus que sur la manière même de Jasmin, qui fait ce qu'il peut, qui n'a pas lu les troubadours et qui se sert avec grande correction de son patois d'Agen, tel qu'il se trouve à la date de sa naissance. La lettre de Jasmin, que M. Lafon a l'extrême obligeance de nous communiquer, vient à l'appui pour nous montrer que le poète populaire entend peu la question comme l'a posée le critique érudit et qu'il n'est pas, comme il s'en vante presque, à la hauteur du *système*; il reste pourtant à regretter qu'avec de si heureuses qualités et un art véritable d'écrivain, Jasmin n'ait pu cacher sous ce titre d'homme du peuple, un bon grain d'érudition et de vieille langue, comme Béranger et Paul-Louis de ce côté-ci de la Loire. Mais que voulez-vous! il est homme du peuple *tout de bon* [1]. »

Jusque-là, je ne connaissais du frater d'Agen que les lignes rimées sans prosodie qu'il appelait ses vers et sa correspondance; j'allais avoir l'avantage, sans l'avoir recherché, de connaître sa personne. Dans l'été de 1837, je regagnais le Midi et ma chère campagne de Lunel, entourée de peu-

Revue des Deux Mondes, avril 1837, page 389.

pliers plus grands, plus beaux et plus verts que ceux du port de Créteil, et non moins chers à mon cœur que les chênes de Dourdan ou les futaies des parcs de la Beauce. Les chemins de fer n'existant de ce côté de la France que sur le papier, après avoir quitté la malle à Bordeaux, on prenait le bateau à vapeur qui remontait la Garonne jusqu'à Agen. Là, une voiture formant la correspondance nous transportait avec une sage lenteur dans les vallons du Bas-Quercy. Les départs de cette machine de locomotion, fort improprement appelée diligence, étaient assez irréguliers ; car ils dépendaient de la marche plus ou moins rapide du bateau. Le jour dont je parle, par extraordinaire, le bateau était en avance, si bien qu'à mon arrivée, les chevaux ne furent pas prêts ; j'attendais donc tranquillement en fumant un cigare à une table en plein air d'un café du Gravier, lorsqu'en levant les yeux, j'aperçus une immense toile bleue suspendue aux ormeaux et flottant sur toute la largeur du boulevard au milieu de laquelle se détachait cette enseigne en majuscules de ma hauteur:

Jasmin, coiffeur des jeunes gens.

Je ne pus m'empêcher de sourire. A ce mouvement, dont il ne remarqua pas sans doute l'expression moqueuse, un grand gaillard en veste grise et les cheveux au vent, qui, depuis que j'étais assis, passait et repassait devant ma table, en s'efforçant, par son attitude et ses regards hardis, de se faire remarquer, m'aborda tout à coup et, d'un ton assez familier :

— Monsieur est étranger sans doute ?

— Vous ne vous trompez pas, lui dis-je.

— Et monsieur regarde l'enseigne du célèbre Jasmin ?

— Il serait difficile de ne pas la voir, en effet.

— Monsieur ne quittera pas à coup sûr Agen, sans aller voir le poète ?

— J'ai peur que ce malheur n'arrive, dis-je sérieusement ; car je suis fort pressé, et, quand la diligence sera prête...

— Je comprends, monsieur ; mais vous ne partirez pas sans l'avoir vu, celui que tout le monde admire, Jasmin est devant vous !

— Je m'en doutais, repris-je en éclatant de rire.

— Vous m'aviez reconnu ?..

— A votre toupet ! qui, permettez-moi de vous le dire, rappelle, sauf la couleur, celui d'un autre grand homme, votre compatriote, M. de Salvandy.

— Je le connais ! Je lui adressai des vers à son dernier voyage, pendant qu'il relayait là-bas, devant l'hôtel *Baron*. Mais, avec vous aussi, monsieur, il faut que je fasse connaissance ; car, moi, je suis physionomiste et je lis cela dans vos yeux, sur votre front : vous êtes un ami des Lettres !

— Oh ! un simple journaliste, dis-je modestement.

— Un journaliste, de Paris, peut-être ?
— Oui, de Paris !

A ces mots, ouvrant ses grands bras il se précipita sur moi, et, moitié de gré, moitié de force, il m'entraîna dans sa boutique, située quelque pas plus loin. Un instant après, j'étais assis au milieu de cette boutique, dans le fauteuil des clients. Jasmin, criant à tue-tête, d'une main me montrait ses œuvres, et, sans cesser de déclamer des vers, de l'autre entassait sur mes genoux les journaux et les lettres laudatives, tandis que, postée à la porte, sa femme arrêtait les passants et les contraignait d'entrer pour assister à cette scène. Dans cette foule bigarrée, je reconnus l'avocat Baze, d'un abord aimable et gracieux comme celui du hérisson.

Jasmin, lui, se multipliait et s'agitait comme s'il eût rasé cinquante personnes à la fois. Tout en me débitant ses patoiseries, il interpellait les auditeurs, les prenait à témoin individuellement de ses succès ; puis, se saisissant des journaux louangeurs, il m'en répétait les textes avec une rapidité qui n'avait d'égale que sa volubilité de parole. Dans cette apothéose personnelle, la *Revue des Deux-Mondes* devait avoir et eut son tour. Dès les premières lignes de l'article de Sainte-Beuve, je l'interrompais poliment, et, lui prenant le volume des mains, je cherchai la note atténuante dont j'ai parlé. Introuvable ! Un papier collé avec soin la rendait invisible.

— Je connais l'auteur, dis-je en lui rendant le

volume: j'avais lu son travail et même une certaine note que je ne revois plus ici.

— Non, monsieur, je l'ai fait disparaître, parce que mon sang bouillait de colère en y voyant le nom de mon plus grand ennemi !

— Vous avez un ennemi ?

— Un ennemi mortel, monsieur, et que je déteste au point que, si jamais je le rencontre, je ferai un malheur.

— Il ne faut pas dès lors qu'il vienne vous confier sa barbe ?

— Non ! je lui couperais le cou !

— Diable ! et comment l'appelez-vous ?

— Il s'appelle Mary-Lafon !

— Je le connais !

— Vous ?

— Intimement.

— Et quel homme est-ce ?

— Un homme comme tous les autres.

— C'est impossible ! moi, je me le figure affreux !

— Il me ressemble, beaucoup même.

— Oh ! pour cela, monsieur, non, non ! je ne le croirai jamais ! votre visage exprime la bonté, vous avez un sourire d'ange, la douceur *d'ou agnèlou* (petit agneau) que je veux célébrer en vers et vous ne pouvez avoir aucun trait de ressemblance avec ce cannibale que Sainte-Beuve a cité dans sa note.

On vint me chercher à ce moment pour monter en voiture. Chevaux, conducteur et postillon, tout était prêt, on n'attendait plus que moi. Je vais donc à la diligence, escorté par Jasmin à la tête de ses amis. Comme j'allais prendre ma place dans le coupé, il m'arrête et me demande, pour sceller cette amitié d'une heure qui doit me valoir la dédicace d'un poème, la permission de m'embrasser.

— Volontiers, lui dis-je; mais, avant de me donner cet adieu tout méridional, attendez de connaître mon nom et mon adresse.

Je lui tendis ma carte, il la prit avec vivacité, y porta ses lèvres en signe d'amitié ardente, puis la lisant :

— « Mary-Lafon ! » s'écria-t-il.

Et ce qui prouve bien qu'il n'avait que l'esprit d'un frater, c'est qu'il s'enfuit à toutes jambes, comme un chien qu'on vient de fouetter.

Quelle différence de ce faux ouvrier, car Jasmin, pas plus que Reboul, le boulanger de Nîmes, n'exerça longtemps son métier, avec l'ouvrier véritable, le travailleur saisi et possédé du démon de la poésie. Celui-là, je l'avais vu à Rouen, l'année précédente, à la suite d'une séance académique où j'avais lu, devant les immortels de Rouen, une étude vibrante de mon juvénile enthousiasme pour Pierre Corneille. Des hommes de valeur dans l'érudition et les arts qui s'appelaient Pottier, Deville, Hyacinthe Langlois, me parlèrent d'un ouvrier, imprimeur sur étoffes, et me le présentèrent comme doué d'un vrai talent poétique.

— Le poète languedocien, me dit un de ces messieurs, et le poète gascon sont les maîtres de leur personne et de leur travail. Ils commandent chez eux et, quand il plaît à l'inspiration de descendre dans la boutique du boulanger de Nîmes ou le salon du coiffeur d'Agen, elle est toujours la bienvenue. Mais le pauvre poète normand est esclave de son travail et de ses besoins, il n'a pas une heure, pas un moment. La nécessité le presse, le pousse et lui crie sans cesse : choisis du travail ou de la faim. Il est emprisonné, séquestré de toute pensée, oppressé douze heures par jour dans une atmosphère impure et brûlante où il est défendu à la science et à la poésie de pénétrer. Aussi, c'est seulement le matin, quand Théodore Lebreton part de chez lui pour aller au travail, c'est seulement alors que la poésie vient à lui et l'emporte sur ses ailes d'azur et d'or. Elle est, pour lui, dans le ciel sombre ou bleu, dans les coteaux lointains, sous ces peupliers verdoyants et frémissants à la brise de la vallée de Darnetal, et surtout dans cet air doux et balsamique qu'il peut aspirer à pleins poumons! Puis, quand il arrive à son atelier, il la laisse à la porte comme l'espérance au seuil de celle de l'Enfer et ne l'y retrouve qu'à la nuit en regagnant sa modeste demeure.

Il était de mode, en ce temps-là, de glorifier les ouvriers poètes : Lamartine avait sacré Reboul ; Sainte-Beuve et Nodier, Jasmin ; d'autres me vantaient un tisserand de Dunkerque, un menuisier de

Fontainebleau... Il y avait de ces étoiles filantes à tous les points de l'horizon. Ma première impression, lorsqu'on me parla de Lebreton, fut la méfiance. Je consentis pourtant à recevoir l'ouvrier, rue Saint-Patrice. Il me fut amené un soir par Pottier, le savant bibliothécaire de la Ville, et par Hyacinthe Langlois, un esprit charmant doublé d'un cœur d'artiste.

A la vue d'un homme chétif, souffreteux, dont les traits flétris et pâlis par le travail et la douceur rêveuse qu'ils respiraient tristement éveillaient la sympathie, je me sentis à demi gagné. Je l'interrogeai, il répondit avec une naïveté et une franchise qui me ravirent. Il ne savait rien et son ignorance de la littérature allait si loin qu'ayant trouvé, dans la Bible, son livre unique, avec une ou deux tragédies de Corneille, deux sujets qui lui semblèrent beaux, il commença bravement à faire une *Esther* et une *Athalie,* et fut le plus surpris du monde lorsqu'il apprit qu'un certain Racine l'avait devancé sur ce terrain.

L'adage bête de la province : « Nul n'est prophète dans son pays, » s'appliquait à Lebreton dans toute sa rigueur. Il était aussi ignoré dans cette ville manufacturière qu'Ebenezer Elliot, l'ouvrier-poète anglais, que tout le monde intellectuel connaissait en Angleterre et dont personne ne savait le nom à Manchester, son lieu natal. Il m'était facile de lever le voile resté sur son talent, je n'y manquai pas. Conduit par moi dans le salon du baron d'Hervey, l'intendant militaire, où était réunie l'élite de la société rouennaise, Lebreton apporta ses poésies inédites. Après l'avoir fait connaitre en peu de mots, je lus la meilleure, portant pour titre *l'Oiseau captif*.

Tout le monde fut ému à la lecture de cette pièce, où le pauvre ouvrier se peignait si douloureusement. Les femmes applaudissaient, les hommes m'entourèrent. M. Dupont-Delporte, préfet de la Seine-Inférieure, et M. Barbet, maire de Rouen, M. Rouland, avocat général, le général Teste, unanimes dans leur impression, demandaient ce qu'il fallait faire pour Lebreton.

— Ce qu'il faut faire, répondis-je, le voici : M. Barbet peut donner, dans son administration, à la Bibliothèque par exemple, une petite place à ce brave homme, équivalente, car il n'est pas ambitieux, au prix de sa journée; quant à M. Dupont-Delporte, il n'a qu'à écrire sur une feuille de papier une formule de souscription pour éditer les poésies de l'auteur de *l'Oiseau captif*. Et, en confiant cette liste de souscription nationale à une de ces dames, la somme nécessaire pour l'impression sera bientôt trouvée.

Il en fut fait ainsi, le maire de Rouen plaça Lebreton à la Bibliothèque; le préfet dressa une liste qui se couvrit de signatures, chaque patriote normand tenait à honneur d'y faire figurer son nom, et le poète-ouvrier, à la publication de ce livre intitulé

Heures de repos d'un ouvrier, me témoigna sa reconnaissance en associant mon nom au nom glorieux d'un autre de ses protecteurs, David d'Angers, et me dédiant une des pièces du recueil : *le Peuple français*.

A mon retour dans les tourelles de la Beauce, où je passai l'automne et une partie de l'hiver de 1839, je reçus une nouvelle épître du coiffeur agenais, dans laquelle il me disait fièrement :

N'es que su soun jouque que lou poul diou canta :
    Et quan boli rim asseja,
    Jou nou bau pas castelleja
    Coumo fan lous poetos d'aro...

Ce n'est que sur son perchoir que le coq doit chanter :
    Et lorsque je veux rimailler
    Moi je ne vais pas courir les châteaux
    Comme font les poètes d'aujourd'hui.

Et d'autres épigrammes au gros sel du Gravier, qu'il croyait très fines et très mordantes. Sans plus m'occuper de cette vanité à deux pieds et sans tête, je repris mes études historiques, qui furent un moment suspendues par l'arrivée au château de M. Geoffroy Saint-Hilaire. Le célèbre rival de Cuvier était attiré dans la Beauce par un fait des plus intéressants pour lui. Il venait de naître à Prunay, petit village sous Ablis, arrondissement de Rambouillet, deux enfants du sexe féminin liés comme les frères Siamois par une membrane ombilicale.

M. Geoffroy Saint-Hilaire, qui étudiait avec passion ces bizarreries de la nature, accourut de Paris pour observer le phénomène, et ce fut moi qui eus la charge de le guider dans les plaines de la Beauce. En allant et venant du château du Bréau à Prunay, nous fîmes ample connaissance. Sa conversation, pleine d'aperçus neufs, et d'où jaillissaient par moments des éclairs de génie, m'intéressait vivement; la mienne ne lui déplut pas. Si bien qu'à son départ, il insista de la manière la plus affectueuse pour qu'à ma rentrée à Paris. j'allasse le voir et passer, quand je le pourrais, la soirée avec lui.

Je m'y étais rendu un matin, sur son invitation, pour déjeuner avec un savant étranger. Enthousiaste de son système, et tout en se faisant la barbe dans son cabinet, il me montrait, non sans orgueil, une cinquantaine de bocaux renfermant tous des phénomènes plus ou moins curieux, lorsque le domestique lui remit une carte; il la prit et lut à haute voix :

— « Chaix-d'Est-Ange ! » Qu'est-ce que cela ? dit-il entre ses dents.

— Un des avocats les plus célèbres de Paris ! lui soufflai-je à demi-voix.

— Un avocat ! Que me veut-il ? Je n'ai pas de procès, moi.

— Il vient vous faire un cadeau ! ajouta sur le même ton le domestique.

Absorbé par son idée fixe, M. Geoffroy pensa que

le Cicéron parisien lui apportait quelque phénomène, et il donna l'ordre d'ouvrir une porte qu'on ne forçait pas facilement. Quelques minutes après, M. Chaix-d'Est-Ange, tenant en laisse une jeune lionne, entrait dans le cabinet. A la vue de la fille de l'Atlas et de son conducteur, M. Geoffroy Saint-Hilaire, désappointé, laissa échapper une exclamation de colère. Ce cri, son geste et cette figure barbouillée de savon et véritablement hétéroclite dans son expression menaçante, firent peur à la lionne, qui, échappant à l'avocat, se mit à bondir dans le cabinet, renversant chaises, fauteuils, et, chose bien plus grave, jusqu'aux bocaux des phénomènes. Il fallait voir et entendre M. Geoffroy ! Criant à tue-tête, ce qui redoublait l'effarement de la lionne, il accablait Chaix-d'Est-Ange d'invectives, l'appelait imbécile, animal, assassin, et courait sur lui le rasoir levé, en poussant des hurlements de douleur toutes les fois qu'un bocal cassé roulait à terre avec son phénomène. L'auteur du désastre, abasourdi, ahuri, prit la fuite. J'ouvris enfin une croisée où s'élança la lionne, et le déjeuner fut remis ; car ce dégât inattendu faillit amener une attaque et abréger les jours du grand physiologiste.

Il y avait peu de jours que cette scène s'était passée et j'en riais encore, lorsque le marquis de Custines, en grand équipage, vint m'apporter une lettre de madame Ancelot. De toutes nos femmes de lettres, celle-ci, par sa politesse et sa bonté, m'était la plus sympathique ; aussi je m'empressai de faire ce qu'elle me demandait. Il s'agissait de conduire mon noble confrère chez Gustave Planche, à qui, dans l'espoir d'un article à la *Revue des Deux-Mondes,* il voulait offrir son ouvrage sur la Russie.

J'étais lié avec Gustave Planche autant qu'on peut l'être avec un homme qui n'a qu'un cerveau et qu'un estomac. Mon intervention pouvait le blesser, car il était fort original et d'humeur peu facile. Je montai dans la voiture du marquis et fis arrêter à l'entrée de la rue des Cordiers. Planche habitait alors un de ces hôtels primitifs du quartier Latin, d'aspect misérable et de propreté plus que douteuse. Nous gravîmes un escalier dont la rampe était formée par une corde noire et grasse, et, parvenus au troisième étage, je frappai.

— Entrez ! cria la voix calme de Planche.

Un lit où il était couché, et une chaise sur laquelle pendait son habit, son unique habit, jadis bronze et destitué de boutons, que remplaçait de temps en temps une ficelle, tel était l'ameublement de cette chambre sale et froide. Pendant que j'ouvrais la fenêtre pour épurer l'atmosphère, il me sembla que le riche marquis glissait un papier dans son livre. La présentation faite, Planche prit l'ouvrage et en parcourut quelques pages. En le feuilletant, ses doigts rencontrèrent un billet de banque de mille francs.

— Ah ! ah ! dit-il en souriant, un fafiot ! Voilà un genre de papier peu connu sous ce toit !

Puis, devenant tout à coup sérieux :

— Monsieur, dit-il au marquis de Custines, je veux croire à une bonne pensée inspirée sans doute par les splendeurs de mon appartement ; car, dans le cas contraire, je vous aurais déjà prié de regagner la voie publique. Mais l'hospitalité de la *Revue des Deux-Mondes* est, comme celle des Écossais dans l'opéra de M. Scribe : l'hospitalité s'y donne et ne se vend jamais. Reprenez le papier de M. Garat ; si votre ouvrage me plaît ou me paraît de nature à intéresser le public, je ferai un article, sinon vous en serez pour votre visite. J'ai l'honneur de vous saluer.

Je ne crois pas que l'article ait jamais paru. Je disais que Planche était un original : voici un trait qui peint au vrai, au naturel, *den inneren Mensch*, l'homme intérieur, comme disent les Allemands. Planche se présente un jour à la *Revue* et demande à son directeur une avance de deux cents francs. Ce fait inouï, car, malgré sa misère, Planche n'anticipait jamais sur la solde de ses articles, surprit Buloz. Planche s'en aperçut et dit :

— L'auteur de mes jours vient de décéder ; il faut m'équiper pour ses obsèques.

Aussitôt Buloz, homme excellent sous son enveloppe un peu brusque, prend une voiture, conduit son rédacteur à *la Belle Jardinière*, l'habille de noir de pied en cap, lui achète bottes et chapeau neufs, et l'orphelin, mis comme un dandy, va rendre les derniers devoirs à son père. Le soir, il était au foyer du Théâtre-Français, où son costume excitait la surprise et l'admiration des habitués. Merle, le feuilletoniste dramatique de *la Quotidienne*, près duquel il avait pris place, crut devoir lui adresser quelques paroles de consolation et de sympathie.

— Une cruelle journée, mon pauvre Planche ! Je prends une part bien sincère à votre douleur.

— Oui, répondit Planche l'œil à terre : le père Planche est mort, nous l'avons inhumé ; un monsieur a fait un discours sur sa tombe... dix-sept fautes de français !...

Ainsi, tandis qu'un ami célébrait les vertus domestiques et la science du pharmacien de la rue Caumartin, au bord de cette fosse ouverte, le puriste, primant le fils, comptait les fautes de grammaire !

C'est peu de temps après cette singulière oraison funèbre qu'un autre journaliste de notre pays et de mes amis me mit en rapport avec Cormenin. Il venait d'obtenir un de ses grands triomphes de pamphlétaire. Sa lettre au duc de Nemours, et ses questions scandaleuses d'un jacobin avaient groupé vingt-six voix de majorité dans une Chambre toute monarchique contre la dotation du second fils de Louis-Philippe. Pour célébrer ce succès vraiment inespéré et montrer sa reconnaissance aux polémistes qui l'avaient aidé dans la presse, il invita

Briffaut à dîner et le pria d'amener un ou deux amis.
Je fus du nombre. Bon et spirituel écrivain, de toutes
les douces choses de la vie, Briffaut n'aimait que la
table, les vins et les primeurs; il était donc facile
d'obtenir de lui un compte rendu, en prenant pour
intermédiaire *les Frères-Provençaux*. Mais malheur ! trois fois malheur à l'écrivain assez riche
pour payer sa gloire ! Dans ce cas, l'indiscrétion
gastronomique de Briffaut devenait effrayante. Je me
souviendrai longtemps de cette mémorable soirée !
Si l'amphitryon eût osé, je voyais bien, aux regards
d'amour qu'il jetait en passant sur les galeries latérales, que sa politesse ne l'aurait pas ruiné ; mais
Briffaut ne l'entendait pas ainsi. S'emparant amicalement de son bras pour lui ôter toute mauvaise
tentation, il se mit à l'entraîner vers le haut du
Palais-Royal. Quand nous passâmes devant le café
Corazza, l'auteur frémit ; mais, voyant Briffaut doubler le pas, une lueur d'espoir vint illuminer son
visage. Bientôt son front parut radieux : Briffaut
ne nous conduisait pas, en effet, il nous entraînait
vers un restaurant à deux francs. Je me creusais la
tête afin de comprendre cette énigme, mais elle ne
tarda pas à m'être expliquée : c'était un ami que
Briffaut avait entrevu de loin et qu'il courait inviter.
Un nuage passa sur les traits de l'auteur politique ;
il se résigna cependant, et allait s'arrêter devant le
café de *Londres,* mais Briffaut l'entraîna. L'amphitryon crut que nous voulions dîner chez Véfour, et

soupira ; mais il se trompait encore, Briffaut nous conduisait aux *Frères-Provençaux*. Avant de monter, il invita derechef deux personnes qui entraient au Palais-Royal. L'amphitryon était pâle comme un mort ; mais sa pâleur et ses alarmes frappèrent tout le monde lorsqu'il entrevit mon confrère donner ses ordres aux garçons. Il avança une main timide vers la carte, Briffaut s'en était déjà emparé.

— Vous ne connaissez pas la maison ; laissez-moi faire, disait-il, nous aurons un dîner de princes.

L'avare avait l'air si désespéré de son imprudence, qu'il aurait fait pitié à tout autre qu'un gourmand ; mais, sans s'inquiéter des grosses gouttes de sueur qui perlaient sur son front pâle, Briffaut écrivait lentement le menu, dont le détail couvrit deux feuilles de papier.

— Nous ne mangerons jamais tout cela, ne put s'empêcher de s'écrier notre hôte d'une voix altérée.

— Allons donc ! reprit Briffaut, ce n'est que le premier service.

J'aurais voulu être peintre en ce moment-là, bien qu'il me paraisse impossible de donner une idée des grimaces, des contractions nerveuses, des tristes impressions qui bouleversaient cette figure.

Ce fut bien pis au second service ; Briffaut tenait parole et nous traitait comme des princes. Le luxe qu'on déploya fut si éblouissant, que tous les convives durent féliciter le Mécène : « Il fait bien les choses, » dit-on unanimement. A cet aveu, si doux pour Briffaut, l'hôte restait sourd et les yeux fixés sur des pois verts (on était au commencement de février), il demandait avec instance à son voisin ce que pouvait coûter ce plat.

— Mais quelque chose comme dix louis, répondit le voisin distrait.

— Dix louis, monsieur Briffaut ! dix louis un seul plat !

Il fallut, pour ainsi dire, employer la force pour le faire rasseoir : il voulait sortir, il se prétendait malade, et protestait par ses gémissements contre la gaieté générale. A partir du second service, notre gaieté devint de la folie, tandis que sa mauvaise humeur tournait à la rage, et ce contraste formait la scène la plus plaisante qu'on puisse imaginer. Jugez donc de son exaspération toujours croissante, en voyant arriver une superbe dinde truffée et les vins les plus rares, destinés à lui faire honneur ! On fut obligé, cette fois, de retirer la clef de la porte, et je me suis bien étonné depuis qu'il n'ait pas sauté par la fenêtre ; du reste, il y songea. Le dîner continua sur ce pied jusqu'à trois heures du matin. L'infortuné n'avait touché à rien, n'avait bu que de l'eau, et il était ivre, ivre de désespoir et de fureur. On lui remit la carte pour le calmer, il l'examina quelques secondes, comme il aurait lu son arrêt de mort, et, jetant sur la table un billet de banque tout froissé, s'enfuit en laissant pour adieu à Briffaut un regard terrible !

Un mois plus tard, grâce à l'initiative du même Briffaut, enfant du Périgord et grand partisan de *Bertrand de Born,* je fis connaissance avec David d'Angers. Mon travail sur Bertrand de Born était allé à son adresse, le public sérieux s'en occupa. Les sentiments patriotiques du Périgord se réveillèrent : on voulut rappeler à la génération présente cette grande figure de l'histoire, trop longtemps oubliée, et un comité, où devaient figurer des pairs, des députés, des notabilités de la Dordogne et l'illustre sculpteur, se forma spontanément à Paris pour élever une statue à Bertrand de Born.

Tous croyaient au succès, qui eût été certain sans les divisions survenues dans le comité ; l'accord fut rompu et le projet ajourné à des temps meilleurs.

Mon livre, tableau militaire poétique et chevaleresque du moyen-âge méridional, était une œuvre de transition. Commençant à me sentir assez mûr pour l'histoire, avant de l'aborder de front, j'y entrai par l'un des côtés les plus intéressants, à mon avis, et les moins connus: la langue du peuple dont je me proposais de retracer la vie. Mon travail, avec soin étudié sur la vieille langue de nos pères, fut terminé vers la fin de 1839. Admis au concours Volney, il n'obtint de l'Institut qu'une mention honorable. Sans me décourager, au lieu d'abandonner la partie, je repris mon mémoire, le développant dans la mesure de mes forces et le complétant par de nouvelles recherches et des documents inédits, parmi lesquels je n'avais qu'à choisir, je le représentai au concours de l'année suivante sous ce titre :

Tableau historique et littéraire de la langue parlée dans le Midi de la France et connue sous le nom de langue romano-provençale.

Un concours est comme un procès. Là aussi, là surtout, il importe de voir ses juges. Ce soin que j'avais négligé, je le pris enfin, et je m'en applaudis encore ; car je lui dus des connaissances précieuses et le meilleur de mes amis. La commission du prix Volney, qui est décerné par l'Institut entier, se composait, cette année, de MM. Flourens pour l'Académie des sciences ; Dupin, pour l'Académie française ; Reinaud, pour celle des inscriptions, et Mérimée, pour l'académie des Beaux-arts.

Le premier que je visitai fut M. Flourens. Je trouvai un homme d'un facile abord, d'une politesse exquise et d'une douceur de manières et de parole qui séduisait et charmait à la fois. Nous parlâmes pendant deux heures du pays natal, du Midi, de Béziers, de Montpellier, de leurs patois, des écrivains qui les avaient employés dans leurs œuvres, et, lorsque je sortis de son cabinet, la franche et cordiale poignée de main qui suivit ce long entretien, grava, comme au burin, dans mon cœur et pour toujours, l'image et le nom de ce savant et digne compatriote.

Reinaud, l'orientaliste, que je vis ensuite, ne me fit pas moins bon accueil. Destiné d'abord à l'Église, il avait été ravi aux autels par une belle et plantureuse Provençale, dont l'amour fut à son insu, pour Reinaud, ardent patriote méridional, l'amour du pays. Il n'en avait pas oublié la langue, et c'est dans cet organe, si cher aux enfants du soleil, que nous discutâmes le fond et la forme de mon mémoire, aidés, de temps à autre, par la Provençale, qui achevait d'une voix sonore dans la pièce à côté les chants dont nous avions commencé les premiers vers.

En quittant Reinaud, logé sous les combles de la Bibliothèque nationale, du côté de la rue Richelieu, je quittais plutôt un ami qu'un juge.

Il n'en fut pas de même dans la grande maison, brûlée par les communards, qui formait le coin de la rue du Bac et de la rue de Lille. Introduit auprès de Mérimée, au moment de son déjeuner, que je voyais tout servi sur une petite table ronde auprès de la croisée, je voulus me retirer. Il me retint et, prévenant la question qui se formulait sur mes lèvres :

— Vous venez me demander si j'ai lu votre Mémoire? je vous réponds d'avance avec franchise, non !

et cela par la raison toute simple que je ne lis jamais dans les concours que celui dont le sujet me plaît.

— Mais alors, monsieur, répliquai-je tranquillement, comment, ne connaissant pas les autres travaux, pouvez-vous savoir quel est le meilleur et juger en conscience ?...

Cette réponse l'étonna. Il se tut un instant, puis reprit d'un ton insouciant :

— Aux Allemands et aux Anglais la science ; les Français n'ont que de l'esprit.

— Vous êtes un exemple de la dernière partie de cette assertion ; mais je me permettrai de contester la première, attendu que, sur le terrain où je me suis placé, je défierais tous les érudits d'Allemagne. Même Dietz !

Surtout Dietz de Bonn, car l'Institut qui s'engoue si facilement des noms étrangers, a cru faire merveille en le nommant correspondant et s'est trompé.

— Nieriez-vous donc sa compétence dans l'étude des langues romanes ?

— Absolument ! le livre qu'il a publié n'est qu'une copie des copies imparfaites et fautives de l'Arsenal, exécutées par de mauvais paléographes pour Sainte-Palaye et qui diffèrent autant des manuscrits que le soleil du clair de lune.

— Quoi qu'il en soit, dit-il en se levant, j'aime le Nord, et, sans allusion personnelle, peu le Midi.

— Est-ce pour cela, répliquai-je en souriant, que vous l'avez choisi pour y faire passer vos meilleures compositions ?

Il ne répondit rien. Ses lèvres minces se plissèrent et un double salut, froid et sec de son côté, comme son talent et sa personne, et tant soit peu ironique du mien, s'échangea immédiatement sur ces paroles.

De là, j'allai chez M. Dupin. Il demeurait rue Coq-Héron. La sonnette, agitée plusieurs fois, n'obtint pas d'abord de réponse. Bien informé par le concierge, je continuai à carillonner. Des pas retentissent enfin sur le marbre de l'antichambre, la porte s'ouvre violemment et M. Dupin, en robe de chambre grise, serrée par un double cordon à glands, et l'œil, de colère enflammé sous ses lunettes, apparaît tout à coup et me jette d'un air furieux ces trois mots :

— Que voulez-vous ?...

— Avoir l'honneur de parler à M. Dupin.

— C'est moi ; mais je n'ai pas le temps, vous reviendrez une autre fois.

— Monsieur, lui dis-je du ton le plus respectueux, ce n'est ni pour affaire judiciaire, ni pour affaire politique que je me présente chez vous.

— Que diable venez-vous y faire alors ?

— Ma visite est pour l'académicien, membre de la commission du prix Volney.

— Eh bien, ce prix, on le donnera !

— Je l'espère ; mais, comme il m'importerait assez qu'on me le donnât, à moi, j'ai pris la liberté de venir vous demander cinq minutes de votre temps si précieux, pour vous signaler un fait qui vous intéressera, j'en suis certain.

— Cinq minutes ?

— Pas davantage !

— Entrez et tenez parole !

En entrant dans son cabinet, je vis mon mémoire sur le bureau, je l'ouvris, et, tout en expliquant rapidement l'idée et le but du travail, j'appelai l'attention de M. Dupin sur un passage de nature à l'intéresser particulièrement. Il venait, en effet, de publier un ouvrage sur Guy Coquille, un jurisconsulte ancien du Nivernais. Or cet estimable légiste avait trouvé, en son temps, la véritable origine de nos noms de lieu en *ac*. Aussi, dès les premières lignes, M. Dupin dressa l'oreille et adoucissant sa physionomie, autant que le permettait la rudesse de ses traits taillés à coup de hache :

— Monsieur Mary Lafon, me dit-il, je lirai votre mémoire, et, si vous voulez me faire l'amitié de venir mardi déjeuner avec moi, nous en reparlerons entre la poire et le fromage.

On n'a pas besoin de demander si je fus exact au rendez-vous ; j'y trouvai deux de ses collègues, Scribe et Jay, l'un des propriétaires du *Constitutionnel*, et, au dessert, M. Dupin me donna l'agréable assurance que mon mémoire semblait plaire à la commission. Quelques jours après, en effet, un billet de M. Flourens m'appelait au jardin des Plantes. Je m'y rendis avec empressement et reçus là une communication à laquelle j'étais loin de m'attendre.

— La Commission, me dit M. Flourens, a distingué deux mémoires : le vôtre en première ligne et celui de M. Thommerel sur *l'anglo-saxon*. Je crois que vous avez pour vous la majorité de mes collègues ; mais votre rival est patronné avec obstination par Mérimée, et Villemain, pour des raisons de lui connues (ces mots soulignés par un sourire), tient vivement à ce qu'il ait le prix Volney. Dans cette situation, voilà ce que je suis chargé de vous proposer : Renoncez pour le moment à ce prix, retirez votre mémoire et, en dédommagement, vous recevrez la croix d'honneur.

Ma délibération ne fut pas longue. Je répondis à M. Flourens, et c'était ma conviction sincère, que, n'étant pas encore digne de cette distinction, je ne consentirais jamais à l'accepter sans croire l'avoir méritée, et qu'elle ne serait, en aucun temps, le prix d'une capitulation de conscience ou d'un marché. M. Flourens, qui m'approuvait de tout son cœur, me serra la main, et je crus tout fini ; mais point. On employa une influence toute-puissante sur ma volonté et ce que j'avais refusé à Villemain, je l'accordai aux prières de lady... c'est-à-dire que je laissai donner une médaille au protégé d'une foule de gens, à condition que celle du prix porterait mon nom seul ce qui fut fait.

Un an plus tard, les deux premiers volumes de l'*Histoire du Midi* étaient envoyés au concours Gobert. Nouvelle course au clocher des prix académiques, dont je raconterai les péripéties, mais après une courte halte à l'Odéon.

Depuis que l'improvisateur Pradel, n'ayant pu réaliser son emprunt forcé, m'avait rendu mon manuscrit des *Pâques de la Reine*, ce drame dormait avec d'autres ébauches dramatiques au fond de mes tiroirs. Ce n'est pas que le démon de la scène ne me fit sentir de temps en temps son aiguillon ; mais, absorbé par des travaux d'un autre genre, j'attendais, en soupirant, des jours meilleurs, je veux dire moins occupés.

Ce moment, dix ans rêvé, vint lorsque je n'y songeais guère, en 1842. Un homme de beaucoup d'esprit, d'Épagny, l'auteur de *Luxe et Indigence* et de *Dominique le possédé*, avait eu le courage de rouvrir l'Odéon. Il me connaissait et me demanda si je voulais lui faire une pièce. Je lui proposai mes trois actes revus et sévèrement corrigés, et il me donna lecture immédiatement. Me voilà donc devant le comité de lecture, composé en grande partie de gens de lettres. Je commence ; mais, à la seconde ou troisième scène, sur un signe du président, Hippolyte Bonnelier, un des membres de cet aréopage, s'offre obligeamment pour m'épargner cette fatigue, et, prenant le manuscrit, lit, fort bien du reste, à ma place. Le succès ne fut pas douteux : le comité me reçut par acclamation, et, à l'unanimité, demanda pour moi un tour de faveur que d'Épagny, présent à la lecture, se montra heureux d'accorder.

Mais le sort de ce théâtre était alors aussi variable que le temps. On venait de distribuer les rôles lorsque d'Épagny se retira tout à coup. Il eut pour successeur Lireux, un rédacteur de *la Gazette des Théâtres.* De souche normande et fils d'un spéculateur qui, en le dotant d'une activité audacieuse et de beaucoup d'esprit, avait cru inutile de lui donner un autre viatique, Auguste Lireux, pour percer la foule et s'ouvrir un chemin, possédait toutes les ressources, sauf la principale. Il n'avait pas un sou vaillant quand il prit la direction de l'Odéon et son crédit était aussi creux que sa caisse. C'est dans ces conditions, peu favorables, on le voit, que furent montées *les Pâques de la Reine,* que la censure débaptisa par respect pour la religion et appela *le Maréchal de Montluc.* Si Scarron eût vécu en 1842, il aurait sûrement ajouté un chapitre à son roman comique. Il fallut emprunter des toiles pour les décorations ; la veille de la représentation, impossible de trouver des meubles pour le salon de Catherine de Médicis : c'est le jour même, à midi seulement, qu'un tapissier du quartier consentit à les louer sous ma caution. Quant aux costumes, ce fut bien autre chose :

la reine seule avait des robes, mais l'ingénue et la folle seraient venues en scène en chemise sans les magasins de location. Tant bien que mal, on avait équipé les hommes, à l'exception d'une partie de la toilette indispensable aux courtisans, surtout du XVIe siècle. Nul de ces pauvres grands seigneurs ne portait de gants, et le maréchal de Montluc lui-même aurait montré ses mains un peu rouges au public si, gagné par sa bonne mine, le municipal de service ne lui avait prêté les siens.

Comment réussir avec de pareils éléments ?... Je croyais bien la pièce morte et enterrée d'avance. Sa propre force et l'énergie de ses jeunes interprètes la sauvèrent! Braves artistes! pleins de courage, d'enthousiasme et de foi ! il fallait les voir sous ces loques, entre ces toiles déchirées et devant ce public railleur et terrible alors des écoles, porter leurs rôles fièrement et, comme Bignon, qui se révéla ce soir-là grand artiste, dans la *peau*, comme il disait lui-même, de Montluc, commander l'attention et faire naître l'émotion où auraient éclaté les rires.

Au sortir de cette épreuve violente, je sentis un amer regret et une sourde colère contre la Comédie-Française. Si ma pièce, en effet, dans des conditions semblables, avait pu toucher le port, quel succès n'aurais-je pas obtenu sur la scène et avec les grands artistes de la rue Richelieu ! un de ceux-là, et des meilleurs, partageait mon sentiment; car, pendant toute la représentation, Beauvalet ne cessait de dire dans sa loge :

— Cette pièce est de chez nous. Les imbéciles, pourquoi la lâcher ! Le beau, le magnifique rôle que j'aurais eu là !...

Si j'avais échoué, du reste, j'avais, pour me consoler, deux illustres suffrages, celui de Victor Hugo, qui avait toujours donné le signal des applaudissements, soutenant de sa grande autorité le drame qu'une réaction acharnée battait déjà en brèche, et celui de Balzac, dont on répétait, sur la même scène, *les Ressources de Quinola*, et qui me dit en me serrant la main :

— Lafon, je me contenterais bien de cette réussite.

Il disait vrai, sans le croire. Malgré, en effet, son immense talent, *les Ressources de Quinola* ressemblèrent beaucoup trop à celles de Lireux, et ne remplirent pas la caisse du théâtre. L'auteur seul fit grande recette, le premier jour ; mais ce fut un peu en usant de la morale de Vautrin. Il avait vendu d'avance ses billets à Porcher. Avant la représentation, il s'installa dans un cabinet de Duval, le célèbre Ramponneau du coin de la rue Racine et dit au garçon :

— Va me chercher tout ce qui a figure de marchand de billets.

Il lui en vint de tous les faciès et de tous les costumes ; il leur vendit comptant un millier de billets, si bien qu'on peut juger du désordre, du vacarme et des réclamations qui éclatèrent à l'ouverture des portes quand deux ou trois porteurs de billets se présentaient pour chaque place. Le trouble qui en résulta fut fatal à la comédie.

Après la grande pièce, la petite. Celle-ci qu'on représente d'abord, se joua la dernière chez moi quelques jours après l'apparition de *Montluc*. Je demeurais alors rue des Saints-Pères, au n° 12. Un matin, je vis entrer chez moi Hippolyte Bonnelier, mon lecteur du comité de l'Odéon : il venait me demander à déjeuner, je l'accueillis gracieusement et le traitai en conséquence. Il se montra très satisfait et fut d'une gaieté charmante jusqu'à la fin. Mais, le café pris et les liqueurs savamment dégustées, son front s'assombrit tout à coup, ses traits exprimèrent une profonde tristesse, et il me dit avec des larmes dans la voix :

— Mon cher confrère, vous voyez en moi un homme bien malheureux !

— Bah !... Que vous arrive-t-il donc ?..

— Ma femme, un ange, le seul amour de ma vie, se trouve en danger de mort si on ne se hâte pas de pratiquer une opération difficile et des plus urgentes.

— Eh bien, il faut la faire tout de suite !

— C'est mon ardent désir, hélas !.. Mais je suis pauvre et le chirurgien exigeant.

— Que vous demande-t-il ?

— Trois cents francs !...

Cette requête, autant que sa douleur subite, m'inspira des soupçons ; l'ombre de l'improvisateur se dressa derrière mon hôte, et, flairant quelque tour pareil je pris mon parti sur-le-champ.

— Aujourd'hui, lui dis-je, il m'est impossible de vous donner plus de cent francs, mais revenez après-demain et vous aurez le reste.

Il se saisit vivement des cinq louis, m'appela, toujours en larmoyant, son sauveur et celui de sa femme, et partit comme un cerf.

J'avais à mon service un garçon du pays, intelligent et vif : lui mettant vingt francs dans la main :

— Joseph ! lui dis-je, prends ta veste, cours après ce monsieur et ne le quitte qu'à minuit, je veux savoir ce qu'il va faire.

Je parlais encore, que mon garçon descendait les marches quatre à quatre. Il rentra tard, à une heure et demie du matin.

— Eh bien, mon homme ?...

— Monsieur, je l'ai suivi pas à pas. En sortant de chez vous, il est allé aux Tuileries. Là, il a rencontré deux dames, s'est promené quelque temps avec elles ; puis ils sont allés tous les trois prendre le chemin de fer.

— Quel chemin de fer ?

— Celui de la rive droite.

— Bon ! ensuite ?...

— Ils sont descendus à Saint-Cloud. On s'est promené dans le parc jusqu'à cinq heures.

— Et après la promenade?

— Le monsieur a mené ces dames à la *Tête-Noire*.

— Le dîner a été long?

— Vous pouvez le dire! je les guignais de la petite auberge à côté, et ils m'ont fait attendre jusqu'à huit heures.

— Puis?...

— Ils ont pris un fiacre qui revenait à vide et se sont fait conduire au bois de Boulogne. Le cocher m'a laissé monter sur le siège avec lui pour un franc et nous sommes restés dans le bois jusqu'à près de minuit. Ces dames ont pris des biscuits et du champagne dans un restaurant, ensuite on est revenu à Paris. Le monsieur a quitté la voiture devant un café vis-à-vis de l'église de la Madeleine; on a bu des glaces et ensuite ils sont allés se coucher probablement, dans une maison de la rue du Helder.

— C'est bien! va en faire autant.

Fixé dès lors sur le compte du personnage, je l'attendis le surlendemain; il fut exact. En l'entendant, je mis en évidence de l'or et des billets de banque sur lesquels se portèrent aussitôt ses regards ardents, et, tout en feignant de les compter:

— Eh bien! dis-je, l'opération?

— Elle a parfaitement réussi!...

— Grâce à l'air de Saint-Cloud et du bois de Boulogne !

— Que voulez-vous dire ?..

— Je veux dire, monsieur Bonnelier, qu'avant-hier, je vous ai prêté ou donné très probablement une petite somme de cent francs, mais qu'aujourd'hui je ne suis pas disposé à la doubler pour vous envoyer dîner à la *Tête-Noire*.

Il sortit atterré, plié en deux et je ne le revis plus que sur les planches de l'Odéon, où il eut un jour l'idée de jouer le rôle d'Orosmane. Cette tentative dramatique n'eut pas plus de succès que celle de Pontoise, où, pour suppléer le curé refusant son ministère, il avait quitté son costume de sous-préfet, revêtu l'habit ecclésiastique et béni lui-même les drapeaux de la garde nationale; à l'Odéon, il fut sifflé et destitué à Pontoise.

De ce bohème, auteur de quelques romans et gendre de François de Neufchâteau, ancien ministre de l'intérieur, aux écrivains que j'allais visiter, il y avait, pour la vie, l'honorabilité et le nom, un véritable abîme.

VIII

La Vieille Académie dont je vais esquisser les portraits les plus saillants, représentait à un degré supérieur l'amour et la dignité des lettres. Mais, formée d'hommes appartenant à deux générations, elle offrait quelques types de l'ancienne, un peu étranges aux yeux de la nouvelle. Ainsi le premier que je visitai, M. Briffaut m'étonna d'abord. Introduit dans un entresol de la rue du Bac, où régnait une atmosphère saturée de musc et de bergamote, je fus reçu par un vieillard en douillette de soie puce, coiffé d'un béguin de dentelles que serrait sur le front un ruban rose. Il écrivait à une petite table, et, montrant de la main un fauteuil, me pria d'attendre quelques instants. A la forme des lignes et à leur espacement, je vis quel était ce travail et m'excusai d'être venu troubler sa veine poétique.

— Vous avez raison, me dit M. Briffaut avec

complaisance, ce sont, en effet, des vers ; mais vous ne m'avez ni troublé, ni dérangé même ; car c'est fini.

— Si je ne craignais d'être indiscret... dis-je en regardant le papier qu'il parsemait de poudre d'or.

— Vous désireriez les connaître ? Écoutez, jeune homme ; c'est mon œuvre quotidienne, quatre vers tous les matins que j'envoie à mes amies.

Et M. Briffaut, mettant ses lunettes, me lut ce madrigal, écrit sur un velin à vignettes :

> Cette saison dont le front se couronne
> De tendres fleurs et de fruits excellents,
> Tu la connais, belle Églé, c'est l'automne
> Qu'en te voyant je préfère au printemps.

— Églé, ajouta-t-il d'un air heureux, c'est la duchesse de *** ; elle compte dix lustres, mais son visage et son esprit n'en ont que cinq.

— Alors, dis-je audacieusement, elle sera contente; car votre madrigal eût été signé par Boufflers.

Cet éloge ne déplut pas au classique académicien ; un air de douce bienveillance répandu sur ses traits m'annonça une déclaration favorable. Elle m'arriva aussitôt d'une façon aussi surprenante qu'inattendue.

— Êtes-vous marié ? me demanda M. Briffaut à brûle-pourpoint. Non, je le vois ; eh bien, mon jeune ami, si vous me promettez de renoncer au célibat, vous aurez ma voix.

Une promesse de cette nature, valant tout juste

le billet à La Châtre, ne coûtait rien, et enchanta M. Briffaut ; il tint parole et moi aussi... quinze ans après.

De la rue du Bac, je me rendis dans celle des Trois-Frères, où logeait M. de Jouy. L'auteur de *l'Ermite en province* et de *l'Ermite de la Chaussée-d'Antin*, me reçut comme un fils. Ma petite scène avec Taylor lui était restée dans le cœur ; j'étais vraiment confus de l'estime et de l'amitié dont m'honorait ce digne et beau vieillard. Il fallut partager son déjeuner en compagnie de sa fille et de M. de Norvins, son gendre, et emporter, avec ses cordiales poignées de main, une chaude recommandation pour son ami Jay.

Celui-ci, je le trouvai au *Constitutionnel*. C'était un petit homme, d'une figure intelligente et calme ; il lut le billet de Jouy et me tendit la main :

— Je vous reconnais, dit-il avec bienveillance ; c'est vous qui avez défendu mon ami au Théâtre-Français ; j'étais au foyer, et je devinai non sans plaisir à la chaleur de votre intervention, que nous étions compatriotes.

— Vous êtes du Midi ?...

— Oui, des environs de Bordeaux. Flourens m'avait déjà parlé de votre histoire, qui est la nôtre, et vous pouvez compter sur moi.

— Puisse, lui dis-je en me retirant, une occasion s'offrir de vous prouver ma reconnaissance pour vos paroles et votre bon accueil !

Il prit un air malin et répondit :

— Vous le pourriez si vous vouliez tout de suite.

— Comment cela ?

— En coupant cette vilaine barbe de bouc qui vous défigure et vous range, en apparence, parmi les insulteurs de Racine et de Voltaire.

Là, le terrain était glissant. J'en sortis avec une plaisanterie et gardai ma barbe, sans perdre l'amitié de l'excellent compatriote.

En me traçant mon itinéraire académique, M. Flourens avait mis en note : « Voir surtout Royer-Collard », mais s'attendre à un coup de boutoir.

La note ne m'effraya pas ; peu endurant de caractère :

— S'il est trop piquant, me disais-je en gravissant la rue d'Enfer, il sera piqué !

Facilement reçu par ce grand prêtre de la doctrine dont l'air grave et la réputation inspiraient le respect, je lui demandai d'une voix timide s'il avait lu mon *Histoire*, que je voyais parmi un millier de volumes brochés, sur une table ronde.

Se tournant alors majestueusement vers moi :

— Monsieur, me dit Royer-Collard, d'un ton d'augure, depuis dix ans, je ne lis rien !

— Alors, répliquai-je, en regardant les livres épars sur la table vous devez être bien au courant !

Il bondit sous ce coup de pointe, prit un de mes volumes, l'ouvrit, et, le hasard l'ayant fait tomber sur le panégyrique de Pacatus, il le lut, sans qu'un muscle de son visage bougeât, d'un bout à l'autre ; j'attendais anxieux et l'émoi au cœur. Lorsqu'il eut fini :

— Qui a traduit cette pièce ?...
— Moi, monsieur.
— Elle est magnifique et sa traduction vous fait honneur, Monsieur (et appuyant sur ces mots), je lirai votre livre, et j'en dirai mon sentiment à l'Académie.

Je me retirai enchanté et courus de là chez Dupaty. L'auteur des *Voitures versées* habitait rue de La Tour-d'Auvergne un logement charmant précédé d'un petit parterre. C'est au milieu des fleurs que ce bon vieillard, mis encore, malgré ses cheveux blancs, avec la propreté coquette du Directoire, me reçut sur un banc de gazon, comme une connaissance de vingt ans. Après que je lui eus exposé le but de ma visite, il répondit en me prenant la main :

— Écoutez, mon ami, vous me parlez là d'une histoire ; je n'aime pas les livres sérieux. Avez-vous fait des vers ?
— Oui, monsieur, j'en ai même publié un volume.
— Le titre ?
— *Sylvio et le Boudoir*.
— Fort bien ; pouvez-vous m'en réciter quelques fragments ?

J'en retrouvai, dans ma mémoire, quelques pièces légères, mais sans conquérir mon auditeur. Il écoutait d'un air poli et attentif, mais froid. En désespoir de cause, je dis la pièce intitulée : *Ma mère*, et je dus y mettre de l'âme, car M. Dupaty, tournant tout d'un coup vers moi son visage baigné de larmes, me prit les mains, et les serrant énergiquement :

— Mon ami, vous avez ma voix, descendez chez Scribe et annoncez-lui ma visite pour vous ; puis ensuite allez voir Étienne.

Je trouvai Scribe dans cette espèce de cage vitrée qui surplombe la rue Olivier ; il n'aimait pas les journalistes et me gardait personnellement rancune de quelques articles aussitôt oubliés que parus, que j'avais laissés tomber au hasard de la plume dans *le Corsaire*, *le Dandy* et la *Gazette des Theâtres*. Je n'étais donc pas très rassuré sur ses dispositions, lorsque, fronçant ses gros sourcils noirs qui lui donnaient un faux air de Molière :

— Non, cher confrère, je ne lirai pas votre ouvrage, parce que je n'ai pas le temps ; mais Nodier, qui le connaît, m'en a parlé jeudi dernier à l'Académie et, sur le bien qu'il m'en a dit, je voterai pour vous. Adieu donc ! Bon espoir ! et allez voir Étienne !

— Oui, me dit M. Flourens, à qui je communiquai ce double conseil, c'est essentiel. On ne peut pas regarder mon cher collègue comme un homme méchant ; mais il n'est pas précisément bon et a surtout des préventions violentes contre les jeunes écrivains, en général, et ceux de la nouvelle école, en particulier. Tenez-vous beaucoup à votre barbe ?

— Encore ma barbe ! Ma foi ! j'y tiens plus qu'à la voix de M. Étienne !

— Essayez !

Un jeudi matin, m'armant de sang-froid et de résolution, j'allai sonner rue de Grammont, à la porte de M. Étienne. On m'introduit. Je vois un vieillard, grand, sec, et dont le visage, aussi gris de teint que ses cheveux, n'exprimait pas la bienveillance. A la demande que je formulai respectueusement, s'il avait lu mon livre :

— Non, Monsieur, me répondit-il sèchement, et je ne le lirai pas.

— Puis-je savoir pourquoi, monsieur ?

— Parce que je tiens peu à connaître l'*Histoire religieuse du Midi*.

— Pardon, monsieur, ce n'est qu'une partie du titre, il y a aussi : *politique et littéraire*.

— Et RELIGIEUSE, reprit-il en insistant sur ce mot.

— Croyez-vous donc qu'on puisse faire l'histoire d'un peuple sans parler de sa religion ?

— Parfaitement !

— Voltaire, sans doute, ne partageait pas votre avis, car il en a, lui, trop parlé.

— C'est naturel : vous êtes contre Voltaire ?

— Toutes les fois qu'il ment, c'est-à-dire, ou à peu près, toutes les fois qu'il écrit.

— Monsieur, répliqua Étienne en se levant, l'œil dur et la joue enflammée : ce sont les Jésuites qui parlent ainsi !

— Non, monsieur, ce sont les historiens de bonne foi, les chercheurs sans parti pris, les apôtres de la vérité !

— Les Jésuites, répéta-t-il en ricanant.

— Vous semblez leur en vouloir beaucoup, dis-je, à ces Compagnons de Jésus ?

— Je les exècre !...

— A tort, ce me semble ; car ils n'ont pas nui à votre gloire !

— Conaxa! s'écria-t-il furieux, écumant, hors de lui-même, Conaxa !...

Je sortis en riant sur ce mot cruel pour son orgueil ; car il lui rappelait ce qu'on n'avait découvert qu'après le succès de sa comédie des *Deux Gendres*, à savoir qu'il avait pris le sujet, les caractères et même parfois les vers de son prétendu chef-d'œuvre dans la pièce d'un Jésuite.

Ceux que j'allai voir ensuite me dédommagèrent amplement de ce mauvais accueil. Citons d'abord le traducteur d'*Ossian* et du *Tasse*. Baour-Lormian, un fils de Toulouse, transplanté depuis des années sur les bords de la Seine, me prouva, par une réception pleine de sympathie et de cordialité, qu'il n'avait oublié ni le Tarn ni la Garonne. Retiré aux Batignolles, dans un modeste appartement de la rue des Dames, ce grand et vigoureux vieillard avait perdu la vue, mais non l'énergie et la verve méridionales. Gai comme un pinson, malgré l'âge et la cécité, et consolé de tout par la muse, il se montra pour son jeune confrère d'une bonté et d'une amabilité dont je lui serai toujours reconnaissant.

Autant j'en dirai de M. Mignet, un des hommes que j'aime, que j'estime et honore le plus parmi ceux de mon temps; de M. Flourens, ami véritable; de Nodier, rare, délicieux esprit et cœur d'or ; de Ballanche enfin, bon comme le pain, naïf comme un enfant, qui n'ignorait rien que son mérite. J'étais très lié avec Viennet, que j'avais connu chez Ancelot, mais il n'avait ni l'esprit, ni le caractère franc et solide de son hôte. Paysan madré, faux, méchant dans le fond, Viennet jouait au paysan du Danube pour exhaler sa mauvaise humeur et l'orgueil qui le dévorait. Personne ne pouvait compter sur lui, car, dans sa médiocrité jalouse, il enviait, déchirait tout ce qui lui était supérieur.

Les amis d'Augustin Thierry voulant fermement, en quoi je ne les blâmais pas, qu'il conservât le prix Gobert toute sa vie, un accord s'était fait entre eux et mes partisans pour retirer mon livre de ce concours et le porter à celui des prix Montyon. Mais, ici, nouvel et sérieux obstacle. Un groupe d'illustres, Cousin, Tocqueville, auquel s'était joint Villemain, s'opposait à ce que l'histoire participât aux récompenses fondées par M. Montyon. Villemain, toujours en assez mauvaise disposition pour moi, depuis l'incident Thommerel, ne voulait rien entendre à cet égard, et Cousin y mettait un acharnement fort peu académique.

— Qu'avez-vous fait à Cousin, me dit un jour M. Flourens? il vous attaque avec une persistance et une âpreté extraordinaires.

— Lui?

—C'est au point que Ballanche, cet agneau de l'Abbaye-aux-Bois et son ami, s'en est indigné à la dernière séance. Il faut qu'il ait quelque chose contre vous.

— Il craint peut-être, dis-je en riant, que je ne courtise madame Collet, ou bien il m'aura vu avec Sinner et suppose que je sais qui a fait sa traduction de Platon. Mais, je vous remercie, j'irai lui faire une visite.

Le lendemain, armé de mon *Histoire,* je courus à la Sorbonne, où ce grand sinécuriste était logé gratuitement. Un petit escalier gravi, je sonne fortement et qui vient m'ouvrir? le philosophe lui-même en manches de chemise.

— M. Cousin?

— Il n'y est pas!

— J'en suis fâché, car je tiens essentiellement à le rencontrer; mais vous êtes, sans doute, son domestique et ce sera la même chose: vous lui direz, et je le regardais dans les yeux, que M. Mary Lafon est venu pour lui apporter ce livre, qu'il n'a pas lu, et dont il se permet, m'a-t-on dit, de faire une critique acerbe. Comme ce procédé est le fait d'un faquin, vous lui direz, je vous prie, que, s'il continue, je reviendrai le voir ou l'attendre, mais, cette fois, avec ma canne!

En formulant cette déclaration, j'étais à dix centimètres de l'homme, collé au mur et qui ne bougeait pas. Sur un regard, dont l'expression n'était pas équivoque, il prit l'ouvrage, ferma précipitamment la porte et se le tint pour dit; car, le jour de la décision prise à la majorité de 29 voix sur 33 votants, il ne manifesta son opposition qu'en tirant Ballanche par sa redingote pour l'obliger à s'asseoir; celui-ci, indigné, riposta par un coup de poing, en murmurant, sa grosse joue plus gonflée encore :

— Il voulait m'empêcher de voter pour mon ami !

Force fut donc à M. Villemain de s'exécuter; il le fit en ces termes, dans la séance publique :

« Malgré la restriction qu'elle s'est imposée à elle-même, l'Académie a continué d'étendre l'appel généreux de M. de Montyon à des ouvrages de forme et de destination très diverses et rapprochés seulement par ce caractère d'utilité qui vient souvent plutôt de l'auteur que du sujet. A ce titre, un livre d'histoire lui a paru digne d'un encouragement spécial. C'est l'*Histoire politique, religieuse et littéraire du Midi de la France, depuis les temps les plus reculés jusqu'à nos jours*. De belles citations et d'heureux souvenirs, empruntés à l'archéologie et à cette poésie provençale, court et brillant prélude de la civilisation moderne, jettent un intérêt particulier sur cet ouvrage. M. Mary Lafon se sert avec goût du moyen âge : il n'en abuse pas, et, lorsqu'il approche de la lumière des temps modernes, il peint avec chaleur et vérité le progrès de ces belles provinces du Midi et leur rapide union à la patrie française [1]. »

Toutes les choses de la vie ont un envers comique. J'en eus la preuve le jour même de mon succès.

Parmi les académiciens qui m'étaient le plus favorables, j'ai négligé de parler de M. Tissot. C'était un petit vieillard que ses cheveux blancs semblaient rendre vénérable. Il occupait, au Collège de France, la chaire de poésie latine, où il parlait, d'une voix larmoyante, beaucoup moins de Virgile que de Béranger. Je l'avais vu deux ou trois fois chez Dupaty et m'étonnais, en mon particulier, du zèle ardent qu'il déployait en ma faveur.

Comme on est injuste, me disais-je quelquefois. Voilà un homme dont la réputation n'exhale pas un parfum de vertu et qui se met en quatre pour quelqu'un qu'il connaît à peine. J'étais dans l'admiration de ce dévouement, si rare en notre siècle d'égoïsme, lorsque, le jour du vote, M. Tissot accourt chez moi, monte vivement, et, entrant tout haletant et radieux dans mon cabinet :

— Enfin ! nous avons triomphé ! 29 voix, mon ami, et le prix !

---

[1]. Rapport de M. Villemain, secrétaire perpétuel de l'Académie française, sur les concours de 1843. Recueil de discours, rapports et précis divers, 2ᵉ partie, p. 1045.

J'allais me jeter dans ses bras, qu'il paraissait ouvrir après avoir larmoyé ces paroles; il ne m'en donna pas le temps.

— Mon jeune ami, dit-il très vite, je ne dois pas vous dissimuler que c'est à moi que vous devez votre victoire. Or un service en vaut un autre, et je viens vous prier de me prêter quinze cents francs. Un mot pour Pingard suffira.

A cette proposition, brève comme un coup d'escopette, je vis que l'opinion ne se trompait pas autant que je l'avais pensé, le zèle de mon homme se dévoilant en même temps, puisque c'était pour lui qu'il croyait travailler en me soutenant. Je résolus de ne pas être sa dupe. Prenant un air tout attristé :

— Avec quel plaisir, lui dis-je, je ferais ce que vous me demandez; mais, malheureusement! cela m'est impossible.

— Pourquoi donc?

— C'est une confidence que je livre à votre amitié et à votre discrétion... J'ai des dettes, une surtout très menaçante, et je compte sur cet argent pour m'en débarrasser.

— Est-ce qu'on vous poursuit?

— Oui, sans pitié, au tribunal de commerce.

— Comment s'appelle l'agréé?

J'en nommai un, charmant garçon que je rencontrais les samedis chez un syndic de mon pays.

— Martinet! s'écria-t-il, je le connais et je vais lui

demander du temps. Attendez-moi ici, je reviens dans une demi-heure.

Mon appartement de la rue des Saints-Pères avait deux escaliers. Tandis que Tissot prenait le grand, je descendis rapidement par celui de service, je courus me jeter dans un fiacre rue Taranne et j'arrivai en quelques minutes chez Martinet, qui demeurait rue Neuve-Vivienne. Mis au fait en deux mots, il me promit son aide en riant, et, pendant que je sortais par une porte, Tissot entrait par l'autre. J'écoutai un moment son discours, il avait des accents d'un pathétique à toucher un huissier. Sachant que l'agréé ne céderait pas, je regagnai mon cabinet, où, trois quarts d'heure plus tard, Tissot rentra furieux.

— Eh bien, Martinet ?

— Il ne veut rien entendre ! je lui ai offert ma caution, je me suis humilié, mis à genoux pour vous, comme si je chantais ! gommela-t-il en se jetant sur le canapé.

Là, il laissa éclater son désappointement et, par suite, sa rage contre moi.

— Je le croyais un jeune homme sage, rangé, en position de rendre un service dans l'occasion ; point : c'est criblé de dettes !

Promenant alors dans l'appartement son regard irrité :

— Des tapis, des meubles en bois de rose, des tableaux, des reliures de luxe ; pourquoi tout cela, je me le demande ?

— Pour l'huissier de Martinet ! dis-je gaiement, car sa colère m'amusait.

— Et moi qui ai fait ce que j'ai pu ! murmurait-il d'un air désolé, si j'avais su !

Je lui offris, pour le calmer, un verre d'eau sucrée ; mais sans me répondre, sans même tourner la tête, il partit en maudissant la jeunesse et ses dissipations.

Hâtons-nous d'ajouter que Tissot était une exception dans l'Académie, comme la personnalité que je vais citer, le fut dans la presse.

Le troisième volume de mon *Histoire du Midi* terminé, je l'avais envoyé, en compagnie des deux premiers, à l'Académie des inscriptions et belles-lettres. M. Vitet, rapporteur de la commission du prix Gobert, après avoir bien voulu *constater que c'était un ouvrage d'une lecture agréable et facile, et qui avait exigé d'immenses recherches*, trouva bon, pour favoriser un ami, de m'attaquer sur deux points de grande importance aux yeux de l'Académie: les sentiments des populations méridionales au XVIᵉ siècle à l'égard des Anglais, et l'influence miraculeuse de Jeanne d'Arc, que je niais par rapport au Midi. Je répondis à ce rapport, pièces en mains, de façon à dégoûter le Quinte-Curce en plâtre de la coterie Mérimée de se hasarder de nouveau sur le terrain historique.

Ma lettre à M. Guigniaut, secrétaire perpétuel de l'Académie des inscriptions, fit du bruit, et M. Armand Bertin que je rencontrai un soir à l'Opéra, me dit de lui envoyer mon livre et qu'il en ferait rendre compte.

Je le lui apportai moi-même, et lui dis que Philarète Chasles m'avait proposé de faire l'article. M. Bertin secoua la tête, et me conseilla de choisir un autre rédacteur. Bien que Chasles me fût parfaitement connu comme un homme d'une verve intarissable, d'un esprit éblouissant de saillies, mais un peu léger de probité et de conscience, ayant promis je persistai, et M. Bertin lui donna le livre.

Assez longtemps après, à l'apparition du quatrième volume, je reçus le présent billet :

« Mais je n'ai pas ce quatrième volume, cher et brillant savant ! Envoyez-le-moi donc, je ferai la chose.

» Tout à vous,
» Ph. Chasles.

» 1ᵉʳ mars. »

Il se passa du temps encore ; enfin, quand je n'y songeais plus, Chasles me convoque à la Mazarine et me lit, dans son cabinet, un article curieusement étudié et où la critique sérieuse, motivant partout l'éloge, en doublait la valeur.

— Êtes-vous content ! me dit-il, en pliant ses feuillets.

— Oui, et très reconnaissant.

— Votre article paraîtra mardi, mais à une condition.

— D'aller revoir M. Armand Bertin, sans doute?

— Non, mais de m'envoyer ce soir quatre cents francs.

La somme n'était rien, j'en ai perdu bien d'autres sans regret, avec mes jeunes confrères; mais, ce fait tant soit peu cynique, de me mettre l'article sur la gorge me révolta.

— A quoi pensez-vous ? demanda-t-il en me voyant garder le silence.

— Vous voulez le savoir ?

— Parbleu ?

— Eh bien, je pensais à une aventure qui m'est arrivée l'an dernier presque jour pour jour. Je chassais, avec un ami, dans les ravins de la Tolfa, entre Civita-Vecchia et Rome. M'étant un peu écarté, je me trouvai inopinément en face d'un de ces messieurs qui exploitent les bois... dans la poche des étrangers. Plus agile et plus fort, je lui arrachai son fusil, le lui cassai sur les reins et lui en laissai les morceaux pour sa peine. — Bonsoir ! vous pouvez garder votre article !

Il le garda, ce qui ne l'empêcha pas, pour me prouver qu'il était sans rancune, de m'emprunter plus tard argent et volumes.

IX

Tous les gens de lettres heureusement ne ressemblaient pas à ce type de flibustier faisant de sa plume un tromblon. J'en voyais beaucoup dans ce temps-là dont le souvenir me sera toujours doux et cher. Louis de Loménie et Charles Labitte. Loménie, nature honnête, franche, expansive, esprit fin, délicat et sagace, vous attirait par sa douceur presque féminine et vous retenait par sa bonté et cette virilité de sentiment et de caractère qu'on trouve si rarement chez les amis. Que de fois j'ai pris plaisir à l'entendre réfuter, avec une haute raison et avec une vivacité quasi méridionale, les opinions ou plutôt les sophismes d'un bohème assez intelligent, nommé Chaudes-Aigues, mais qui, vieilli avant l'âge, vivait comme l'acarus dans la gale, dans l'indifférence, le scepticisme et la corruption de ce demi ou quart de monde littéraire.

Je ne connaissais pas Labitte. Un calembour latin nous mit en relations. Auguis, bibliothécaire ou conservateur à la Mazarine, était gravement malade. Sainte-Beuve, ami sincère de Labitte, lui réservait, disait-on, ce poste. Un article fort louangeur pour le ministre de l'instruction publique et signé Labitte ayant paru bien à propos dans la *Revue des Deux Mondes,* on en parlait devant moi, et Sainte-Beuve me demanda comment je le trouvais.

— Parfait ! lui dis-je ; seulement...

— Seulement ?

— *Latet Auguis in herbâ !*

Cette semi-parodie de l'hémistiche virgilien *latet anguis in herbâ,* le serpent est caché sous l'herbe, au lieu de fâcher Labitte comme Sainte-Beuve, prompt à l'irritation, me valut, au contraire, sa visite. Nous nous liâmes d'une amitié qui devait être trop courte, hélas ! car, poitrinaire de naissance, il vécut trop peu pour les lettres, ses amis et une aimable jeune fille qu'il allait épouser. Il se passa même, à ce sujet, une scène d'un caractère lugubre et sombre comme les nuits d'Young. L'année révolue, cette demoiselle fut demandée en mariage. Le futur à ce qu'il paraît, ne lui déplaisait pas ; mais elle avait échangé son anneau avec Labitte et se refusait à contracter un autre engagement, tant que ce gage d'un serment mutuel serait au doigt du mort.

Rien ne pouvant vaincre sa résistance, le jeune homme obtint un permis d'exhumation : les fossoyeurs retirèrent du tombeau et rouvrirent la bière ; mais le cadavre était si prodigieusement enflé, que, malgré tous les efforts du prétendant, qui avait courageusement assumé cette violation du repos éternel et cette sorte de sacrilège mortuaire, il ne put jamais arracher la bague du doigt gonflé et replié qui la retenait. A bout d'efforts, il allait suivre le conseil de l'un des fossoyeurs et couper le doigt du cadavre, un cri de douleur et de colère l'arrêta : d'un groupe de cyprès, dans lequel elle s'était cachée avec sa mère pour s'assurer qu'on ne la trompait pas, la demoiselle s'élançant tout à coup et fondant en larmes :

— Arrêtez, dit-elle, et ne profanez pas davantage ces restes chers. Ce mort me dicte mon devoir. Tu ne veux pas me rendre mon anneau : eh bien, Charles, repose en paix, je garderai le tien toute la vie !...

Ceux qui, par une nuit froide et sombre, assistèrent, à la lueur du falot des ouvriers du cimetière, à cette scène dramatique, ne l'oublieront pas de longtemps.

J'avais rencontré deux ou trois fois l'illustre auteur de *Robert le Diable* chez Scribe et chez M. Beer, un israélite, amateur de littérature, son frère ou cousin, à ce que je crois ; mais je ne le connaissais pas. Une circonstance, qu'on peut appeler littéraire, me donna la bonne fortune de le voir dans son intérieur. Vers la fin de l'hiver, un médecin de mes amis d'origine piémontaise et aussi vif d'intelligence, aussi frotté d'esprit français qu'habile dans son art, vint me trouver un matin et m'annonça coup sur coup, avec la pétulance de sa nation :

1° qu'il avait fait un opéra ;

2° obtenu une audition de Meyerbeer ;

3° qu'il comptait sur moi pour la lecture, l'accent du crû l'empêchant de lire lui-même ;

4° et que le maestro nous attendait à dix heures précises.

La mission n'ayant rien de désagréable, je l'acceptai, jetai un coup d'œil rapide sur le manuscrit et, à l'heure dite, nous entrâmes chez Meyerbeer, qui habitait un des hôtels du boulevard.

Le grand homme, qui se promenait dans son salon en robe de chambre, serra la main du docteur, me salua de l'œil, et, montrant deux fauteuils, continua sa promenade en pressant un foulard sur sa bouche.

— Êtes-vous malade? demanda le docteur d'un air vivement alarmé.

— *Es ist nichtsein rasende, Schmerz der Zahne.*

— Une rage de dents?

— *Welche Qual ! Welche Qual !* Quel martyre !

Je regardai mon ami, pour tâcher de lui faire entendre que le moment me paraissait peu favorable ; mais il tenait à sa lecture, et, s'élançant sur Meyerbeer :

— Ouvrez la bouche !

Le maestro fit un signe énergique de dénégation et le repoussa doucement.

— Montrez la dent malade, criait le docteur, et attendez-moi dix minutes, le temps d'aller chercher une clef de Garengeot chez mon ami Delaitre, qui demeure à côté et je vous guéris en un tour de main.

— Je crois, dis-je alors en me levant et repliant le manuscrit, que nous ferons mieux de revenir en meilleure heure.

Meyerbeer regarda le docteur; il avait l'air si malheureux et si désespéré, que, rassemblant, à ce qu'il me parut, tout son courage :

— *Beginnen Sie* (commencez) ! me dit le patient.

J'ouvris le poème et me mis à dérouler cette œuvre médico-littéraire, intitulée *la Fin du monde*. A mesure que je lisais, Meyerbeer allait et venait, poussant de longs gémissements et s'arrêtant, parfois, comme s'il allait trépasser.

— Vous souffrez? lui criait le docteur.

Il hochait la tête, et reprenait sa promenade au pas redoublé. Dans l'intention doublement charitable d'abréger son supplice et ma tâche, j'essayai, mais en vain, de sauter quelques scènes, l'auteur attentif me rappelait aussitôt au manuscrit. J'en mesurais avec terreur l'épaisseur, les longues lignes. Un hasard, préparé sans doute, nous délivra tous deux. Des visiteurs étant venus, le maestro nous congédia poliment avec force gestes, mimant sa douleur à l'arrivée des survenants. Le docteur était désolé.

— Comment trouvez-vous mon poème? dit-il en descendant.

Je ne crus pas devoir lui refuser une fiche de consolation et je me damnai pour sûr, si un mensonge officieux damne.

Quelques jours plus tard, je rencontrai le maestro au coin de la rue de la Paix; il me sourit, et, en le saluant, je pris la liberté de lui demander des nouvelles de sa rage de dents?

— Partie avec le manuscrit, répondit-il tranquillement.

— Comment cela?...

— C'était *la Fin du monde* qui me l'avait donnée. Je ne voulais pas désobliger ce bon docteur, qui croit qu'un livret est aussi facile à écrire qu'une ordonnance; mais, en acceptant ce guêpier, je me réservais le moyen d'en sortir.

— Voulez-vous me permettre une question?...

— Parlez! parlez!

— Est-ce la première fois que vous avez eu mal aux dents?

— Non, répondit-il en riant et pressant le pas pour rejoindre quelqu'un qui l'attendait, sans doute, sur le boulevard. J'en souffre toutes les fois que l'importunité ou l'insistance d'un ami m'arrache une audition, et je laisse alors mes tourmenteurs, comme j'ai laissé le pauvre Cerise dans la vallée de Josaphat.

Cette même année, une mystification littéraire

mettait en émoi la diplomatie et risquait bien, contre mon gré, de troubler l'entente, alors assez peu cordiale, de la France et de la Russie. Voici le fait, resté à l'état de mystère à coup sûr quant à son auteur, car il ne fut connu que de Buloz et de Mars, son secrétaire. Un de mes amis, M. Léon Labat, frère de l'archiviste, était, en sa qualité d'enfant de l'Hérault, hardi et aventureux à l'excès. Après avoir assez longtemps habité l'Égypte, où il était chirurgien du pacha, il vint se fixer à Paris. Mais cet amoureux de l'Orient et des horizons sans limite, étouffait dans nos rues. Il quitta donc bientôt la capitale et se rendit à Téhéran, où l'attendait le poste de premier médecin du Schah.

Il emmenait avec lui sa femme, charmante et spirituelle Parisienne, qui me promit, en partant, de m'écrire ses impressions de voyage et de séjour. Elle tint parole. Buloz venant justement pour tuer, dit-on, l'ancienne, de faire paraître une nouvelle *Revue de Paris*, in-4° avec couverture bleue, j'allai lui proposer une correspondance de Téhéran. Il l'accepta avec empressement et publia plusieurs lettres sur les mœurs, la cour, l'administration, l'armée et la politique de la Perse. Le fond de ces articles était si vrai, les détails qui les émaillaient si précis, que la diplomatie très ombrageuse et très jalouse quand on a l'air de se mêler de son métier, se fâcha toute rouge et courut demander des explications à M. Guizot. Celui-ci, bien empêché, mande Buloz, qu'il trouve muet comme un puits; il écrit à M. de Sartiges, notre ambassadeur à Téhéran, et ce brave diplomate du Jockey-Club, envoyé là-bas pour acheter des chevaux, répond, en jurant ses grands dieux, qu'il est innocent du méfait. L'ambassadeur d'Angleterre s'en mêle à son tour, et la question s'embrouille et devient sérieuse; car on suppose à notre premier ministre des idées politiques bien loin de sa pensée, M. Guizot n'ayant jamais eu d'autre objectif que le pouvoir et d'autre horizon que la Chambre des députés. La source de cette correspondance, aussi cachée pour la diplomatie que les sources du Nil, quoiqu'elle lui crevât les yeux, finit pourtant par être, non pas découverte, mais soupçonnée. Le moyen de suppression, dès lors, fut bientôt trouvé. On empoisonna le docteur, et ce pauvre Mirza Labat, qui rêvait pour la Perse une autre expédition d'Égypte, dont il eût été, au besoin, le Bonaparte, revint émacié, pâle et osseux comme un squelette, mourir rue Notre-Dame-des-Champs.

X

Les occasions naissent parfois du côté où nous les attendrions le moins. Celui qui eût dit que Téhéran me ramènerait au Théâtre-Français m'aurait notablement surpris. C'est pourtant ce qui arriva. Je venais de terminer le quatrième et dernier volume de mon *Histoire du Midi*; délivré de ce travail, cercle de fer brûlant dans lequel mon cerveau se sentait serré depuis douze ans, j'étais libre, alerte et joyeux comme un enfant. Un jour que j'étais allé voir Buloz au Théâtre-Français à propos de cette correspondance mystérieuse, qui préoccupait si vivement l'ambassade de Russie, il fut frappé de ma gaieté et de mon air de bonne humeur. Comme il m'en félicitait en secouant la tête, entra le régisseur de la Comédie, Charles Desnoyers, qu'il venait de faire appeler.

— Savez-vous, dit-il à son chef, ce qu'il faudrait lui demander à ce joyeux garçon ?

— Non, dit Buloz toujours sérieux, quoi ?...

— De nous faire une comédie !

— Une comédie ?

— Oui, où pétillât comme la mousse du champagne, la bonne gaieté de son pays.

— Vous l'entendez ? me dit Buloz en souriant.

— Parfaitement : promettez-moi une lecture, dans trois semaines, je vous apporte le chef-d'œuvre.

— Faites la pièce, montrez-la ensuite à Desnoyers, et, s'il l'approuve, vous aurez lecture tout de suite.

Je ne me le fis pas dire deux fois : en quittant Buloz je courus rue de Lille, où étaient transportés mes pénates. En un clin d'œil, mon bagage fut prêt, je pris un billet de banque, une main de papier, des crayons et des cigares et allai me jeter dans le premier train en partance : c'était celui de Bordeaux ; il me déposa dans la capitale des Tourangeaux. Gagnant de là Saint-Avertin, c'est dans ses prairies arrosées par le Cher et sous les saules de ses rives que j'écrivis en quinze jours *le Chevalier de Pomponne*.

Je l'apportai aussitôt à Paris. Voilà Desnoyers enchanté ; j'étais d'avis, et Buloz aussi, de lire immédiatement. Mais Desnoyers, pour que rien ne manquât, disait-il, à l'œuvre nouvelle, conseilla quelques-unes de ces retouches insignifiantes qu'on fait aux répétitions. Ce retard me fut fatal ! arriver à temps, c'est le grand secret du théâtre. Pendant que je faisais tranquillement la guerre aux mots, il vint d'Amiens, à l'adresse d'un sociétaire influent, un pâté et une pièce. Deux circonstances éveillèrent son attention et par suite son intérêt : le pâté d'abord et la forme de la pièce écrite à l'encre bleue dont on ne se servait guère à cette époque. Cette comédie, intitulée *la Femme de quarante ans*, était signée d'un nom inconnu, Galoppe d'Onquaire. Desnoyers l'examine, la trouve de son goût, et, en attendant que j'eusse terminé mes retouches, la lit au comité, où elle est reçue.

Il ne pensait pas, en agissant ainsi, me créer un obstacle ; car je dois rendre cette justice à sa sincérité qu'il n'établissait aucune comparaison entre cette pièce et la mienne ; mais il préparait, à son insu, une arme à ceux qui préfèrent la médiocrité et le banal dans l'art parce qu'ils ne comprennent pas autre chose. Mon jour vint ; Desnoyers lut ma comédie et obtint un succès complet. Le comité était unanime ; on allait voter d'enthousiasme. Samson, qu'on pouvait bien comparer à la mouche qui tombe dans le lait, se chargea d'arrêter cet élan. Tout en me couvrant de fleurs et faisant le plus grand éloge de ma comédie, il insinua d'abord et finit par soutenir de sa voix grêle et aigrelette que la pièce était trop gaie pour la Comédie-Française et qu'il fallait demander des modifications à l'auteur. Cette sorte d'eunuque, qui n'avait à son actif dramatique comme auteur, que deux rapsodies aussi vides que mal rimées, à force d'audace et d'orgueil s'imposait à ses camarades. Provost, peu éclairé lui-même, le regardait comme un oracle ; les autres suivaient par intérêt, par crainte, car il avait un venin de vipère, et par habitude. On me fit rentrer, et Desnoyers me communiqua la motion de Samson ; je priai alors ces messieurs de formuler leurs *desiderata*, promettant de m'y conformer et de refaire la pièce sur leur patron.

En vertu de ce traité, je me remis à l'œuvre, et, quatre ou cinq mois après, leur rapportai une pièce faite exactement dans leurs données. Mais, cette fois, ils ne la trouvèrent pas trop gaie. Les voyant sur le point de méconnaître leur enfant et de le renier peut-être, je les arrêtai par ces paroles :

— Ce que vous m'aviez demandé, je l'ai fait, messieurs, pour vous plaire ; mais ce n'était pas mon sentiment ; nous avons, vous et moi, un juge dont nul ne récuse la compétence, je vais lui soumettre la cause, et il dira qui a raison.

Reprenant mon premier manuscrit, j'allai de ce pas à l'Odéon. Plus d'un nuage s'était élevé depuis les représentations de *Montluc*, entre Lireux et moi ; je n'hésitai pourtant pas à franchir le seuil de son cabinet.

— Ce n'est pas Lireux que je viens voir, dis-je en entrant, c'est le directeur du second Théâtre-Français.

Et, en lui apprenant ce qui m'arrivait au premier, je posai la pièce sur son bureau. Il l'ouvre sans me rien dire, y jette les yeux ; puis, ôtant la clef de son cabinet, après avoir crié d'une voix de stentor dans les couloirs : « Je n'y suis pour personne ! » il commence sa lecture. Nature spirituelle et vive, Lireux s'impressionnait facilement ; j'avais donc pu lire son opinion sur sa physionomie bien avant le dernier acte ; la lecture finie :

— Eh bien ? lui dis-je.

— Eh bien, nous allons distribuer les rôles ce soir et commencer demain les répétitions.

— Et le comité ?...

— Je lui lirai la pièce la veille... Une seule chose me contrarie, c'est le rôle du chevalier ; mais on m'a parlé d'un acteur de province assez bon et je vais à l'instant lui écrire à Marseille. Revenez ce soir, pour la distribution des autres.

Le soir même, Eugénie Sauvage, comédienne de race ; Emilie Volet, la plus jolie, sans contredit, des ingénues de Paris et madame Grassot, une de ces duègnes comme on n'en voit plus rue Richelieu, entendaient la lecture de la pièce et acceptaient leurs rôles avec empressement. L'acteur de Marseille arrivé, tout marcha comme sur des rails et, le 15 mars 1845, au sortir d'un joyeux dîner chez Pinson avec Lireux, Émile Augier, François Ducuing, son ami et celui de Ponsard, j'assistais à la première représentation du *Chevalier de Pomponne*.

Douce et heureuse soirée qui me dédommagea bien des ennuis éprouvés jusque-là ! Je reprends seulement quelques lignes de la *Revue* pour rappeler l'impression du public littéraire.

« *Le Chevalier de Pomponne* est une comédie en trois actes, taillée dans le xviiie siècle, conduite gaiement et versifiée d'une main preste. Tout y marche d'une allure décidée et chacun y parle d'un ton qui, sans être d'un goût irréprochable, est d'une rondeur qui plaît et sent nos vieux comiques. L'action est peu compliquée et les personnages ne sont pas trop nombreux. Madame Vadé, une débutante de la Comédie-Française, fille de Vadé, une mère d'actrice; le fermier général Boursault, une dupe en amour; la soubrette Louison, qui a du cœur et cache un noble dessein; enfin, le chevalier de Pomponne, gentilhomme gascon, mauvaise tête, bon cœur, qui passe sa vie à aimer, à jouer et à se battre en duel et qui, capable de toutes les étourderies, est pourtant incapable d'une bassesse, voilà le personnel de l'agréable comédie de M. Mary Lafon.

» Nous sommes dans les mœurs faciles, comme on voit, et quelque peu dans le monde débraillé de *Turcaret*. Il y avait plus d'un danger. M. Mary Lafon s'en est tiré adroitement. Les détails scabreux, s'il y en a, passent sans encombre, parce qu'après tout, le chevalier est un honnête homme, et qu'un honnête homme, dans une pièce, est comme le juste dans une ville : il sauve tout.

» Le Sage ne songea pas à ce moyen de salut ; car, dans sa comédie, il n'y a que des coquins. Le rôle le plus périlleux du *Chevalier de Pomponne* était le rôle de la mère. Mais madame Vadé est si ridicule, qu'on n'a pas le temps de s'apercevoir qu'elle est méprisable au premier chef. Madame Vadé est amusante, quoiqu'un peu chargée ; ce qui n'empêche pas *le Chevalier de Pomponne* d'avoir de l'entrain, d'un bout à l'autre, d'action et de dialogue; cela a une véritable saveur du xviiie siècle et un accent comique qui est de bon augure [1].

» VICTOR DE MARS. »

Le Chevalier de Pomponne ne fut pas indigne de la renaissance de l'Odéon. Ère brillante et littéraire, ouverte par *la Ciguë*, cette première et délicieuse fleur du talent dramatique d'Émile Augier et affirmée par le succès de *Lucrèce*. On peut bien dire que les pièces ont leur destin comme les livres. Qui eût jamais cru qu'une tragédie, écrite assez pauvrement en province par un débutant et refusée au premier et au second Théâtre-Français, finirait par forcer tous les obstacles, et, après être à peu près tombée le premier jour, se relèverait dans la nuit et passionnerait Paris. C'est ce qui arriva pourtant, grâce au dévouement d'un ami, à l'habileté d'un directeur et au caprice d'un journaliste.

Jean Raynaud, l'éminent écrivain, s'était engoué

---

1. *Revue des Deux Mondes*, t. X, p. 387, liv. du 14 avril 1845.

de cet essai tragique : il le prit en revenant à Paris et le patronna chaleureusement. Il y avait en ce temps-là un type assez étrange au journal *l'Artiste*. Achille Ricourt, moitié bohème, moitié comédien, moitié rapin, mais nature ardente, prompte à l'enthousiasme et récitateur infatigable, fut chargé de la propagande dans le quartier Latin, les foyers et les ateliers. Le café Tabourey, où se réunissait, le soir, la jeunesse lettrée des quartiers d'outre-Seine, devint une salle de déclamation remplie des tirades de *Lucrèce*. Sollicité de toutes parts, Lireux comprit vite le parti qu'il pouvait tirer de l'enthousiasme de Raynaud, qui était riche et généreux, et du dégoût du public, écœuré par les drames de plus en plus vides et ennuyeux de l'école nouvelle.

Sans se soucier du verdict de son comité, qui avait refusé *Lucrèce*, il engage Bocage et madame Dorval et monte l'œuvre du protégé de Raynaud. La première représentation, où j'étais, ressemblait fort à une bataille perdue. Au cinquième acte, lorsque madame Dorval devait venir raconter son accident à trois vieillards assis sur un banc, au coin du théâtre, elle hésita et rentra trois fois dans la coulisse ; la toile fut baissée et ne se releva que sur l'injonction énergique de Lireux. Le sentiment de tout le monde était que l'Odéon comptait une chute de plus. Je rencontrai le courageux directeur au foyer et commençai un compliment de condoléance. Il m'arrêta, et, rayonnant sous ses lunettes :

— Vous croyez la pièce tombée ?
— Et vous ?...
— Attendez à demain et lisez les journaux, vous verrez quel succès !

Je crus franchement qu'il plaisantait. Point ! La nuit fut bien employée, et, le lendemain, en effet, j'appris, par les réclames abondamment distribuées, le triomphe de Ponsard et de sa pièce. Mon ami Janin, à l'affût des dispositions du public, s'était mis bravement du côté de la réaction. Il ne fit aucune difficulté de brûler avec éclat ce qu'il avait, depuis quatorze ans, adoré, et la réaction, encouragée et conduite par lui, porta aux nues, en haine du romantisme, un ouvrage pauvre de fond et très défectueux de forme. On dit qu'Alexandre Dumas, assistant auprès de Victor Hugo à une représentation de *Lucrèce*, se tourna vers l'illustre confrère au moment où la salle semblait crouler sous les applaudissements, et qu'il lui glissa ces mots tout bas :

— Il faut que ces gens-là nous détestent bien pour applaudir ces choses-là !

Dumas avait raison. De ce retour un peu inconscient vers le passé, naquit l'école du bon sens, qui était plutôt l'école du sens *commun* et de la médiocrité. A tort, parmi ses chefs, elle comptait Augier, qui est de l'école du talent. Il est probable qu'elle eut ses peintres, car le troupeau servile, le *servum pecus* des imitateurs, ne manque pas plus aux nouveautés littéraires qu'aux révolutions politiques. Mais, un moment, elle crut avoir trouvé son compositeur.

Mermet, le futur auteur de *Jeanne d'Arc* et de *Roland à Roncevaux* méditait, depuis longtemps, dans la rue Taitbout, d'innover fortement en musique ; il fit partager son espoir à Malefille et à l'académicien Soumet, qui lui écrivirent un livret biblique intitulé *David*. Léon Pillet, et non Perrin, comme l'ont dit des biographes tard venus, reçut l'œuvre musicale et le poème et mit tout en répétition. Mais là commencèrent les difficultés et les débats entre le compositeur et l'orchestre. Les parties ne s'accordaient pas et Mermet, ferme et convaincu, tenait énergiquement à son système que les exécutants ne pouvaient comprendre. On avait beau lui faire des représentations, Mermet répondait avec une douceur et une obstination inébranlables : « Je le veux comme ça ».

Pour trancher court, Habeneck, le chef légendaire, orchestra de nouveau *David*, qui fit son apparition, le 3 juillet 1845, sur la scène de l'Opéra. Là, malgré le talent et le dévouement de madame Stolz, deux rêves s'évaporèrent au soleil de la rampe : celui du compositeur et celui de l'école du bon sens, qui dut chercher dans l'avenir un autre Rossini.

Si le style avait valu la charpente et la conduite de la pièce, Latour de Saint-Ybars, avec *Virginie*, aurait donné à cette école un triomphe plus vrai et plus éclatant encore que celui de Ponsard. Malheureusement, l'œuvre péchait trop par la forme, et ce succès, comme le dit crûment Chaudesaigues à l'auteur, le soir de la première représentation, fut surtout celui de Rachel.

Il y avait, à cette époque, au faubourg Saint-Germain, dans un charmant petit hôtel de la rue de La Chaise, qu'elle occupait avec le comte de Sainte-Suzanne, son propriétaire, une aimable femme, tenant, par sa naissance, à la vieille noblesse de Touraine et, par son mariage, à celle de l'Empire. Madame la baronne d'Hervey, qui avait marqué parmi les plus belles de son temps, comme l'attestaient avec enthousiasme ses contemporains, et un témoin, aussi véridique, son portrait, professait, pour l'auteur de *Colomba* une admiration sans bornes. Un soir que, les pieds sur les chenets, elle exaltait son auteur favori :

— Ce pauvre Mérimée ! dit-elle tout à coup, il eut, il y a quelques années, un bien grand désappointement.

— Que lui arriva-t-il donc ? demandai-je avec curiosité ; car madame d'Hervey avait beaucoup d'esprit et contait presque aussi bien qu'elle écrivait.

— Oh ! c'est toute une histoire ! Une des lectrices de Mérimée s'était passionnée pour lui sans l'avoir jamais vu. Cachée sous le voile de l'anonyme, elle lui écrivit ; il s'empressa de répondre, et une correspondance des plus sentimentales s'échangea, pendant au moins dix-huit mois, entre la mystérieuse dame et l'académicien; l'une écrivait avec son cœur, l'autre avec son esprit. Tout froid qu'on le dit cependant, les lettres de l'inconnue fondirent la glace : il la suppliait de se faire connaître, mais on lui opposa le refus le plus absolu. Piqué au jeu, et par la faiblesse ou la cupidité du domestique chargé de porter les lettres et qui se laissa gagner, il parvint enfin à savoir le nom de la dame. Paré et parfumé, comme s'il allait à la cour, il se présente chez elle un mardi, son jour de réception. Pendant qu'on l'annonçait, son cœur, il l'a dit depuis, battait à se rompre dans sa poitrine, de joie et d'amour. Il n'y avait que trois dames au salon : la correspondante, qui est une de mes amies, mais plus âgée que moi, sa fille et sa petite-fille. Tandis que Mérimée, ébahi, laissait errer son œil ardent sur les plus jeunes :

« — Voyons, dit en souriant la grand'mère, qui êtes-vous venu voir?

» — Madame la marquise de B...

» — C'est moi, monsieur.

» — Vous, madame ! s'écria involontairement Mérimée reculant de surprise.

» — Moi-même, monsieur, qui regarde comme une bonne fortune (le mot dut paraître piquant à l'auditeur) une visite qui me permet de présenter à ma fille et à ma petite-fille, l'auteur de tant d'écrits charmants. »

— Et que répondit Mérimée ?...

— Rien ; il était si abasourdi, que, saluant gauchement ces dames, il se sauva plutôt qu'il ne sortit, et s'en alla, fuyant comme un chien qu'on fouette.

J'ai entendu raconter chez Ambroise Dupont une attrape du même genre. J'ignore seulement si elle est la première ou la seconde en date. Mérimée, qui se croyait très beau, bien que sa taille fût dégingandée et son visage assez ordinaire, et d'une expression glaciale, répondait à toutes les lettres offrant ou simulant un caractère féminin. Son ami Beyle, connu sous le pseudonyme de Stendhal, connaissait ce faible et s'en amusait quelquefois en lui écrivant des billets doux. Un jour que ce consul littéraire avait quitté son affreux trou de Civita-Vecchia, ce qu'il faisait aussi souvent qu'il le pouvait, Mérimée se vengea de ses malices, en homme d'esprit cette fois. Il recevait depuis quelque temps, tous les jeudis, des lettres où une Héloïse inconnue épanchait pour cet Abélard du scepticisme des torrents de sentimentalité. Devenu défiant par l'expérience de la vieille marquise, il fit épier la correspondante voilée qui venait elle-même déposer furtivement ses lettres et prendre les réponses chez son concierge. On la suivit ; c'était une sous-maîtresse au cœur ambitieux et ardent, mais d'une laideur peu commune et bossue, par-dessus le marché. A sa première visite, Mérimée l'attendit, l'aborda dans la rue de Lille, et, en l'accompagnant jusqu'à l'établissement d'Alvarès

Lévy, le grand instituteur des demoiselles, il lui déclara que, son cœur étant pris, il ne pouvait, à son grand regret, répondre à ses tendres sentiments. Mais, puisqu'elle aimait les hommes de talent, qu'il l'engageait à accueillir les hommages de l'auteur de *la Chartreuse de Parme*. « Stendhal a lu vos lettres, ajouta-t-il avec son air le plus sournois, en s'excusant de cette indiscrétion, et il brûle de voir et d'entendre la femme qui écrit si bien. » La pauvre bossue, facile à l'espoir, se laissa persuader et accorda un rendez-vous aux Tuileries, sur l'un des bancs de la terrasse du bord de l'eau. Comme signe de reconnaissance, elle devait porter un chapeau rose, et, quand Beyle, dont Mérimée lui décrivit sommairement le costume et les traits, passerait devant le banc, elle devait se lever et dire :

— C'est moi !

Ce petit programme fut rempli à la lettre. Beyle, encore plus fat que son ami, batteur quotidien de pavé à la suite des femmes et coureur d'aventures faciles, se prit au piège comme un véritable étourneau. Affriolé par la lecture de ces missives amoureuses, il endosse son habit grenat, son gilet blanc, passe sa plus large cravate brodée, et vole, comme on disait dans les romans d'alors, sous les marronniers de la terrasse qui regarde la Seine. En découvrant de loin le chapeau rose, il tressaillit et doubla le pas. Arrivé en face du banc, il s'arrête court et croit s'être trompé. Il allait passer outre, la bossue se lève, baisse pudiquement les yeux et, de sa voix la plus émue, laisse tomber ces mots :

— C'est moi !...

— Vous ! s'écria-t-il effrayé. Oh ! non, par exemple ! ces conquêtes-là, Mérimée peut les garder pour lui, je ne les lui dispute pas !

Et il s'enfuit à toutes jambes.

J'ai parlé peu, jusqu'ici, des maisons fréquentées par les gens de lettres ou les artistes, et la raison en est toute simple : c'est que mon genre de vie ne me permettait pas d'y paraître souvent. Au travail, hiver ou été, depuis six heures du matin jusqu'à neuf heures du soir, il me fallait une soirée entière de marche et de grand air. Ampère et mon excellent ami Loménie m'avaient ouvert le temple sacré de l'Abbaye aux Bois, où l'un des hommes que j'aimais le plus, le naïf et bon Ballanche, eût suffi pour me ramener ; mais, après avoir contemplé, c'est le mot, avec une admiration muette et le plus profond respect les deux ruines superbes du génie et de la beauté, Chateaubriand et madame Récamier, et entendu les vers napoléoniens d'Edgar Quinet, impérialiste alors et catholique, je dus, malgré un vif regret, préférer l'air libre et la promenade des boulevards au plaisir et à l'attrait de ce cercle d'élite.

Autant j'en dirai des soirées de l'Arsenal, où Nodier, par son esprit et sa fille, madame Mennessier, par sa beauté et le charme si naturel de sa personne, attiraient le haut et le meilleur du monde intelligent. Je parus une ou deux fois, par politesse, chez madame Achille Comte, et, rue de Vaugirard aux réceptions musico-littéraires de madame Waldor, autour de laquelle se groupaient une demi-douzaine de versificateurs, les deux Lacroix, Jacob et le tragique Moupou avec son éternelle romance : *Mire dans mes yeux tes yeux!* et Méry, le plus spirituel des Provençaux devenus Parisiens. Il était dangereux de s'attaquer à lui ! Un magistrat départemental, tombé, comme un bœuf de Poissy, dans ce salon littéraire, en fit la triste expérience. Gonflé de l'orgueil de la toge et parlant de haut, il s'était avisé de dire, en l'abordant, à Méry :

— C'est vous, monsieur, qui faites des *versses?*
— Oui, monsieur, j'en *faisse!* lui répondit le poète en imitant son ton superbe et sa prononciation.

Le salon de madame Ancelot, peuplé d'académiciens, parmi lesquels j'aimais à rencontrer surtout Soumet et Alfred de Vigny, m'aurait été plus agréable, et, s'il y avait eu un fumoir, je l'aurais fréquenté volontiers. Mais il me fallait le cigare et de l'air, deux choses indispensables le soir, ce qu'on ne trouvait ni rue Joubert, ni rue de Lille. C'est ce qui explique pourquoi je renonçai à des réunions charmantes comme celles de la rue des Saints-Pères, par exemple, dans le salon dont mademoiselle Martin faisait les honneurs, autant par son amabilité que par son talent, et où j'étais sûr de trouver Rossini.

Si, pour une heure quelquefois, je dérogeais à mes déambulations nocturnes. c'était pour aller entendre, chez un digne et bon homme de la rue Bonaparte, quelques couplets de Nadaud ou de Malézieux, une chanson nouvelle de Pierre Dupont, et pour serrer la main de Sandeau. J'allais aussi, mais rarement. passer une heure, de l'autre côté de l'eau, chez une grande dame que j'avais rencontrée trois ans auparavant, à Rome.

Il y avait une société choisie, et, comme on sait tout dans le monde, j'y pénétrai, un jour, un des petits mystères de la littérature. M. de Salvandy passait, sans qu'un doute se fût jamais élevé à cet égard, pour l'auteur d'un charmant petit roman intime portant pour titre *Natalie*, et qui avait paru, avec une préface de lui, sans nom d'auteur. *Natalie* faisait partie de son bagage littéraire et rachetait, aux yeux des gens de goût, l'enflure par trop castillane d'*Alonzo*. Je fus donc assez surpris lorsqu'on me présenta au double titre de consœur et de compatriote, madame de Montpezat, auteur de *Natalie*. De l'explication qui suivit, il résulta ce fait que, M. de Salvandy ayant lu le manuscrit de *Natalie*, se chargea de le publier, et, grâce à son avant-propos et à la modestie de son amie, qui n'osait pas se nommer, en recueillit toute la gloire.

Cette révélation, autant que l'estime inspirée par son talent et son caractère, me fit nouer des relations amicales avec madame de Montpezat ; je l'engageai à mettre désormais son nom à ses ouvrages et rendis compte du roman qu'elle publia depuis. Cette aimable femme m'en remercia quelques jours après dans la lettre suivante :

« Agen, 11 septembre 1846.

» Certainement, monsieur, il vous est arrivé d'avoir bien le désir d'écrire une lettre, d'avoir tiré plus de vingt exemplaires de cette lettre dans votre cœur, et, pourtant, la feuille de papier restait toute blanche ! Voilà ce qui s'est passé pour moi. Je suis arrivée du Béarn, j'ai trouvé votre article sur *Gaston*, je l'ai lu avec un merveilleux plaisir, j'ai savouré vos louanges sur *Natalie*, ma première née, je me suis écriée : « Oh ! monsieur Lafon aura ma plus prochaine lettre, car il est ce que je regarde comme le meilleur type en France : le Méridional badigeonné de Paris ! Eh bien, je ne vous ai rien dit encore, et je parais une ingrate ! Certes, je n'ai pas été entraînée par le tourbillon d'Agen, mais plutôt saisie par le *far niente*.

» Cependant, je n'ai pas tout à fait perdu mon temps : j'ai parlé de vous à M. de Salvandy, je lui ai dit tout ce que le Midi vous devait de reconnaissance pour votre grande et belle œuvre, et combien je me félicitais surtout de l'avoir lue, pour pouvoir rendre un témoignage intime à tout votre talent. Je ne doute pas, monsieur, que justice ne vous soit faite, mais je ne sais pas combien de temps la dignité ministérielle voudra prendre pour se raviser.

» Vous m'engagez à écrire sur le Béarn ; vous ne savez pas que j'ai fait *Corisande de Mauléon*, ouvrage anonyme comme *Natalie*, et *Au pied des Pyrénées*. *Corisande*, auprès de beaucoup de gens, est la rivale heureuse de *Natalie* ; c'est une œuvre toute béarnaise.

» Vous me promettez que vous n'avez pas dit votre dernier mot sur *Gaston*. Un nouveau nom littéraire, comme le mien, a besoin du vôtre, monsieur, pour recevoir son *fiat lux*.

» Adieu, monsieur, vous ne passerez plus à Agen sans vous arrêter, n'est-ce pas ? Avec nos lettres et nos livres, nous faisons un dialogue des morts. A nous voir, donc !

» A. de Montpezat. »

Cet an de grâce 1846 fut pour moi une période de vaillant mais rude labeur. Le 3 mars, d'abord, j'avais reparu au théâtre de l'Odéon avec une comédie en vers, en trois actes, *l'Oncle de Normandie*.

Reçu à l'unanimité, comme les autres fois, je n'eus pas le même bonheur quant à la direction ; elle était, cette année-là, dans les mains de Bocage, qui n'aimait pas la comédie et ne la comprenait guère. Méditant déjà de naturaliser sur le second Théâtre-Français le drame et les paysanneries berrichonnes de madame Sand, il y voyait de mauvais œil une œuvre d'esprit et de franche gaieté. Il fit donc tout ce qu'il put pour empêcher le succès de la pièce. Parfaitement secondé dans ce plan par la faiblesse de sa troupe, il monta l'œuvre nouvelle de façon à préparer la chute qu'il désirait. A l'exception de Delaunay, en effet, une gloire actuelle de la Comédie-Française, je n'avais pour interprètes, en hommes et en femmes, que des artistes complètement incapables de sentir et de remplir leurs rôles.

Dans ces conditions, et devant d'autres spectateurs j'étais perdu; mais Bocage, nouveau venu du boulevard et qui s'y croyait encore, avait compté sans le public littéraire de l'Odéon. Celui-là vit la comédie à travers l'insuffisance des artistes; il suppléa, par son intelligence et son goût, à leur faiblesse, et *l'Oncle de Normandie*, arrivé au port sans encombre, finit au bruit des applaudissements. Au lieu de m'en féliciter, Bocage ne sut pas cacher sa mauvaise humeur; ne pouvant nier la réussite, il l'abrégea, contre son intérêt même, et me prouva que, s'il n'était pas le maître du public, il l'était du moins de l'affiche.

Avait-il raison contre tous? non, car *l'Oncle de Normandie* est une comédie dans toute la vérité du mot et les exigences du genre; l'idée, d'abord, est excellente et, je peux le dire sans encourir le reproche de vanité, elle n'est pas de moi : je l'avais empruntée à un chef-d'œuvre espagnol et développée avec amour et bonheur. Ce qui me prouve, du reste, que l'assimilation avait été heureuse, c'est que les scènes les plus vivement applaudies, furent celles qui m'appartiennent en propre.

La pièce imprimée obtint un succès de lecture si rapide, qu'au bout de quelques jours, il n'en restait pas un seul exemplaire.

Après cette comédie, il s'en joua une autre dans les bureaux de deux grands journaux où je me trouvai avoir un rôle. Je faisais partie de la rédaction du *Courrier français*; mais, peu satisfait de Xavier Durieu, notre chef, depuis une semaine ou deux, j'avais cessé d'aller au journal lorsqu'un message éploré m'y rappela dans un des premiers jours d'avril. Le teint de Xavier Durieu ne participait en rien, dans la vie ordinaire, du coloris de la rose; mais, ce jour-là, il était d'une pâleur cadavéreuse. Le frisson de la peur glaçait ses joues blêmes et poussait hors de leurs orbites ses yeux effarés. Dès qu'il eut fermé au verrou la porte de son cabinet, me prenant les mains et les serrant avec effusion :

— Lafon, me dit-il, Lafon, mon ami, je vous ai fâché, j'ai eu tort; car vous êtes l'homme en qui j'ai le plus de confiance et le seul qui puisse me sauver du péril mortel que je cours.

— De quoi s'agit-il ?

— D'un complot tramé contre ma vie!

— Allons donc!

— D..., mon rédacteur principal, veut me faire tuer pour avoir ma place.

— Et comment cela?...

— Il m'a suscité une querelle avec *le National,* dont vous connaissez les susceptibilités, et me déclarait tout à l'heure que je ne pouvais me dispenser de me battre pour l'honneur du *Courrier.* Je n'ai pas peur, ajoutait Durieu en tremblant; mais, ne connaissant le maniement d'aucune arme, un duel pour moi, c'est la mort.

— Et D... vous y pousse?...

— A tel point qu'il s'était constitué mon témoin pour me sacrifier; mais je lui ai signifié que j'avais choisi Paulin Limayrac et vous.

— Fort bien! Où en est l'affaire?...

— Ces messieurs du *National* doivent venir ce matin à neuf heures.

A neuf heures moins cinq, en effet, le garçon de bureau annonça Dornès et Thomas. Je les connaissais tous les deux, et, si j'estimais, si j'honorais sincèrement le premier pour la droiture de son esprit, la fermeté de ses opinions et la loyauté de son caractère, j'accordais au second, remarquable seulement par sa taille de carabinier, la considération qu'inspire un grand développement de la force physique privée du moteur intellectuel.

Nous reçûmes ces messieurs, Paulin et moi, dans

le salon de la rédaction. Ils nous apportaient une lettre et un *ultimatum*. La lettre était une rétractation humiliante pour le journal, et peu honorable pour son directeur. Je la lus et, la rendant ensuite à Dornès :

— Jamais, lui dis-je, ces lignes ne paraîtront dans *le Courrier*.

— Alors, dit Dornès, nous demandons une réparation par les armes.

— A qui?

— A Xavier Durieu, naturellement.

— Soit! Quel sera son adversaire?

— Dornès ou moi, répondit Thomas se levant, comme pour nous effrayer en déployant sa grande taille.

— Vous? dis-je à Thomas, et en quelle qualité?

— En qualité de gérant du *National*.

— Pardon, je crois qu'il y a erreur dans votre pensée, si le combat doit se livrer entre gérants, je vais faire appeler le nôtre.

— Je ne l'accepterais pas, reprit superbement Thomas.

— C'est pourtant un ancien militaire, ex-sous-officier, comme vous, je crois.

— J'entends, et Dornès aussi, n'avoir affaire qu'au rédacteur en chef du *Courrier*.

— Notre intention est la même, nous ne connaissons et ne voulons avoir pour adversaire que le rédacteur en chef du *National*.

— Jamais nous n'exposerons Armand Marrast à un péril quelconque, sa vie est trop utile au parti et trop précieuse pour le journal.

— Croyez-vous donc que nous tenions moins à celle de M. Durieu ?

Une fois ce terrain trouvé, je m'y tins sans reculer d'une semelle. Une seconde réunion fut convenue pour l'après-midi. Elle eut lieu au *National*, et chacun en devine l'issue. Marrast, dans le fond, ne se souciait pas plus de se battre que Durieu ; ses collaborateurs ne voulant à aucun prix exposer une tête si chère, l'affaire finit par une note insignifiante et inoffensive parue le lendemain dans les deux journaux. Et le rédacteur principal, en admettant qu'il eût formé ce noir complot, ne fut pas rédacteur en chef. Toute bonne action mérite, dit-on, récompense ; pour se conformer à cet axiome, Durieu me montra sa reconnaissance en profitant d'une absence de quelques jours pour publier la première partie d'un roman : *Jonas dans la baleine*, sur le prix duquel nous n'étions pas encore d'accord, et, en le faisant terminer brusquement à mon insu par l'homme même qu'il accusait d'avoir prémédité sa mort.

Ce qu'il y eut de plaisant, c'est que le tribunal de commerce, à qui je demandai - justice, me refusa nettement et jugea que Xavier Durieu avait bien fait. Ce mauvais jugement, par bonheur, devait m'apporter une compensation fort imprévue. Comme je sortais du tribunal, usant et abusant du droit laissé aux plaideurs mécontents, je fus abordé par un monsieur gros, court, à face rose et réjouie, qui, m'offrant un excellent cigare, me dit d'un air de grande satisfaction :

— Voilà un singulier jugement !

— N'est-ce pas, monsieur, que c'est inique ?

— Inique, c'est le mot ! et, pourtant, j'en suis enchanté.

— Par exemple !

— Sans cette audience, où je me trouve par hasard, je n'aurais pas mis la main sur vous, et, sans reproche, il y a huit mois que je vous cherche.

— Vous ?

— Moi-même, continua-t-il tranquillement, en allumant son cigare.

J'avais, à cette époque, une foule de jugements à mon passif pour refus de monter ma garde, et je ne pus m'empêcher de regarder l'interlocuteur de travers.

— Non, me dit-il, ce n'est pas cela. Je suis Coquebert, l'acheteur des *Girondins*, l'éditeur de *la Bretagne illustrée*, et je vous cherche pour vous proposer de me faire *le Languedoc ancien et moderne*.

Je répondis que je réfléchirais à la proposition.

— Pensez-y cette nuit, me dit-il, avec le calme de la Bretagne bretonnante, un volume de trente à trente-cinq feuilles grand in-8°, prix : dix mille francs. Où vous trouverai-je demain matin ?

— Chez moi, rue Jacob, 54. C'est la peur de la garde nationale qui me fait cacher mon adresse.

Coquebert arriva le lendemain à l'heure dite, avec deux feuilles de papier timbré. Le traité fut signé et le livre commencé le soir même. Entouré de cartons pleins jusqu'à la couverture des recherches faites sur l'*Histoire du Midi*, je travaillais sans me déplacer ni me presser, quand, au bout d'un mois, je reçus la visite de Coquebert. Il venait voir où j'en étais. Son air préoccupé me frappa. Au lieu de répondre à une question sympathique :

— Combien de temps vous faut-il encore, demanda-t-il, pour achever mon livre ?

— Un an.

— Un an ! Et si j'avais un intérêt personnel de premier ordre à le faire paraître à la fin d'octobre, pourrions-nous arriver ?

— Ce serait un tour de force rude ; mais, avec la santé et la bonne volonté, il n'est rien d'impossible.

— Monsieur Mary Lafon, je ne vous cache pas que cet ouvrage m'est aussi nécessaire en octobre que l'air que je respire. Je comprends les difficultés de la tâche que vous allez vous imposer ; mais, sans parler du prix du livre que vous allez porter à vingt mille francs, vous pouvez compter sur toute ma reconnaissance.

Le traité modifié dans ce sens, je me mis au travail tout le jour et un peu de la nuit, comme du temps où, tous ses rédacteurs lui ayant manqué, je fis marcher seul, pendant un mois, *les Villes de France*, de Furne. Bientôt parurent les premières livraisons illustrées par Marvy, avec de charmantes eaux-fortes, de Gigoux, de Johannot; puis l'orage qui grondait depuis quelque temps sur la librairie de la rue Jacob emporta le brave éditeur et mon livre, en me laissant papier pour papier, vingt billets à ordre de mille francs chacun, dont je passai la plus grande partie, grâce aux soins obligeants de Pagnerre.

XI

Des travaux littéraires, je pouvais dire avec Virgile, *uno avulso non deficit alter,* un fini l'autre recommence. Libre de nouveau, je conçus le projet, à moitié réalisé depuis, de ressusciter, en les publiant, texte et traduction, les grandes poésies des troubadours. M. de Salvandy accueillit l'idée et en confia l'examen à une commission.

Qui dit commission rappelle au vrai la fameuse toile de Pénélope. La plupart du temps, les membres de ces réunions n'ont qu'une vue : défaire ce qui a été fait la veille. Le comité de l'instruction publique mit vingt mois à examiner ma proposition et les pièces à l'appui. Le côté plaisant de l'affaire, c'est que les plus ignorants de notre vieille langue se montraient les plus difficiles. De là, quelques scènes, parfois d'un comique parfait. Étant allé voir un jour de l'été de 1847 M. Leclerc, à la Sorbonne, je rencontrai chez lui le secrétaire perpétuel de l'Académie des inscriptions. Je savais qu'il ne m'était pas favorable, et je saisis avec un malicieux plaisir l'occasion de lui donner une leçon sur le terrain de la philologie méridionale. Ainsi que je m'y attendais, il y fit les premiers pas, en assurant qu'il était très facile de comprendre les troubadours et les patois qui ne sont, à tout prendre, que les débris du roman.

Je secouai la tête en souriant.

Guiguiaut s'échauffa et prétendit qu'avec les dictionnaires de Raynouard et de Savages, il traduirait les pièces les plus obscures à livre ouvert.

C'est là que je l'attendais.

— Monsieur, lui dis-je, il y a, dans le comité, un de vos collègues qui, ayant appris le *roman* comme vos savants apprennent l'*arabe* ou le *chinois*, se pavane dans cette science, n'en sachant pas le premier mot. Pour le rendre un peu plus modeste, j'avais engagé M. Leclerc à lui communiquer une liste de vingt mots les plus usuels, avec défi d'en expliquer un seul. Voilà des dictionnaires; priez M. Leclerc de vous donner cette liste, et voyez si vous serez plus heureux.

L'académicien prit la liste d'un air de confiance, sauta sur les dictionnaires et les feuilleta rapidement pendant vingt minutes; puis, remettant tranquillement les lexiques à leur place :

— Ces mots, dit-il sans s'émouvoir, n'appartiennent ni au roman vieux ni au nouveau.

—Voilà ce qu'a dit, pour excuser son ignorance, votre savant confrère ; mais je vais vous prouver non seulement que ces mots appartiennent à la langue morte, mais qu'ils sont vivants et employés tous les jours.

Je venais d'entendre sur l'escalier le pas lourd d'un porteur d'eau ; je cours à cet homme, je lui demande d'où il est, et, apprenant qu'il vient de l'Aveyron, je lui fais déposer ses seaux et l'emmène dans le cabinet de M. Leclerc. A mesure que je lui lisais un mot, il l'expliquait sans hésitation ; le premier, je me rappelle, était *caoussic*, le cirse des champs. Il n'en manqua pas un.

Guigniaut sortit furieux, mais la leçon avait été comprise. M. Leclerc, désormais, n'écouta plus personne, et, le 24 janvier 1848, il lut au comité des monuments écrits de la langue française un rapport où il concluait à l'adoption de ma proposition, et à la publication d'un nouveau choix des poésies des troubadours en cinq volumes. Dans la même séance, le comité adopta les conclusions de ce savant et judicieux rapport, et décida : que les modifications apportées au plan primitif, les règles et les limites prescrites au travail de M. Mary-Lafon par les commissaires, seront transcrites dans le procès-verbal et transmises à M. Lafon pour lui servir de loi dans tout le cours d'exécution de la publication importante dont il est maintenant chargé [1] ».

Trois mois avant ce jour, qui devait m'édifier pour la vie sur la conscience et la loyauté des comités de l'instruction publique, j'avais reçu de Suisse une proposition que je finis par agréer. Voici comment le *Moniteur parisien* du 26 octobre 1847, apprit le fait à ses lecteurs :

« Le Conseil de l'instruction publique du canton de Vaud (Suisse) a offert spontanément et officiellement à M. Mary-Lafon une chaire de littérature française à l'Académie de Lausanne. Cette démarche honore tout à la fois le Conseil qui l'a faite et l'écrivain si distingué qui en est l'objet. La chaire offerte à M. Mary-Lafon a été précédemment occupée par M. Sainte-Beuve, de l'Académie française. »

Cette situation étant tout à fait dans mes goûts, je l'acceptai le 4 novembre suivant, et soumis au Conseil de l'instruction publique et au gouvernement de Vaud trois sujets de Cours. La réponse ne se fit pas attendre. Elle était ainsi conçue :

« Lausanne, le 9 novembre 1845.

» *Monsieur Mary-Lafon, professeur, à Paris.*

» Monsieur,

» En réponse à votre lettre du 4 novembre, nous avons l'honneur de vous informer que nous

---

1. Procès-verbaux du comité, p. 355, 367, 370.

avons choisi le second des sujets que vous nous proposez pour votre Cours de littérature française à l'Académie de Lausanne, savoir : *De l'Influence de la Réformation, en général, et des écrivains suisses en particulier, sur la littérature française au dix-huitième siècle.*

» Nous comprenons, monsieur, que, dans les circonstances actuelles, vous ne vous sentiez pas dans toutes les dispositions nécessaires pour commencer votre Cours ; aussi, comme tout fait espérer qu'une solution prochaine aura lieu, vous pourriez arriver dans la prochaine quinzaine de décembre ; alors les étudiants n'auront plus de préoccupations étrangères à leurs études et pourront donner toute leur attention aux Cours des professeurs.

» Votre arrivée plus prochaine n'aurait nullement été un embarras, bien au contraire ; mais notre Conseil désire que vous puissiez donner vos leçons de la manière la plus utile et la plus convenable, sans que rien en entrave les préparations et la fréquentation.

» Agréez, monsieur, l'assurance de notre considération la plus distinguée.

» *Le vice-président du Conseil de l'Instruction publique du canton de Vaud,*

» ROBERT BLANCHET. »

Je partis donc pour Lausanne, et, quatre ou cinq jours après mon arrivée, fis l'ouverture de mon cours, le 22 décembre. On m'avait laissé jusque-là dans une ignorance absolue de la situation. Un quart d'heure avant de monter en chaire, le vice-président du Conseil de l'instruction publique, un digne et excellent homme, dont les manières simples et la bonne humeur voilaient un bon sens admirable et beaucoup de cœur, M. Robert Blanchet, me prit à part et me dit :

— Il faut que je vous prévienne, un peu tard peut-être, mais nous n'avons pas osé le faire plus tôt de peur de vous empêcher de venir, de ce qui se passe ici. Indépendamment de la guerre du Sonderbund contre les jésuites, qui vient d'être si heureusement terminée, il y a, dans le canton de Vaud, une autre guerre religieuse contre les méthodistes, que nous appelons, nous, *momiers*. Le gouvernement a été forcé d'interner dans leur commune d'origine une cinquantaine de pasteurs dont les enfants vous attendent dans la salle, dans des dispositions que vous devinez sans peine. Presque tous les étudiants appartiennent au parti contraire. Les chefs mêmes de ce parti leur donnent le signal de l'opposition, et je dois vous avouer que, depuis le départ de Sainte-Beuve, ils ont repoussé tous les professeurs que nous avons nommés.

— Diable ! répondis-je, vous auriez dû me prévenir plus tôt.

— Nous n'avons pas osé ; mais il y a dans ce

moment, à Lausanne, un millier de soldats qui regagnent leurs foyers, et nous allons en mettre quelques centaines, pour vous soutenir, dans la grande salle.

— Gardez-vous en bien ! C'est un duel entre les étudiants et vos ennemis, et moi, j'entends le soutenir seul. Bien qu'un peu tardif, du reste, merci de l'avis.

Sachant, dès lors, à quoi m'en tenir, j'entre dans la salle, bondée jusqu'aux derniers bancs. Quelques uniformes de l'armée fédérale apparaissaient çà et là dans la foule. Les étudiants, formant une masse compacte, occupaient, comme une avantgarde le devant de la chaire. Un rapide coup d'œil, jeté de ce côté, ne me laissa aucun doute sur leurs intentions.

Le recteur, un vieillard à figure sournoise, à l'œil faux et au ton mielleux, me présenta aux étudiants dans un discours à deux tranchants qui pouvait se traduire ainsi : « Le gouvernement, que nous détestons, a fait un meilleur choix cette fois-ci : le professeur que je vous présente a des titres littéraires ; il est connu, mais ce n'est pas une raison pour l'épargner ; au contraire ! car la confiance que lui témoignent nos adversaires ne le rend que plus dangereux. »

Après cette petite homélie méthodiste, il m'invita gracieusement à monter en chaire, et son sourire, adressé aux étudiants, semblait leur dire : A vous maintenant !

13

La lutte ne m'a jamais déplu : mes facultés engourdies s'y retrempent, au contraire; l'esprit, mis au pied du mur, sent qu'il faut combattre et reprend toute sa vigueur. Je commençai par un remerciement des plus ironiques adressé au recteur ; je lui dis, à mots couverts, mais transparents pour tout le monde, que je l'avais parfaitement compris et que sa recommandation muette ne m'effrayait pas. Me tournant ensuite vers l'auditoire, que ce début paraissait étonner et intriguer un peu, je fis mon discours d'ouverture avec une bravoure qui ne fléchit pas jusqu'au bout.

Si j'avais lu, il est probable que j'aurais perdu la partie. Mais la parole est une épée, dont la pointe toujours tendue vers l'auditeur, lui impose et le maîtrise malgré lui. Là où je voyais des signes de rébellion, je me présentais le front calme, et, d'un regard, d'un geste quelquefois, je calmais l'orage.

Monté à ce diapason, je ne craignais plus rien. Bientôt je me laissai aller à mon sujet comme au courant d'un de nos fleuves et j'entraînai l'auditoire avec moi. Une faible tentative d'opposition se produisit vers le milieu de mon discours, toute la foule protesta. Je n'avais rien entendu, et, continuant avec la chaleur de l'inspiration, je calmai du geste les applaudissements. J'avais écrit sur une carte de visite la division de mon discours; dans le feu du débit, je l'avais oubliée; mais je n'avais pas besoin de ce repère et j'arrivai au port, énergiquement salué par les applaudissements de l'assemblée, des membres du gouvernement et des étudiants eux-mêmes.

Voici en quels termes *le Nouvelliste Vaudois* rendit compte de la séance [1] :

Lausanne.

« La séance d'ouverture du Cours de littérature de M. le professeur Mary-Lafon a eu lieu mercredi dernier, dans la grande salle de la bibliothèque, au milieu d'un grand concours de public.

» M. le recteur Dufournet a fait entendre quelques paroles pleines de convenance et de sympathie. Après cette allocution, M. Mary-Lafon monte en chaire et esquisse son cours, en parcourant rapidement la position de la France au xviiie siècle ; il montre Voltaire sapant une société vermoulue, Rousseau et les écrivains encyclopédistes reconstruisant le nouvel édifice sur les ruines de l'ancien, et la Réformation, planant, par son influence, sur ce grand mouvement.

» Rencontrant les jésuites sur son chemin, l'orateur a montré que le Sonderbund d'autrefois n'était ni plus éclairé ni plus heureux en guerre que celui qui vient de s'évanouir devant les armes de la Suisse.

---

1. 24 décembre 1847.

» Puis M. Lafon termina ainsi :

« Il est bien entendu, messieurs, que nous ne
» ferons pas de politique ; je n'ai pas besoin de l'in-
» troduire dans mes leçons, on la fait trop bien au
» dehors ; d'ailleurs, ce n'est là ni mon rôle ni le
» vœu de ceux qui m'ont appelé ; mais je vous ferai
» ma profession de foi car ce que j'aime le mieux
» au monde, c'est la franchise.

» Je hais avec énergie ce christianisme abâ-
» tardi qui a envahi plusieurs de nos chaires fran-
» çaises et qui corrompt tout ce qu'il touche ; mais
» je hais aussi ces jacobins de la pensée, battant le
» tambour pour attirer la jeunesse et flatter la vanité.
» Nous suivrons franchement la raison, la raison du
» XVIIIe siècle, et nos trois grands principes seront :
» la réformation, la philosophie et la liberté. » *(Ap-*
» *plaudissements.)*

» M. Lafon a été écouté avec autant d'attention
que de plaisir. L'élégance de son élocution, la
manière, toute nouvelle pour notre académie, avec
laquelle il aborde son sujet, sa haute éloquence
promettent d'instructives et intéressantes séances
aux amis de la saine littérature.

» Qu'il soit le bienvenu au milieu de nous ! »

L'entente ne fut pas longue à s'établir entre le
professeur et l'auditoire. Dès la deuxième leçon,
celui-ci était conquis, et, à partir de ce moment, il
y eut des deux parts sympathie et confiance réciproque. Lausanne étant un peu sur le passage de

l'Europe, il m'arrivait parfois d'illustres auditeurs touristes égarés dans les neiges, diplomates en course, savants étrangers, messagers de Rome filant comme un trait sur Fribourg. Vers le commencement de janvier, j'eus le plaisir de voir devant moi sur les bancs, le grand révolutionnaire italien, Mazzini avait à Lausanne un petit état-major commandé par M. de Boni, aujourd'hui député à Rome, et une imprimerie clandestine. On me le montra, et, la première fois qu'il vint à mon cours, je m'amusai, à propos de la République de Salente, de Fénelon, à tourner en ridicule les rêves de nos utopistes modernes. Dans son groupe, on ne me comprit pas ; mais le sourire qui éclairait sa figure fine et spirituelle m'apprit bientôt que je ne parlais point à un sourd.

Je l'appris d'ailleurs de sa bouche même, quelques jours après. Dans l'intervalle de mon cours, qui n'avait lieu que deux fois par semaine, le lundi et le vendredi, je courais de tous côtés pour voir la Suisse, singulièrement étrange, pour un Méridional, sous son manteau de neige. En revenant de Sion, je m'arrêtai pour déjeuner à Saint-Maurice, et, ennuyé d'attendre la voiture savoyarde qui correspondait avec notre diligence, je partis en avant à pied. Il faisait une matinée d'hiver superbe ; l'air était vif, mais point trop froid, et le soleil lançait des rayons brillants et doux comme en automne. En passant sur le pont de Saint-Maurice, je vis un homme, en costume d'ouvrier, appuyé sur le parapet, qui me demanda si la diligence de Sion n'allait pas venir ; je lui dis pourquoi je la devançais et il prit la même résolution.

Je le reconnus tout de suite, malgré son déguisement. Qui avait vu une fois ce corps élancé et fluet, cette figure à l'ovale délicat, aux traits pleins de finesse où pétillaient la vivacité et l'esprit ne pouvait les oublier. Je fis semblant de le prendre pour ce qu'il voulait être ce jour-là, un compagnon chamoiseur, et nous voilà bravement en route sur la neige compacte et aussi douce qu'un tapis. En marchant, nous causions.

— Je vous reconnais, à présent, me dit tout à coup le prétendu compagnon chamoiseur : vous êtes le professeur français de Lausanne !..

— Lui-même !

— Je vous ai entendu, il y a une quinzaine de jours, en traversant cette ville.

— Bon ! que disais-je alors ?

— Des malices à l'adresse des pionniers du progrès.

— Non ; car, ceux-là, je les honore et ne pourrais les attaquer, n'ayant jamais fait, depuis que j'ai cœur à l'ouvrage et plume en main, que ce qu'ils font ou veulent faire.

— Oui, me dit-il, la ligue des hommes du Midi ! l'idée est bonne mais incomplète.

— Savoir ! Unir les enfants d'une même race

n'est pas facile; mais je crois qu'on le peut. Quant à ceux qui ont un autre sang aux veines, une autre pulpe dans le cerveau et qui naquirent sous des cieux glacés ou voilés de nuages, chimère de l'espérer ! Voilà pourquoi j'ai pris la liberté de rire de ce rêve de république universelle.

— Le temps la fondera !

— C'est possible; mais ni vous ni moi n'en verrons jeter les assises.

— Qui sait? reprit-il l'œil étincelant et le front radieux d'espérance. Sur le sol que nous foulons une révolution vient de s'accomplir; celui de l'Europe tremble partout en ce moment sous les pieds des monarques; au Nord comme au Midi, les trônes sont sur le point de s'écrouler. Dans quelques jours peut-être, il n'en restera pas un debout.

Ne regardant pas au delà de mon horizon littéraire, je pris cette sortie pour une illusion d'illuminé, il s'en aperçut et me dit simplement :

— En haut! en haut! regardez vers la montagne, c'est là que brille la lumière, elle vous éblouira !

Nous arrivions dans la petite ville d'Aigle, cachée, comme un nid de fauvette, au milieu des peupliers. Je quittai le faux chamoiseur pour aller chercher des cigares et le rejoignis dans une vaste hôtellerie dont le portail et les grandes croisées s'ouvrent sur la route. Pour rester dans son rôle, il m'offrit un verre de vin blanc. Pendant que nous trinquions dans une salle où deux cents personnes pouvaient boire à l'aise, une vieille femme assise auprès du poêle se leva, vint lentement vers nous, et, après nous avoir examinés l'un et l'autre en silence, étendit tout à coup la main en disant d'une voix gutturale :

— « Ce qui a été prédit devait arriver et arrive. Ainsi a dit le Seigneur éternel à Tyr : « Les îles » ne tremblent-elles pas au bruit de ta ruine ? » Tous les princes de la terre et de la mer des- » cendront de leurs sièges; ils ôteront leurs man- » teaux et dépouilleront leurs vêtements brodés » d'or et se vêtiront de frayeur, ils s'assiéront à » terre et trembleront plaintifs et désolés. »

— Cette femme est folle, dis-je à l'oreille de mon compagnon.

— Ne l'interrompez pas, répliqua-t-il avec chaleur, c'est une inspirée, une voyante.

Et l'interrogeant l'œil ardent :

— D'où vient l'épée ? demanda-t-il dans le même style biblique.

— De France !...

— Touchera-t-elle l'Italie ?

— Oui, la pointe brille sur Rome !

— Et puis ? où la vois-tu ?

— A Vienne et à Berlin !

— La prendrai-je en main à mon tour ?

— Oui, tu seras pape et roi à Rome.

— Et moi, dis-je en éclatant de rire à cette prophétie, ne serai-je pas cardinal ?...

— Toi, tu iras aussi dans la ville des sept collines, la terre t'y engloutira ; mais tu sortiras du sépulcre pour combattre la bête qui a sept têtes et dix cornes, et, sur ses cornes, dix diadèmes.

La diligence arrivait dans ce moment-là, au bruit des grelots de l'attelage, je courus reprendre ma place ; le chamoiseur vint monter quelques minutes après ; il était rêveur, mais ses yeux brillaient d'un éclat extraordinaire.

Me voyant sourire :

— Vous ne croyez pas aux prédictions de cette femme ?

— Pas plus, monsieur Mazzini, qu'aux garçons chamoiseurs.

— Eh bien, d'ici à peu de temps, vous verrez qui aura raison.

XII

Je ne pensais plus à cette rencontre, ni aux prophéties de la vieille d'Aigle, lorsqu'un mois plus tard, en entrant dans un cercle démocratique de Lausanne, le président du conseil d'État m'apprit à brûle-pourpoint que la république venait d'être proclamée à Paris. Le contre-coup de cette révolution en Allemagne et en Italie, si bien prédit par la voyante, me frappa au point que je ne suis pas bien sûr de douter encore de ce pouvoir surnaturel.

La secousse inattendue de 1848 avait ébranlé tous les cerveaux. Pris du vertige universel, je quittai ma chaire, et, profitant d'un congé gracieusement offert par le gouvernement de Vaud, je rentrai à Paris. Là, toutes les illusions patriotiques que j'apportais des rives du Léman s'envolèrent aux bords de la Seine comme l'hirondelle en novembre. Dès le premier jour, je vis la cause de ces fausses-couches populaires nommées révolutions. Elle sautait aux yeux dans la nullité sotte et vaniteuse des chefs de l'émeute, devenus subitement hommes du pouvoir. Un avocat ignorant comme ils le sont tous et gonflé d'importance et d'orgueil ; un poète sans tête et sans conscience, machine à phrases retentissantes qui sortaient selon l'occasion, avec la cadence et le bruit des orgues de Barbarie ; une vipère, Jules Favre, ramassant son venin pour les piquer tous ; un culotteur de pipes, Flocon ; Louis Blanc, un enfant terrible; mon ami Pagnerre, ex-conducteur de veaux à Poissy, fait par hasard libraire et, de sa boutique de la rue de Seine, jeté d'un bond sur les fauteuils du gouvernement provisoire; Marrast !.. Armand Marrast enfin, l'ombre chinoise de Carrel et un nommé Albert, ouvrier ; voilà les hommes qui avaient à gouverner une grande nation et à contenir ou révolutionner l'Europe. Je ne parle pas d'Arago, qui les repoussait, les haïssait et les maudissait tous. Au second rang étaient les Cassandres de bonne foi comme David (d'Angers), les eunuques comme Buchez, les intrigants comme mon ancien rédacteur en chef, Xavier Durieu. Je crois que, si Diogène, sortant ces jours-là du tombeau, avait eu la fantaisie de venir se promener à Paris pour chercher son homme, à part Dornès, au *National*, pour le civisme et la bonne intention, et Ribeyrolles, hérissé comme un sanglier en son bouge, à *la Réforme*, il n'aurait pas trouvé grand monde.

Je n'en retiens qu'un souvenir personnel. Lorsque Furne publia l'*Histoire des Villes de France*, pas un membre de l'Institut, pas un écrivain tant soit peu connu qui ne tînt à se faire l'historien de sa ville. Marrast réclama et obtint Saint-Bertrand de Comminges. Mais, n'en sachant pas le premier mot, il fit appel à notre double confraternité méridionale et littéraire. Travaillant moi-même au même ouvrage, dont j'ai écrit la plus grande partie du tome second, j'eus peu de peine à lui donner les matériaux de son article. Il m'en remercia en termes chaleureux, protestant qu'il reconnaîtrait ce service dans une note. La note parut en effet. Elle est ainsi conçue :

« Les belles pages de M. Armand Marrast, *presque entièrement composées sur des documents inédits*, et écrites d'un style à la fois si ferme, si large, si brillant, nous font regretter que cette plume, qui n'a pas d'égale dans les luttes arides de la presse, ne puisse prendre une plus large part aux travaux de notre littérature historique [1]. »

Je n'aurais pas rappelé ce fait, sans l'insistance de Ribeyrolles, qui ne pardonna jamais à Marrast un mauvais trait de confrère, de compatriote et de coreligionnaire politique. Quand Barthélemy se

---

1. *Histoire des Villes de France*, t. II, p. 305.

vendit, nous eûmes l'idée, Ribeyrolles et moi, de ramasser le gantelet d'Entelle et de continuer la *Némésis*. Un premier numéro flambant des ardeurs de notre âge et de la foi républicaine, fut composé à la vapeur et porté par nous au rédacteur en chef de *la Tribune*. On le lut dans son cabinet et il obtint le suffrage et la vive approbation des personnes présentes.

— Comment le trouvez-vous? dis-je à Marrast que je connaissais un peu.

— Bon ! me dit-il, il y a là de la verve et du talent.

— Alors, vous allez le publier?

— Non, répondit-il de l'air le plus dégagé du monde.

— Et pourquoi cela?

— Parce que, ajouta-t-il d'un ton de suprême insolence, nous sommes las de faire des réputations.

— C'est ce que personne ne te dira jamais, lui cria Ribeyrolles en lui tournant le dos.

Voilà pourquoi notre *Némésis* mourut dans son œuf démocratique et pourquoi l'irascible et fougueux rédacteur de *la Réforme* n'avait jamais pardonné à l'ancien rédacteur de *la Tribune*.

En temps de révolution, chaque jour ajoute au désappointement de ceux qui rêvaient un état de choses meilleur. Voyant où allait aboutir l'impéritie des impuissants imposés à la France par la surprise de Février, je me disposais à m'expatrier de nouveau. Une rencontre, faite à Passy, changea mes projets et me retint définitivement dans la métropole des lettres et des émeutes.

J'étais allé à Passy voir le grand juge littéraire. En entrant dans ce délicieux chalet de la rue de la Pompe, tapissé de beaux livres, où se reflétait, dans la grande glace du fond, le portrait de madame Janin à vingt ans, je trouvai son Jules en grande conférence avec Rachel.

— Parbleu! dit-il en me voyant, vous ne pouviez arriver plus à propos, *teneo lupum auribus*. Voici l'homme qu'il nous fallait!

Et, faisant signe à Moore, ce bon Anglais à tête blonde qui vécut ses plus heureux jours sous ce toit et mourut, comme le chien fidèle, en revenant de l'enterrement de madame Janin, de me céder son tabouret :

— Mettez-vous là, me dit-il de sa voix éclatante, et donnez votre avis.

— De quoi s'agit-il?

— D'une question de votre compétence. Mademoiselle Rachel a envie de jouer *Médée* et me consulte pour savoir quelle est celle qu'il faut choisir, de Corneille ou de Longepierre?

— Ni l'une ni l'autre, à mon sens.

— Pourquoi cela?

— La *Médée* de Corneille est de tous points indigne de ce grand tragique, et, quant à celle de Longepierre, ce serait un blasphème, une véritable monstruosité d'employer le magnifique talent de mademoiselle à la résurrection de cette œuvre aussi barbare par le fond que par la forme.

— Vous trouvez donc cette tragédie bien mauvaise? me dit en regardant Janin, mademoiselle Rachel.

— Détestable! Et pourtant quel plus admirable sujet!

— Ah! vous trouvez, n'est-ce pas?

— Oui, s'il était traité surtout, ce qui n'a jamais été fait selon la vérité historique.

— Hein! s'écria Jules Janin, que prétendez-vous, mon confrère? voudriez-vous démentir par hasard la tradition et Euripide?

— C'est, en effet, mon intention.

— Ah! par exemple, je serais curieux d'entendre cela!

— Écoutez alors. La légende de Médée est fille d'Apollodore et de Diodore. Ces deux très anciens chroniqueurs racontent que Jason et Médée vinrent de Iolchos à Corinthe, où ils résidèrent dix ans. Leurs enfants furent, d'après Hésiode: Médéios, que le Centaure éleva dans les marais de Pelion, Merméros et Pharès. Au bout de ces dix ans de paix et de bonheur, Jason devint amoureux de Glauké, fille du roi de Corinthe et répudia Médée, qui reçut ordre de partir sur-le-champ. Vivement irritée de cet affront, Médée prépara une robe empoisonnée et l'envoya comme cadeau nuptial à sa rivale. Celle-ci la mit sans réflexion, et son corps fut brûlé et entièrement consumé. Kréon, son père, en essayant d'arracher du corps de sa fille la robe incendiaire périt également dans les flammes. Médée, en partant sur un char traîné par des serpents, avait mis ses enfants dans le temple d'Héré Akrienne, comptant sur la sainteté du lieu pour assurer leur salut; mais les Corinthiens furent tellement exaspérés du double meurtre de Glauké et de leur roi, qu'ils arrachèrent ces enfants de l'autel et les massacrèrent. Dégagée de cette atmosphère lointaine et fabuleuse, le fait est hors de doute, puisque les Corinthiens célébraient périodiquement des jeux funèbres en expiation de ce crime.

— D'où vient alors qu'Euripide en charge Médée seule ?

— Parméniskos nous l'apprend : il reçut une forte somme des Corinthiens pour donner ce tour à la légende.

— Il me semble, dit Rachel qui avait été très attentive, que la donnée d'Euripide, vraie ou fausse, est la plus dramatique.

— A cause de la scène des enfants ? Mais rien n'empêcherait de la conserver en la rendant plus naturelle, mieux amenée et plus pathétique encore.

— Comment cela ?

— Il suffirait de supposer que Jason, aimant passionnément ses enfants, veut les garder en chassant leur mère et les placer auprès de sa nouvelle épouse. L'idée seule de les voir confiés à sa rivale doit inspirer à Médée son dessein sanguinaire, qu'elle n'aura jamais la force d'exécuter.

— Enfin, reprit Rachel l'œil étincelant et se transformant comme au théâtre, comment concevez-vous Médée ?

— Comme une femme trahie froidement, lâchement par l'homme pour qui elle a tout fait, chassée sans pitié, privée même de ses enfants et qui, poussée à bout par tous, se redresse et se venge !

— Mais, dans ce cas, le personnage n'est plus si odieux.

— Il est très intéressant, au contraire, et je m'étonne que le grand Corneille ne l'ait point vu sous cet aspect. Il ne pouvait aller, du reste, au delà de l'érudition de son siècle, arrêté, comme aux colonnes d'Hercule, devant les auteurs latins.

— J'aimerais, murmura Rachel, une Médée taillée sur ce patron.

— Rien de plus facile, dit Janin. Et notre ami peut parfaitement vous la faire.

— Vraiment ?...

— A une seule condition, mademoiselle.

— Quelle condition ?

— Que vous vous engagerez à la jouer.

— Je le jure devant M. Janin.

— Alors je peux me mettre à l'œuvre ?

— Quand vous voudrez, vous avez ma parole !

Cet engagement mutuel rompit le faible et dernier lien qui me rattachait à Lausanne. Je ne songeai plus qu'à Médée ; les balles de Juin eurent beau siffler dans nos rues et le canon de ces journées sinistres tonner dans le lointain : j'avais vu passer, sans ouvrir mes fenêtres, l'émeute triomphante du 15 mai ; je ne sortis de mon cabinet que pour assister, en qualité de membre du comité de la Société des gens de lettres, aux funérailles triomphales des morts vainqueurs sur la place de la Concorde et repartir ensuite dans notre cher Midi.

Le premier acte avait été fait à Paris. Trois personnes seulement en reçurent la confidence : le sculpteur Préault, Planche et Jules Janin. Tous m'engagèrent vivement à poursuivre l'exécution de cet ouvrage, conçu dans une forme et un style complètement différents des tragédies et de nos drames. Je suivis leur conseil ; mais, la pièce achevée sur les collines du Quercy, un soupçon trop juste, hélas ! me traversa l'esprit. Je me dis que Rachel, comme toutes les femmes de théâtre très en vue, donnent plus au monde qu'à l'art ; que mon manuscrit courait le risque d'être oublié, égaré ou, ce qui eût été plus fâcheux encore, livré à des mains étrangères. Le troisième acte étant le plus difficile à trouver, je résolus de le garder et de n'envoyer que les deux premiers. C'est le jeune marquis Léon d'Hervey, de Saint-Denis, aujourd'hui membre de l'Institut, qui voulut bien se charger de cette mission. Or ma précaution ne fut pas inutile; car Rachel se souvenait à peine de notre engagement réciproque, et j'ai tout lieu de croire que ces deux actes qu'elle égara ne furent pas perdus pour tout le monde; quant au troisième, je refusai constamment de le lui remettre et je fis bien.

Rappelé dans mes chers pénates du Tarn, auprès de mon père, qui se croyait aux portes du tombeau et se trompait heureusement, car elles ne devaient s'ouvrir pour lui que vingt et un ans plus tard, j'ai passé toute l'année de 1850 et une bonne partie de 1851, à la campagne, sous le ciel le plus doux du monde. Quelle est bonne, saine et fortifiante, la vie écoulée jour à jour dans le calme de la nature et la solitude des bois! Jamais je n'ai été plus heureux. Parti le matin après déjeuner avec un crayon, du papier et des cigares, je ne rentrais qu'à la nuit pour souper et goûter jusqu'au lendemain un sommeil d'enfant. Un pavillon rustique me servait de cabinet de travail l'hiver; dans la belle saison, j'avais pour abri la voûte verdoyante des platanes, pour promenade, une terrasse naturelle bordée de peupliers et de vignes, pour horizon, la plaine immense qui, des derniers mamelons du Quercy, se déroule à perte de vue jusqu'aux sommets neigeux des Pyrénées.

Aussi comme ce Paris politique, tournant toujours

autour d'une situation, de même que le mulet aveugle qui tourne sans cesse la roue de son moulin, me paraissait de loin petit et ridicule! Les grands discours s'éventent à distance, les systèmes ruolzés vus de loin se dédorent, hors de ce tourbillon vertigineux qui grise, éblouit et entraîne; on réfléchit et le bon sens reprend ses droits. Toutes les insanités de ce temps, triste semence, hélas! du nôtre, au lieu de m'indigner me faisaient rire. Elles m'amusaient beaucoup et je me fis un théâtre à moi pour les y traduire; il n'y en a pas en France pour l'esprit et les œuvres fortes. Dans cette pièce intitulée *les Fous de la Maison*, je personnifiais l'homme du progrès à outrance, le progressiste raisonnable, le conservateur égoïste et incorrigible, le libéral indifférent, l'avocat prêt à tout pour l'ambition et la fortune et la femme clubiste et aspirant à la députation. La comédie était vive et gaie ; aurait-elle du succès devant un public qui a vu reparaître, sans les siffler, les mêmes pasquins? Je n'ai pas voulu le savoir.

Tout a sa fin en ce monde. Mon bonheur champêtre, si doux par son repos après le travail incessant et les agitations fiévreuses de la vie moderne, cessa de me charmer. Mes yeux et mon cœur se tournant de nouveau vers Paris, je remontai en diligence, mais en passant par Montpellier, où m'attendaient un ami d'enfance et un autre poète ouvrier qui désirait vivement me voir. C'était un potier des environs de Montpellier, avec lequel j'étais en correspondance depuis huit ans. Jean-Antoine Peyrottes, né en 1815, à Clermont-l'Hérault, avait alors trente-quatre ans. D'après ses vers et ses lettres, je me le figurais, trait pour trait, tel qu'il m'apparut lorsque mon ami l'amena. Frêle de taille et de constitution, pâle et triste, mais les yeux noirs qui éclairaient ce visage souffrant, vifs et brillants d'intelligence. Il avait réellement du talent et de l'âme. Celui-là était resté peuple, ouvrier et Méridional, car il écrivait en patois.

Peyrottes était un vrai poète, aussi supérieur à Jasmin que Lamartine l'était à Pongerville ou à monsieur Viennet. Et, à propos de Lamartine, notre poète patois avait fait une ode sur la mort que je traduisis en vers français et lus un soir dans un salon, comme œuvre récente de Lamartine. Tout le monde l'applaudit et l'admira. Soumet, qui était présent, et à qui je l'avais donnée, en fit quelques jours après compliment à Lamartine, et le grand poète, après l'avoir lue, dit, en louant beaucoup l'auteur, qu'il ne la désavouerait pas. Cette ode est un chef-d'œuvre qui vaut tout ce qu'a produit le coiffeur agenais.

J'ai oublié de dire que mon poète, ouvrier de Rouen, avait été nommé député à la Constituante; or vous jugez du rôle qu'il dut y jouer. On voulait faire le même honneur à Peyrottes; mais, plus sage que Théodore Lebreton, il répondit **par un refus** exprimé dans une charmante chanson aux amis trop zélés.

Je ne peux quitter Montpellier sans noter quelques souvenirs qui renaissent dans le passé comme les fleurs d'hiver, toutes les fois que je traverse cette ville.

Le recteur de ce temps-là, nommé Gergonne, était un des types complets de la vieille Université. Son visage, orné d'un grand nez en forme de bec à corbin, ne se déridait jamais, ses lèvres serrées et dédaigneuses ne s'ouvraient que pour laisser passer la critique, le reproche ou des mots piquants. Malheur au professeur qui osait s'écarter des bornes du programme ou quitter les routes battues! Jubinal, titulaire du cours de littérature étrangère, en fit l'épreuve à ses dépens. Instruit de la forme un peu légère et de la désinvolture de son enseignement, le vieux Gergonne vint l'entendre un jour; puis, le faisant appeler, le réprimanda vertement et le somma de devenir plus sérieux, sous peine de suspension. Jubinal ayant répondu, pour s'excuser, qu'il y avait beaucoup de monde à son cours :

— Monsieur, dit Gergonne de sa voix aigre et mordante comme des tenailles, Zozo, le charlatan du Peyrou en a encore plus que vous!

Ce fut un mot malheureux pour le professeur de littérature étrangère, que les étudiants n'appelèrent plus que Zozo.

La boutade de Gergonne était toute fraîche, quand, venant de Nîmes, j'eus l'idée de faire une visite à madame Lafarge. Les portes de sa cellule s'ouvrirent immédiatement devant une lettre du préfet. Elle n'était pas seule : sa cousine, je crois, et une religieuse, qui sortit aussitôt, lui tenaient compagnie.

Je m'approchai de son lit et dis en la saluant :

— Me reconnaissez-vous ?

— Parfaitement, vous êtes le cavalier de la forêt de Dourdan.

— Et vous la dame au châle bleu, assise, avec un livre, au bord des sentes !

— Saviez-vous qui j'étais ?

— Oui, la sœur de madame de Violaine.

— Qui vous l'avait dit ?

— M. Diard.

— Le bon docteur de Dourdan ! Vit-il toujours ?

— Toujours et je le crois même encore honoré de l'écharpe municipale.

Un triste sourire glissa comme un rayon du pâle soleil d'hiver sur les lèvres de la malade.

Elle me regarda fixement et me dit :

— Je suis bien changée, n'est-ce pas ?...

— Vous êtes malade...

— Oui, du mal dont on meurt.

Sa maigreur était effrayante, et l'éclat funeste de la fièvre brillait dans ses yeux enfoncés ; j'eus cependant le courage de lui donner un espoir que je ne partageais pas ; elle m'interrompit en disant :

— Pourquoi êtes-vous venu me voir ?

— Pour vous donner une consolation, si c'est possible, et une marque de sympathie.

— Vous croyez donc à mon innocence ?...

J'éludai la question : elle y revint et insista.

— Pour vous répondre, dis-je enfin, il aurait fallu que je fusse votre juge.

— Plût à Dieu, monsieur Mary-Lafon ! je ne serais pas ici !

— Il est de fait que bien des choses ont pu influencer les jurés de la Creuse qui ne m'auraient pas impressionné. Le témoignage de Denis, par exemple ! et la parade de ce ténor espagnol, appelé Orfila, né pour rouler le pays dans une voiture de charlatan plutôt que pour diriger, comme doyen, l'École de médecine. Les savants, du reste, ou prétendus tels, d'aujourd'hui, ne prennent pas la science pour but, mais pour tremplin ou pour piédestal. Ceux d'autrefois, enfermés dans leur cabinet, fuyaient le profane vulgaire, ceux de maintenant, au contraire, avides de réclames voudraient être toujours en scène. Quant aux circonstances atténuantes, elles abondaient dans ce fatal procès : l'être indigne d'abord auquel on vous avait liée, les mensonges qui formèrent cette union contre nature, la famille de ce malheureux, et ce Glandier sinistre, dont l'image avec ses toits noirs et délabrés, ses chambres pavées de cailloux et ses murs lézardés et bouchés de paille, m'a suivi longtemps comme un cauchemar.

— Voilà de bonnes paroles ! dit-elle en me tendant sa main tremblante et décharnée. Vous ne croyez pas encore, mais vous êtes sur le chemin de Damas. Restez-y et souvenez-vous du châle bleu !

Je la quittai sur ces paroles ; car son médecin arrivait en grondant déjà contre les visiteurs qui fatiguaient sa chère malade. En sortant de cette prison, je n'étais pas ce qu'on peut dire convaincu de l'innocence de la condamnée de Tulle ; mais j'avoue que la sympathie qu'elle inspirait et que tout le monde, derrière ces verrous, éprouvait pour elle, laissa un grand doute dans mon esprit.

XIII

Cela se passait trois ans avant ma dernière entrevue avec le potier de Clermont-l'Hérault. Mon intention, après avoir très cordialement serré la main de ce brave homme, était de gagner Paris par Lyon. Une lettre de mon père me rappela dans la blanche ville du Tarn, où m'attendaient deux visiteurs aimés, Ligier et Émile Souvestre. Le romancier passant à Montauban s'y était arrêté pour me voir; quant à Ligier, il venait y jouer *Louis XI* et s'informer du degré d'éclosion de certain drame dont je lui destinais le premier rôle. J'eus le plaisir de garder ces amis huit jours. La veille de notre départ, — car je les suivais jusqu'à Bordeaux, où ils comptaient s'arrêter l'un et l'autre, — je dis à Souvestre :

— Croyez-vous que Voltaire soit mort ?...
— Quelle question !...

— Je vous l'adresse, parce qu'il y a ici un vieillard qui m'en fait douter quelquefois.

— Vous voulez plaisanter.

— Nullement, je vous assure ; il a bien changé de nom et de visage; son château ne s'appelle plus Ferney, mais Beauséjour, et, à ces modifications près, c'est le même personnage.

— Parbleu ! dit Souvestre, je serais curieux de le voir.

— Vous aurez ce bonheur ce soir même : son carrosse doit venir nous prendre à cinq heures. Voici l'invitation, pour Ligier et pour nous, du seigneur châtelain, et je leur remis une carte au dos de laquelle étaient écrits ces petits vers, forme de l'autre siècle :

> De Beauséjour l'octogénaire
> Par le plus heureux des hasards,
> A sa table, ce soir, espère
> Réunir ce qu'on n'y voit guère,
> Le talent, l'esprit et les arts.

— Lézard toi-même, s'écria Ligier incapable de négliger un calembour. C'est égal je ne suis pas fâché de voir Voltaire !

Le carrosse vint à l'heure dite et nous porta au trot de deux magnifiques chevaux au château de Beauséjour, situé sur une hauteur à six kilomètres de Montauban. La grille était toute grande ouverte, et, en descendant du carrosse, arrêté devant le portail, nous trouvâmes l'octogénaire dans un costume tenant le milieu entre les modes de 89 et celles du Directoire, qui nous attendait sur le perron et reçut ses hôtes avec cette aisance de bonne compagnie et cette politesse exquise de la vieille France dont la tradition se perd tous les jours. On se rendit au salon, puis le châtelain nous fit monter dans sa superbe bibliothèque, et, jusqu'au dîner, nous tint, comme dit l'orateur antique, attentifs et suspendus à ses lèvres d'où coulaient, avec des appréciations littéraires très justes, des flots d'anecdotes et de souvenirs curieux ou piquants.

Souvestre était émerveillé :

— Eh bien, lui dis-je tout bas en descendant à la salle à manger, est-ce Voltaire ?

— Si la métempsycose a du vrai, c'est son ombre.

Le festin répondit largement au désir et à la fortune de l'amphitryon : il coula même trop de champagne, car, en passant au salon, bien que la température fût assez froide, les têtes semblaient fort échauffées. A part Souvestre, froid comme un marbre, et moi qui ne me suis jamais grisé, le châtelain, Ligier et les autres convives parmi lesquels étaient un homme de lettres du cru, bibliothécaire de la ville, et un général mexicain d'origine française, nommé Woll, se trouvaient dans cet état de béatitude et d'épanchement qui précède l'ivresse. Elle vint à demi, avec le café et les liqueurs, pour notre hôte et Ligier. Nous en fûmes avertis par le timbre de plus en plus éclatant de leur voix ; il s'agissait d'une comparaison entre Corneille et Racine : le poète de Beauséjour tenait chaleureusement pour celui-ci ; Ligier défendait, avec non moins de passion, l'auteur du *Cid* et des *Horaces*.

Ce duel, commencé par des citations, se continua pendant quelque temps à coups d'hémistiches. Les adversaires opposaient tirade à tirade et triomphaient ensuite chacun de son côté en se croyant vainqueur. Ligier en appelait au général, qui, hochant la tête en signe d'approbation, lui versait un petit verre de chartreuse ; l'autre prenait à témoin le bibliothécaire, dont le champagne et le cognac empourpraient les joues et qui, sans savoir ce dont il était question, car, plongé voluptueusement dans un fauteuil, il n'écoutait pas, criait à pleine voix : « Vous avez raison ! » Cette approbation inconsciente et l'encouragement muet et bachique du général eurent les conséquences qu'on en devait attendre. Des railleries, ils en vinrent aux démentis, aux injures, et au pugilat. Sans qu'on eût le temps d'intervenir pour mettre un frein à leur colère, le tenant de Racine et celui de Corneille,

L'un l'autre s'accrochant, se prirent aux cheveux.

Ce fut le début et la fin du combat : tous deux portaient perruque ; en se voyant le crâne nu comme un genou, dans la glace de la cheminée, ils éclatèrent de rire et se donnèrent la main ; puis, sans y songer, dans les affusions du raccommodement, chacun remit sur son chef le gazon qu'il tenait en main. Celui de Ligier était noir, blond celui du sosie de Voltaire, mais nul d'eux n'y prit garde. Minuit sonnait, sur cet échange sentimental; les deux ennemis s'embrassèrent et nous regagnâmes Montauban, puis, de là, Bordeaux et Paris.

J'y arrivai une semaine après le coup d'État. Sauf les politiciens et les parlementaires, deux races d'hommes nés pour l'ennui, le tourment, et la ruine des nations, Paris était loin de se plaindre du coup d'État. Pour dix visages sombres, il y en avait dix mille de riants. Ceux qui ont écrit le contraire mentaient sciemment; pour moi qui ai vu, je l'affirme et peux dire la vérité dans des conditions excellentes, car je n'étais ni pour le vainqueur, ni pour les vaincus.

En descendant, pour ainsi dire, de la diligence, je fus invité à un déjeuner que donnait Achille Jubinal, chez le père La Thuile, ce Bignon forain des Batignolles. Je trouvai là Pierre Dupont, Latour-Dumoulin, Pierre Lachambeaudie, l'armurier Devisme et un de ses confrères de Mons, Antoine Clesse, poëte à ses heures, très connu par ses chansons en Belgique, où ses compatriotes le comparent à Béranger. Le déjeuner fut assez gai et tout à fait littéraire, au dessert surtout. Dupont chanta ses *Bœufs*, Lachambeaudie récita une fable nouvelle, *la Cigale, la Fourmi et la Colombe*, dont la morale corrige avec bonheur le côté par trop égoïste de celle de Lafontaine. Au fabuliste populaire succéda le chansonnier ouvrier, ou plutôt patron, car je crois bien qu'Antoine Clesse, riche armurier et chevalier de l'ordre de Léopold, ne maniait guère l'outil que dans ses vers. Il nous chanta plusieurs chansons, dont une seule, *le Vieil Étau*, justifiait les éloges que nous lui prodiguâmes. On lui fit surtout répéter ce couplet :

> Laissons l'ambitieux avide
> Peu jaloux d'être homme de bien,
> Au sein de l'Océan du vide
> Voguer vers un immense rien !
> Comme aux bords la vague profonde
> Se brise et retombe à la mer,
> Le flot des vanités du monde
> Se brise sur ton pied de fer !
> Ne t'use pas mon vieil étau :
>   Le sort nous rassemble,
>   Travaillons ensemble !
> Sous ma lime et sous mon marteau
> Ne t'use pas mon vieil étau !...

L'amphitryon et ses convives me pressèrent ensuite de dire quelque chose ; j'y étais peu disposé, n'ayant nul goût pour les récitations publiques ; mais, Pierre Dupont, que j'avais critiqué parfois avec Scudo dans le salon de M. Catalan, où retentirent ses premières chansons, insista d'un air si étrange et ressemblant presque au défi, que je m'exécutai et leur débitai cette fable :

LES BULLES DE SAVON

Demandez-vous des noms par les armes fameux ?...
Du fond des temps, l'écho dit : « César, Alexandre !... »
  Maintenant, que reste-t-il d'eux ?...
Rien! pas même un cercueil, pas même un peu de cendre.
  Un des aspirants au destin
  Comme à la gloire du grand homme,
  Sous son diadême enfantin,
  Vit en songe le roi de Rome
  Soufflant, dans un vase d'argent,
Ces tourbillons légers qu'enfle et porte le vent.
L'aspirant, comme lui, souffle... mais, ô prodige !
  Sur chaque globe qui voltige,
  Il voit rayonner tour à tour
  Ces deux mots : *Boulogne ! Strasbourg !*
En détournant les yeux, tristement il soupire
  Mais ne perd pas courage encor...
Sur un globe nouveau, brillant d'azur et d'or
Apparaît tout à coup ce mot magique : « Empire ! »
L'enfant lui dit alors : « Louis Napoléon,
Vous faites, comme moi, des bulles de savon ! »

L'effet de cet apologue qui, devait se réaliser, mais fort longtemps après, fut bien différent sur les convives : tandis que Dupont, Clesse et Lachambeaudie applaudissaient des deux mains, Latour-Dumoulin et Jubinal échangeaient un regard qui m'aurait appris, si je ne l'avais soupçonné déjà, que le but de l'amphitryon du père La Thuile n'était pas exclusivement littéraire. Il essaya de s'expliquer ; mais je ne voulus pas comprendre, car je revenais à Paris pour travailler et non pour courir après les honneurs et les places. Comme les bonnes intentions portent quelquefois fruit, en ce monde, la pluie me donna le lendemain ce que je désirais.

XIV

Surpris sans rifflard, par une averse formidable, dans la rue Saint-André-des-Arts, je me réfugiai chez Furne. Il était six heures du soir, et le grand éditeur venait de rentrer, selon son habitude à peu près invariable. Furne avait de l'esprit, un goût inné, l'intuition du beau en littérature comme dans les arts et un jugement mûri par l'expérience. Prompt à l'enthousiasme, il l'était aussi au découragement. Souvent le marchand, en lui, retenait et corrigeait l'artiste; mais, lorsqu'il s'enflammait pour une idée, rien ne l'arrêtait avant sa réalisation. Nous étions bien : il avait confiance en moi et, de mon côté, je ne cachais ni l'estime que m'inspirait sa capacité, ni les sympathies méritées par son honorabilité et son caractère.

Nous ne nous étions pas vus depuis deux ans; il m'accueillit à bras ouverts — comme l'enfant prodigue, — et voulut absolument me retenir à dîner.

Sachant qu'il n'avait, ce soir-là, que sa femme, aimable et charmante Bordelaise, et son ami Raffet. j'acceptai. Au café, et quand brûlèrent les cigares, on parla naturellement librairie et beaux-arts.

— Êtes-vous content? dis-je à Furne.

— Oui et non. Le coup de force de Napoléon, que, pour mon compte, j'approuve de toute mon âme, garantit l'ordre et rend aux affaires le terrain solide qu'il leur faut pour marcher; de ce côté-là, donc, satifaction pleine et entière, mais il manque toujours quelque chose à l'homme le plus heureux...

— Et le plus fort, dis-je en riant. Napoléon Ier, au faîte de sa grandeur et de sa puissance, ne put pas trouver à Paris, le jour du sacre, un mulet pour le camérier du pape.

— Mon mulet à moi, reprit Furne, est un livre que nous méditons Raffet et moi depuis dix ans et qui semble impossible.

— Impossible?

— Hélas! oui, je l'ai fait essayer par divers auteurs; Henri Martin lui-même y mit la main et déclara l'ouvrage infaisable.

Henri Martin, c'était pour Furne ce que sont, pour les avocats, Sirey et Dalloz réunis. Raffet, silencieux comme d'habitude, opinait dans le même sens d'un signe de tête en allumant sa pipe.

— Mais quel est donc cet ouvrage impossible?

— *Rome ancienne et moderne*, répondit Furne en soupirant.

— Dans quel format et dans quelles limites ?

— Un petit in-quarto de cinquante feuilles au plus.

— Cet ouvrage n'est pas de construction facile ; mais on peut le faire, pourtant.

— Voudriez-vous l'entreprendre ?

— Pourquoi pas ?...

— Je vous prends au mot, cria Furne.

— Soit ! venez demain chez moi et nous en causerons à fond.

— Le matin, comme toujours ?

— A la même heure.

Sept heures sonnaient à l'horloge des Tuileries, lorsque Furne entra dans mon cabinet, situé au quatrième étage du numéro 1, rue du Dauphin. Il me trouva devant mon bureau, je venais de tracer le plan par époques et par chapitres de l'ouvrage en projet. Furne prit ce papier, le lut deux fois, réfléchit pendant cinq minutes et dit ensuite lentement :

— Ce plan me va, je l'adopte tel qu'il est, et vous prie de n'y rien changer. Il ne reste plus que l'épreuve sous laquelle tous ont succombé.

— Quelle épreuve ?

— Je vous donne trois feuilles pour les Rois de Rome ! Si vous pouvez faire entrer leur histoire dans ces quarante-huit pages, nous traitons immédiatement, et vous signerez un beau livre ; car c'est mon rêve et, pour le réaliser, je dépenserai cent mille francs.

— J'accepte l'épreuve, lui dis-je. Quel est votre imprimeur ?

— Claye, rue Saint-Benoît.

— Dites-lui de faire composer la copie que je lui enverrai, de ne retourner l'épreuve qu'à moi et revenez dans dix jours.

Dix jours après, à sept heures du matin, Furne entrait chez moi. Je lui tendis l'épreuve corrigée ; il compta rapidement les pages, et me dit :

— Mais, tout n'est pas là ?

— Tout !

— Comment ! vous avez mis l'histoire des Rois dans une demi-feuille ? mais c'est impossible !

— Lisez !

Plongé et immobile dans un fauteuil, il lut cette épreuve mot à mot, en quelque sorte, et avec une telle attention, que pas un muscle de son visage ne bougeait. Se levant brusquement après cette lecture :

— C'est ce qu'il me fallait, dit-il, je vois maintenant que le livre est possible comme je le conçois.

— Vos conditions ?

— Fixez-les vous-même, lui dis-je, nous avons toujours été d'accord.

— Deux cents francs la feuille ?

— Ce n'est pas assez.

— Trois cents alors ?

— Mettons trois cents. Il me faudra beaucoup d'ouvrages étrangers.

— Je le comprends : pour quelle somme à peu près ?

— Deux ou trois mille francs.

— Notons deux mille.

— Puis il y aura le voyage de Rome. Je peux bien faire, avec mes documents colligés sur place en 1843, les ouvrages anglais, allemands, italiens et ceux de nos bibliothèques, la *Rome ancienne*, à Paris; mais, pour *Rome moderne*, il faut de toute nécessité revoir les lieux et composer une nouvelle palette.

— Je comprends encore cela. Combien coûtera ce voyage ?

— Quatre mille francs, et j'y serai du mien; car il faut rester au moins sept à huit mois à Rome.

— J'accepte le voyage, et, pour vous prouver que ma maison n'a pas oublié le service que vous nous rendites pour les *Villes de France,* si nous vendons huit mille exemplaires de votre livre vous toucherez une prime de cent louis.

— Ces conditions posées et acceptées sur parole, nous n'avons jamais traité autrement, Furne et moi, — il comptait sur mon exactitude, j'étais sûr de sa loyauté, je commençai l'ouvrage avec bonheur, et un courage décuplé par dix-huit mois de repos. Le sujet m'entraînant, d'ailleurs, je m'y portai de cœur et d'âme. J'en étais encore aux premiers chapitres : une personne que je connaissais, l'avocat Duclos, dont les relations particulières avec l'Élysée n'étaient point un mystère, entra, un matin, dans mon cabinet, et se dit autorisé, ce que je n'eus aucune peine à croire, à m'offrir une situation brillante si je voulais répondre aux vues qu'on avait sur moi. Dès les premiers mots, je l'arrêtai.

— Vous voyez cette copie, lui dis-je avec feu, c'est le commencement d'un ouvrage pour lequel je sacrifierais un trône si on me l'offrait. Je suis tout à mon livre et ne désire qu'une chose : le faire comme je le conçois.

— Vous êtes un fou, s'écria Duclos; jamais votre livre, fût-il excellent, ne vous rapportera le centième de ce que vous pourriez avoir, sans ce labeur écrasant de toutes les heures et de tous les instants.

— Je le sais bien; mais, pendant deux ou trois ans, je serai l'homme le plus heureux du monde.

— Et, après, il faudra reprendre cette chaîne sans fin qui vous tuera.

— Soit ! mais j'aurai vécu à ma guise, libre et indépendant !

Duclos partit en me traitant de nouveau d'insensé, et je continuai mon œuvre, gai comme le pinson qui s'éveille à l'aube un beau matin de printemps et chante à plein gosier. Lourde pourtant était la tâche : les jours bientôt ne suffirent plus, il fallut les allonger avec les nuits ; une constitution moins forte, une volonté moins énergique s'y seraient brisées mille fois ; doué d'un corps de fer et d'une ténacité à toute épreuve, je résistai à ce travail qu'on pouvait dire herculéen. Furne, de son côté, y déployait la même ardeur et appliquait, au choix et à l'exécution des illustrations, son coup d'œil juste d'amateur et son bon goût d'artiste. Stimulé, d'ailleurs, par le succès, — la vente en livraisons dépassait le chiffre de 5,000, — il ne passait pas un jour sans venir s'assurer par lui-même de l'État du livre et de l'auteur.

Fortement intrigué de rencontrer chez moi, tous les samedis, un homme en costume d'ouvrier à qui je remettais devant lui une page ou deux d'écriture, et redoutant un autre travail latéral de nature à nuire à son livre, il finit par me demander quel était cet homme et ce qu'il venait faire toutes les semaines chez moi.

— Vous ne le devineriez jamais, lui dis-je en riant de ses soupçons !

— Quelque article pour un journal ou pour quelque revue ?

— Oh ! du tout, ce brave garçon vient exclusivement pour Rome !

— Pour Rome ! Vous plaisantez ?

— Non, certes ; dans tous les ateliers du faubourg Saint-Antoine vous avez des souscripteurs. Ces braves ouvriers payent un de leurs camarades pour leur faire la lecture pendant le travail. Mais, il se trouve parfois des passages qu'ils ne comprennent pas, faute d'études suffisantes ; alors, ils les notent et, tous les samedis, le lecteur vient m'en demander l'explication, que je lui donne avec le plus grand plaisir.

Cet échange sympathique et tout cordial entre l'auteur et les lecteurs de l'atelier dura jusqu'à la fin de *Rome ancienne,* qui parut en volume dans les derniers jours de septembre 1852. Dix jours après je prenais, à Marseille, *l'Oronte,* paquebot des Messageries nationales, en partance pour Rome. Il y avait, sur ce paquebot, M. Herold, sa mère et sa sœur, un jeune avocat d'Évreux, plus grand ami des arts que des cinq codes, un général autrichien que je devais retrouver dans la ville éternelle, des évêques, et l'archevêque des Champenois.

XV

Après quatre jours et trois nuits d'une navigation agitée, le 12 octobre 1853, au matin, nous arrivâmes à Civita-Vecchia. La mer battait violemment les deux jetées circulaires que vit construire Pline, et la nacelle qui vint nous prendre au paquebot dansait comme une plume sur les vagues, lorsqu'il nous fut enfin donné de toucher le quai de la Douane. Malgré son titre pompeux de premier port de l'ancienne marine papale et d'entrepôt de Rome, Civita-Vecchia n'a conservé de sa vieille splendeur que le môle de Trajan où s'élèvent le phare, et la citadelle construite par Michel-Ange sur la jetée de l'Est. Cet amas de pierres, colorées par le temps de cette teinte d'un blanc sale qui distingue les ports d'Italie et comme perdu là sur la plage, entre une campagne déserte et la mer, est d'un aspect désespérant. Un sentiment de tristesse inexplicable serre le cœur en y abordant, et l'on ne souhaite qu'une chose avec plaisir : c'est d'en sortir au plus vite. Malheureusement, voilà le difficile. Les Italiens, considérant les étrangers comme des oiseaux de passage qu'il faut plumer au vif, ne veulent pas lâcher leur proie ; et, comme ils sont passés maîtres en fait de ruse, vous avez beau essayer de leur échapper et combattre, la victoire leur reste toujours.

L'habileté qu'ils déploient pour vous forcer à passer sous ces fourches caudines de nouvelle espèce, est inépuisable. Si vous n'allez retenir, en personne, votre place à la diligence, elle est toujours au grand complet. La poste n'a pas de chevaux, et il n'est pas rare de voir le batelier qui porte votre bagage à bord se tromper sciemment de paquebot, ou bloquer sa barque au milieu de ces vaisseaux à l'ancre, entre lesquels les *barcajoli* circulent avec tant d'adresse, pour vous faire manquer le départ, gagner un double salaire et s'assurer du travail pour le lendemain. On cite un brave Brésilien qui, indolent comme la plupart de ses compatriotes, attendit un mois le bateau à vapeur au grand hôtel de la piazza Trajana. Tous les matins, le *cameriere* se rendait au port et revenait lui annoncer, d'un air effaré, qu'un grand sinistre avait eu lieu certainement, car le bateau n'était pas arrivé. Tant qu'il eut des cigarettes, le Brésilien prit patience ; mais, sa provision épuisée, il finit par se décider à se rendre lui-même au quai, et la première chose qu'il aperçut fut une escadre de bateaux à vapeur. Depuis un mois, il en partait quatre par jour.

Bien au fait de ces habitudes, je pris mes précautions, et, trois heures après, grâce à des luttes énergiques et à *la buona mancia* (l'étrenne), mes malles étaient visitées et plombées par la douane, mon passeport visé, et je sortais de cette ville morte, escorté par une foule de mendiants au teint de safran, épouvantable personnification de la fièvre, qui, accrochés à la voiture et aux traits des chevaux, ne lâchent le voyageur que lorsqu'il ne lui reste plus un *quatrino*. Au temps de Pline, Civita-Vecchia alors appelée *Centum Cellæ* (les cent grottes) était, à ce qu'il paraît, entourée de champs verdoyants, *viridissimi agri*. Les lieux sont bien changés.

En prenant la vieille voie Aurélia, on tombe brusquement dans une campagne muette, déserte et complètement nue. Pas une maison, pas un habitant, pas un arbre. Quelques ravins grisâtres et hérissés de ronces, interrompent seuls de temps en temps l'uniformité du paysage, et vous n'entendez d'autre bruit, sur cette route désolée, que le clapotis de la mer, qui bat la plage à droite, une plage qu'on prendrait pour un lac de boue infecte et noire.

Trois misérables villages, Santa-Marinella, Santa-Severa et Palo peuplent la plaine jusqu'au pied des pentes des Alumière et de la Tolfa, sur une distance de sept lieues. A Palo, qui fut construit sur l'emplacement de l'ancien Alsium, ville des Cérites, la diligence s'arrête invariablement. Je descendis, comme tout le monde, et entrai dans un vieux bâtiment que j'aurais pris pour une caserne ou une forteresse, à ses gros murs et aux grilles qui en barraient toutes les issues, sans l'obligeance d'un voyageur de l'impériale. Cet aimable compagnon de voyage, porteur d'une barbe d'ermite, d'une canardière qui dépassait son épaule d'un mètre, et d'une mine aussi mauvaise pour le moins que son costume, daigna m'apprendre que la halte de Palo était destinée au rafraîchissement, *rinfresco*, non des chevaux mais des *signori*. En conséquence, cet officieux me fit servir d'autorité deux portions de veau aux carottes, qu'on lui passa par un judas grillé comme ceux des changeurs ; il mangea les deux sans fourchette, avec cet appétit qu'on ne puise que dans les bois, but deux *bicchieroni* (grands verres) d'orvieto, et poussa la complaisance jusqu'à débattre pour moi le prix de cette consommation avec l'hôte du judas. Je me sentais peu disposé à régaler ce singulier individu : un coup d'œil significatif du conducteur m'avertit de mon imprudence ; tirant alors une quinzaine de baïoques (gros sous) de ma poche, je les tendis vers le judas grillé. Mais mon convive, les interceptant lestement, compta la somme, en remit six à l'hôte, qui les reçut sans murmurer, et, empochant le reste, me dit en m'offrant un verre de l'orvieto que je venais de payer :

— Vous n'êtes donc pas riche, signor ?

— Non, par malheur, lui répondis-je, et ce n'est pas faute d'envie.

— Je m'en suis douté, reprit-il, en voyant que vous n'aviez ni *oruolo* (montre), ni chaîne.

— N'a pas ces ornements qui veut.

— A qui le dites-vous, *amico*, s'écria-t-il gaiement en me frappant sur l'épaule ; moi qui vous parle, j'en trouve par-ci par-là quelques-uns sur la route ; mais, *per Bacco !* je ne sais comment cela se fait, je ne peux en garder aucun.

Ces paroles me dispensèrent de demander la profession de mon convive, mais, lui, tint à savoir la mienne.

— *Io sono un povero pittore* (je suis un pauvre peintre) lui dis-je avec humilité.

— *Va bene, signor Rafaele*, dit-il tout réjoui. Et un signe impératif qu'il adressa au conducteur fit partir la voiture. A partir de ce moment, comme si les chevaux étaient fâchés de n'avoir pas participé au *rinfresco*, ils ralentirent leur allure et n'allèrent bientôt qu'au pas. Ce changement eût pour résultat de me faire arriver à la nuit tombante dans les noirs ravins et les vallées profondes de la Tolfa. Ce n'était point sans intention. A peine dans ce coupe-gorge, la voiture fut arrêtée par une demi-douzaine de gaillards de la mine et de la taille du commensal de Palo. Pour lui, armant à grand bruit sa canardière, il avait sauté sur la route en dirigeant l'expédition, qui s'accomplit, du reste, sans la moindre violence et avec une grande rapidité. Ces messieurs fouillèrent les voyageurs en gens experts, éventrèrent les sacs de nuit, forcèrent les malles, prirent ce qu'ils trouvèrent bon et partirent sans dire adieu. Le moins maltraité ce fut moi. Je tendais fort tranquillement les clefs de mes malles et une poignée de baïoques ; mon commensal les refusa et me donna un cigare volé à un Anglais. Galants avec les dames, ils ne prirent à celles que nous avions que leurs bagues et leur porte-monnaie.

Ce petit accident, qui se renouvelait à chaque pas dans les États romains, donna le temps aux voyageurs de méditer l'article 7 *delle avvertenze*, ou avis général imprimé en ces termes, au dos du bulletin délivré par les Messageries :

Gli equipaggi non vengono garantiti dall' intrapresa per casi fortuiti e di forza maggiore.

Ces cas fortuits et cette force majeure, dont l'administration de la place Nicosia ne répond pas, n'étant plus à craindre, ce soir-là, il nous fut permis d'atteindre Rome. Après avoir franchi les défilés sombres et boisés des Alumière et traversé la plaine arrosée par l'Aone, la voie Aurelia coupe tout à coup le plateau du Vatican, dont le Janicule forme le renflement méridional. Là cesse le désert qui entoure Rome comme une ceinture maudite contenant dans ses plis la fièvre et la *malaria*. On commence à voir des maisons ; les vignobles, fermés par des murs ou des haies, et les grands pins en éventail couronnent les collines. Une pente douce mène à la porte Cavalleggieri, où je m'arrêtai.

Vue de ce point, la nuit, Rome présente un aspect étrange. A droite s'allonge, en remontant le Janicule, la ligne sévère du rempart ; dans la petite vallée creusée au pied de la colline où ce rempart s'élève, brillent, comme des vers luisants, des myriades de lumières, et l'on aperçoit à gauche une masse imposante et sombre : c'est la basilique de Saint-Pierre, qui se confond avec le Vatican. Pauvre vestibule de la ville des Césars et des Papes, la porte Cavalleggieri consiste dans une simple voûte au-dessus de laquelle surplombe, du côté de Saint-Pierre, l'humble toit d'une masure perchée sur le mur. Vers le Janicule, un abreuvoir, alimenté par une source qui jaillit du rempart, est sa plus grande décoration. Au moment où j'allais en franchir le seuil, le clairon des chasseurs d'Afrique qui la gardaient, fit retentir de ses fanfares les vieux échos du Janicule et réveilla vivement dans mon cœur le souvenir de la patrie.

Mon logement était retenu d'avance, et je m'installai au palais Ruspoli, sur le Corso ; il suffit de jeter les yeux sur un plan de Rome pour reconnaître que la rue actuelle a été bâtie sur la voie Flaminienne, à laquelle se rattachait la voie large (*via lata*), continuant la ligne droite jusqu'à la porte des Triomphes, sous le Capitole. Des monuments qui bordaient la rue primitive, il ne reste que la colonne Antonine, debout encore sur la place Colonna, malgré les siècles et la foudre. Vers le fond de l'ancien champ de Mars, entre le Tibre et la porte du Peuple, s'élevait un magnifique mausolée qu'Auguste fit pour y dormir durant l'éternité, imitation grandiose du tombeau qu'Artémise dédiait à son époux. La dernière demeure d'Auguste dominait le champ de Mars et se présentait comme une colossale tour ronde à quatre étages, soutenue par des colonnes de marbre, de jaspe, de porphyre, entourée d'une ceinture de cyprès et de lauriers verts, et couronnée par la statue d'Auguste.

On y entrait par une seule porte, après avoir traversé le bois qui l'environnait, et trois enceintes. Deux obélisques, trophées de la guerre d'Égypte, allongeaient leurs mystérieuses pyramides devant la porte principale. Des urnes d'or y renfermaient les cendres du grand empereur, que le Marcellus de Virgile y précéda. Étrange vicissitude des choses humaines! Le mausolée du pacificateur de l'univers est devenu un repaire de saltimbanques. La dernière voûte en s'écroulant, a formé un amphithéâtre qui sert aujourd'hui d'arène pour la joûte des taureaux et, pour un demi paul, le dernier facchino de Ripetta peut à présent fouler aux pieds la cendre des Césars !

Indépendamment des jours de comices et d'élection, les anciens Romains passaient une grande partie de leur vie au champ de Mars. De la sixième heure à la huitième, c'est-à-dire de midi à deux heures, ils s'y rendaient pour assister aux exercices gymnastiques. Conduits par une de ces mystérieuses et instinctives fidélités de la tradition qui guide les générations nouvelles et les ramène dans la voie des générations mortes, les Romains modernes viennent deux fois par jour, à midi et à quatre heures, se promener au Corso sur ce vieux sol battu pendant quinze cents ans par les pieds de leurs pères. La physionomie des lieux et des hommes a bien changé pourtant : l'élégant palais Doria, chef-d'œuvre de Valvastori ; le palais Sciarra, le palais Torlonia, aussi riche que son propriétaire ; les palais Chigi et Ruspoli ont remplacé les portiques d'Europe, de Pola, de Constance. Aux temples de Minerve, d'Isis, de Sérapis ont succédé les églises de Sainte-Marie *in monte*, de Jésus et Marie, de Saint-Charles, de Sainte-Marie *inviolata*. Au lieu de ces Quirites énergiques, luttant demi-nus sur le gazon ou retrempant leur vigueur dans l'eau jaune du Tibre, on ne trouve plus qu'une race énervée, effacée, étriquée dans son habit noir, ayant à peine la force de fumer le cigare et de se traîner, en saluant de la tête et du bout des doigts, de la porte del Popolo au palais de Venise.

Le peuple, lui, n'est pas dégénéré, et, non moins fidèle à la tradition, mais avec plus d'activité et d'intelligence, il recompose quelquefois l'histoire de ses fêtes, comme j'en eus la preuve en descendant au Corso le second jeudi d'octobre.

A cette époque de l'année, les anciens Romains célébraient les féeries de Vertumne, dieu des jardins. On le couronnait de fleurs, on en couvrait les puits et les fontaines, et des courses de chars, des bouquets donnés par les pontifes en l'honneur de l'hiver, signalaient ce mois le plus heureux pour Rome; car il ramène les jours sans canicule et sans *malaria*. Reproduisant encore les mythes poétiques du paganisme, tous les lundis et les jeudis d'octobre, les Transtévérines courent joyeusement la ville. Parées de leur plus frais costume, qui d'ordinaire consiste en une sorte de basquine de velours vert ou amaranthe, un jupon de couleur et un chapeau de castor orné de roses ou de plumes, elles se promènent quatre à quatre en *legno* découvert, en chantant, agitant des bouquets et accompagnant leurs chansons du ronflement sourd et des grelots du tambour de basque.

Assis devant le *cambio monete* du changeur Baldini, le fougueux *verdiano*[1], je suivais de l'œil ces pimpantes Transtévérines, si gaies et si roses sous

---

1. L'épithète ne signifiait pas partisan de Verdi, mais de Victor-Emmanuel. V.-E.-R.-D.-1. Victor-Emmanuel, roi d'Italie.

leurs chapeaux fleuris, lorsqu'un énorme bouquet, lancé par une des plus folles, vint s'effeuiller sur mes genoux. Je me levai, croyant à une méprise et cherchant à qui s'adressait la provocation ; mais le *legno* d'où elle partait s'était arrêté et celle qui occupait, comme la plus belle, la place d'honneur à côté du cocher m'appelait évidemment en criant : *Signor Francese! signor, ecco mi!* C'est, moi c'est moi, seigneur français ! Je m'avançai ; mais j'avais beau consulter mes souvenirs, je n'y trouvais rien de près ou de loin qui se rattachât à la belle Transtéverine. Ce fut elle qui illumina ma mémoire, après avoir joui quelque temps de mon embarras.

— Comment ! s'écria-t-elle avec l'accent plein et vibrant de son faubourg, comment, seigneur Français, vous avez oublié la petite Severina de la Longara ?...

Je poussai un cri de surprise. A mon premier voyage à Rome, en 1843, la plus agréable de mes courses quotidiennes commençait par le palais Corsini. Ce palais renferme l'une des meilleures bibliothèques de la ville, que son noble propriétaire ouvre gracieusement aux savants et aux étrangers. Attiré par la richesse du fonds et la courtoisie des custodes, je m'y rendais tous les jours et j'avais coutume d'aller me reposer jusqu'à l'*Angelus* à côté du tombeau du Tasse, sous les tilleuls de la plate-forme de Sant-Onofrio. Tout près du palais Corsini se tenait une marchande de limons et de *sigarri* dont la petite fille m'attendait chaque jour à trois heures au bas de l'escalier de la bibliothèque pour m'apporter un cigare et du feu. Deux baïoques, trois quelquefois, payaient cette attention. Or neuf ans s'étaient écoulés, l'enfant, qui avait des traits charmants, était devenue une des plus ravissantes femmes de Rome, et jamais, dans la reine des fêtes d'octobre de 1852, je n'aurais certes reconnu la *bambina* du Transtévère.

— Signor, me dit-elle en riant de mon étonnement, je me marie après-demain et veux vous montrer mon promis.

— Volontiers, Severina ; mais quand ?

— Tout de suite, si vous voulez !

— Où est-il ?

— A San-Paolo, où vous allez manger la *frittata*.

— Je vais prendre un *legno*.

— En voici un ! Venez avec nous !

— Oui, oui, crièrent les trois autres, venez avec nous !

— Au fait, me dis-je, pourquoi non ? Nous serons bien un peu serrés ; mais le proverbe a raison : *Non è miel senza mosche!* il n'y a pas de miel sans mouches ! puis Saint-Paul est à deux pas.

— *Via cocchiere*, à San-Paolo !

Une allée de deux milles de long, bordée à droite et à gauche par deux lignes de robiniers aux feuilles découpées à jour comme de la dentelle, conduit de l'ancienne porte Ostiense à la basilique du Grand-Apôtre. Cinq ou six cahutes qu'entourent des cabinets couverts de roseaux s'élèvent un peu en avant du portique de l'église, sur le bord du Tibre. C'est là que nous nous arrêtâmes. Ce gai pèlerinage est un des amusements nationaux de Rome moderne. Les gens du peuple et ceux de la classe aisée même ne conçoivent pas de plaisir plus doux. Aller manger l'omelette à l'huile à Saint-Paul, c'est couronner une journée de fête; après la *frittata*, il n'y a plus rien à désirer.

La nôtre nous attendait, préparée d'avance par les soins des parents des jeunes filles et du fiancé de Severina, robuste tailleur de pierre (*scarpellino*), dont le visage se rembrunit singulièrement à mon aspect. Pour chasser ce nuage qui sentait son coup de couteau d'une lieue, la Transtévérine n'eut qu'à lui jeter deux mots à l'oreille ; alors sa physionomie s'éclaircit un peu, il daigna me faire une inclination de tête, et nous nous assîmes. Je crus devoir, toutefois, me ménager ses sympathies en annonçant très haut que je ne comptais pas rester longtemps à Rome, et puis que je ne toucherais pas à la *frittata*, à moins que Scipione, tel était le nom du promis, ne m'autorisât à offrir à sa fiancée, comme cadeau de noces, une paire d'*orecchini* (boucles d'oreilles d'or); cette double déclaration amena le sourire sur toutes les lèvres, je me trouvai aussitôt de la famille, et le festin fut joyeux.

En ces occasions, il n'est pas de bonne fête sans danse. Le tambour de basque frémissait déjà sous les doigts impatients de nos *belline*; mais ces préludes cessèrent tout à coup à l'apparition d'un autre groupe de Transtéverines. Elles dansaient toutes au son du tambour que frappait avec une sorte de frénésie la plus âgée de la bande.

Celle-ci pouvait avoir de vingt à vingt-deux ans; mais qui l'avait vue une fois, ne devait jamais l'oublier. Avec une taille et une physionomie de statue antique, elle avait une pose un peu théâtrale, mais pleine de grâce et de majesté. Ses yeux noirs lançaient des éclairs et elle déployait, dans sa danse sauvage, une ardeur, un abandon et une fougue dont rien ne saurait donner l'idée. A mesure qu'elle allait, tournant avec une rapidité vraiment vertigineuse, le tambour volait dans ses mains et tournoyait au-dessus de sa tête, versant, à travers ses grondements sourds, des flots de notes frénétiques. Tant que dura cet étrange ballet, je gardai le silence comme les autres; mais, lorsque la danseuse tomba hors d'haleine à mon côté:

— Severina, dis-je à voix basse, quelle est cette femme pâle?

— Une pauvre fille bien malheureuse, signor!

— Eh quoi! aurait-elle perdu la raison?

— Cela vaudrait mieux, signor amico, murmura le tailleur de pierres.

— Que lui est-il donc arrivé?...

— Un malheur et une terrible aventure qu'elle va vous conter elle-même; car parler aux autres de son chagrin soulage. — Franceschina, ajouta-t-elle, bois ce verre d'orvieto et dis à ce *forestiere* (étranger) ce qui t'arriva la veille de la Toussaint à Santa-Maria-Transpontina.

— Est-ce par simple curiosité qu'il veut savoir cela, *lui?* me demanda Franceschina?

— Non, répondis-je avec émotion, c'est par sympathie vraie et cordiale.

— Écoute, me dit-elle en me serrant la main, j'avais, il y a trois ans, un promis, comme Severina, qui allait m'épouser, avec la permission de ma mère et du *padre* mon confesseur ; je lui avais donné mon cœur de bonne foi. Quelques jours avant le mariage, auquel mon père, qui aurait préféré pour gendre un cousin de Marino, ne consentait qu'à regret, on fit la révolution. Ah! signor, quel désastre pour nous! Mon père, qui savait bien que Sebastiano deviendrait soldat, ne voulait pas qu'on parlât de noces. « Après la guerre, disait-il toujours, après la guerre! » Tes compatriotes vinrent à la villa Panfili. On se battait tous les jours et, l'on eût beau dire, je ne quittai pas la porte San-Pancrazio ; car mon promis était au Vascello avec les soldats de Garibaldi. Hélas! hélas! je ne devais pas le revoir vivant! Le 21 juin au soir, on rapporta beaucoup de blessés et beaucoup d'autres qui ne souffraient plus. Parmi ces derniers, était Sébastiano... J'avais perdu connaissance et ne revins à moi qu'à la maison.

— Je vous plains bien, lui dis-je touché de ses larmes.

— Le lendemain, — entendez-vous, signor, le lendemain, ils ne laissaient pas même passer un jour, — mon père m'ordonna d'épouser le cousin de Marino, et, comme je fondais en larmes, ma mère me dit d'obéir, et chacun parla comme ma mère. Éperdue, désespérée, je tombai à leurs pieds ; ils furent inflexibles. « Eh bien ! leur dis-je, sacrifiez-moi, tuez-moi, marchez-moi sur le cœur ! j'y consens pour ne pas être, devant Dieu, une fille rebelle ; mais Sebastiano n'est pas enseveli et tant que je ne l'aurai pas revu et que sa tombe ne sera pas fermée, je ne puis me donner à un autre. » Mon père convint que j'avais raison et le cousin aussi. Les parents se consultèrent et il fut décidé que, la nuit, j'irais revoir le cadavre de Sebastiano. Mon père, ma mère, le *padre* confesseur et le cousin devaient m'accompagner. Celui-ci pâlit, hésita et finit par refuser de nous suivre. Son trouble me donnait des soupçons ; j'insistai et il fallut bien qu'il vînt ; mais il était encore plus troublé et plus pâle que moi.

— Je le conçois sans peine, et vous trouvâtes le malheureux fiancé ?...

— Dans l'église de Santa-Maria Transpontina. Il était là raide et glacé parmi un tas de morts. Le *padre* dit une prière, mes parents se mirent à genoux, et, tandis que je sanglotais, le cousin de

Marino s'évanouit ; ce qui me surprit d'autant plus qu'il était dur de cœur et passait pour avoir vécu à la Macchia avec les brigands.

— Pauvre fille, vous eûtes besoin d'un grand courage !

— Oui, oui ; on avait beau m'encourager, il m'était impossible de coudre le linceul et de ne pas baigner le cadavre de larmes. Enfin, ils me pressaient tant à voix basse, que je l'essayai, mais en vain. Une nouvelle tentative de ma part ne réussit qu'à déplacer le cadavre qui tomba sur les mains. Un cri s'échappa de ma poitrine. Je ne pleurais plus, je ne souffrais plus, j'étais folle d'indignation, de colère. Sebastiano avait été frappé par derrière, à bout portant, et la bourre, restée dans ses habits, la bourre qui avait poussé la balle du *traditore* était une lettre que le malheureux m'écrivait la veille et qu'on m'avait volée... Je saisis le bras de mon père, l'entraînant de force, je lui montrai ce papier.

— Assassiné ! dit-il en reculant ; ce n'est pas moi !

— Jurez-le, mon père, devant la mort et la madone !

Il le jura ! Je me tournai aussitôt vers le cousin ; il venait de disparaître.

— Le misérable avait tué son rival...

— Comme un lâche qu'il est, oui signor ! mais s'il revient jamais à Rome...

— Je comprends maintenant la danse et la musique de tout à l'heure. Mais savez-vous ce qu'il faut faire, Franceschina ?

— Oui, signor ! aller rejoindre Sebastiano le plus tôt qu'il plaira à Dieu !

XVI

C'est peu de jours après cette promenade à Saint-Paul qu'il m'arriva un accident que *l'Indépendance belge,* qui a des correspondants partout, fit connaître à ses nombreux lecteurs de Paris et de l'étranger.

J'habitais Rome depuis le commencement de l'automne. N'ayant fait le voyage que pour compléter mes études sur l'histoire de la ville moderne, je passais une grande partie de mes journées dans les Catacombes, où le tableau des premiers temps du christianisme est encore enfoui. J'avais visité plusieurs fois les plus curieux de ces cimetières souterrains, qui sont au nombre de soixante-douze et enveloppent Rome comme un réseau immense. Partout, grâce aux courtoises recommandations du savant Volpicelli, les gardiens s'étaient montrés pleins d'empressement et de complaisance. Le seul cimetière qui me fût resté fermé, était celui de

Sainte-Agnès, que je tenais particulièrement à voir. Malheureusement, pour y descendre, il fallait une permission du sous-secrétaire d'État de l'intérieur qui se trouvait à la campagne. J'ignore si les choses sont bien changées sous ce rapport; mais je pense que le mois d'octobre est toujours le mois du repos. Tant qu'il durait, à cette époque, les princes de l'État et ceux de l'Église se livraient corps et âme à la villégiature et ils n'auraient pas perdu une heure de ce bon et doux plaisir des champs pour la gloire de leurs aïeux. Voyant que ma permission ne viendrait qu'avec le ministre, je résolus de m'en passer; à la rigueur, c'était possible. Quoique bien changée à son avantage, la ville de Romulus mérite encore un peu les reproches de Jugurtha. Elle ne se vendrait pas très certainement elle-même, mais elle vend sans peine tout ce qu'on veut lui acheter. Employant donc un moyen dont l'expérience me démontrait à chaque instant la toute-puissance, dans l'après-midi du dernier dimanche d'octobre 1852, j'allégeai mon porte-monnaie de deux écus romains et, une heure après cette offrande au couvent des Augustins, un legno à quatre places, dont j'occupais le fond, ayant pour vis-à-vis un bon moine et un caporal des Catacombes, roulait au galop vers Sainte-Agnès.

Le soleil baissait d'une manière alarmante, mais on n'a pas besoin de lui pour visiter les Catacombes. Je pressai pourtant le *cocchiere*, qui allait comme le vent, et s'arrêta court sur l'ordre du moine, au bout de vingt ou vingt-cinq minutes. Nous étions arrivés. Je mis pied à terre, à gauche de la route, devant une haie vive, au milieu de laquelle est une porte que je n'oublierai de ma vie. Le moine tire ses clefs; nous entrons et je me trouve dans une vigne qui s'étend à perte de vue entre l'église de Sainte-Agnès, bâtie assez loin sur le plateau, et un petit village perdu sur la route. Cette vigne, appartenant, je crois, par moitié au marquis Lepri et aux Pères augustins de Santa Maria del Popolo, est coupée du sud au nord par un profond ravin qui va toujours s'élargissant à mesure que le terrain baisse et s'éloigne de la route. Nous gravîmes la pente qu'il borde à gauche, et un étroit sentier nous conduisit à une sorte de cabane semblable à celle que les Moissagais construisent dans leurs vignes pour déposer les échalas l'hiver. C'était l'entrée des catacombes de Sainte-Agnès. Pendant que le moine luttait avec une énorme clef contre la rouille de la serrure et que le *caporale* allumait silencieusement son *cerino*, petite bougie qu'on déroule à mesure qu'elle brûle comme un paquet de ficelle, je leur signifiai mes intentions.

Venant pour recueillir une impression neuve, je ne voulais pas être troublé par l'insupportable bourdonnement d'un sot, qui vous lance à la tête comme un pavé un mot absurde, au moment où vous rêviez avec délices vingt siècles plus loin. En conséquence, le caporal devait nous attendre à la porte, et j'imposai au moine le silence le plus absolu. Qu'il marchât devant moi sans proférer une parole où je lui dirais de marcher, qu'il s'arrêtât et attendît mes ordres quand je m'arrêterais, voilà tout ce que j'exigeais de lui. Il accepta ces conditions avec une seule réserve, qu'à l'*Ave Maria*, si je voulais continuer mes explorations, le caporal viendrait prendre la place. L'*Ave Maria* ou l'*Angelus* étant l'heure du dîner à Rome, je consentis de bonne grâce à sa demande et l'autorisai même à se faire reconduire au couvent par mon *legno*, dont je croyais, mais sans savoir combien cette opinion était fondée, pouvoir me passer plus tard.

Ce pacte conclu, nous descendîmes vingt-quatre marches roides et humides. La dernière touche au fond d'un couloir obscur, d'abord assez bas, mais qui se relève bientôt. Avant d'aller plus loin, j'eus une longue conférence avec le moine, qui ne pouvait jamais comprendre quel était le lieu que je tenais à voir d'abord. A force de périphrases, je parvins pourtant à m'expliquer; allumant alors une moitié de cierge à mon *cerino*, il s'engagea dans le dédale de voies ténébreuses qui s'ouvraient devant nous et me conduisit où je voulais aller, aux *arenariæ* anciennes. Les arenariæ étaient, sous la République et l'Empire, les sablières de Rome. C'est avec la pouzzolane extraite de leurs flancs que l'immense cité avait fait le ciment de tous ses édifices. Il y en avait sous les quatorze voies de Rome, et, comme leurs galeries sont nombreuses et se prolongent à plusieurs milles de distance, les érudits modernes prétendent qu'elles devinrent le premier refuge des chrétiens, quand on les poursuivait avec tant de rage, que toutes les prisons étaient pleines de proscrits et les places de bûchers en flammes.

Cette opinion est particulièrement celle du savant père Marchi, l'homme qui, pour les avoir étudiés trente ans, connaît le mieux les cimetières souterrains. Elle présente un intérêt d'autant plus sérieux qu'en l'adoptant, on arrive, en pleine lumière, à l'origine des Catacombes. Il n'est pas difficile, en effet, de concevoir que les chrétiens, fuyant leurs bourreaux, purent d'abord disparaître en foule dans les galeries des sablières. Mais, si l'espace ne manquait pas, la sécurité leur manqua bien vite ; ouvertes de toutes parts et composées de voûtes assez larges pour que les bêtes de somme eussent la facilité de s'y mouvoir en venant chercher la pouzzolane, ces carrières ne tardèrent pas à devenir d'autant plus dangereuses que les païens pouvaient les parcourir sans obstacle et en fermer les issues. Pressés alors par l'urgence et la grandeur du péril, et dirigés sans doute par ceux de leurs frères condamnés avec les esclaves aux travaux souterrains, les chrétiens se mirent à creuser secrètement un nouveau refuge sous les arenariæ.

Le père Marchi m'avait beaucoup vanté les sablières de Sainte-Agnès et ne m'avait pas trompé. Des galeries percées dans le tuf de dix à douze mètres d'élévation et larges de quatre mètres se déroulent dans tous les sens avec une symétrie architecturale. A la hardiesse de ces voûtes fièrement campées depuis dix-huit siècles, sur leurs piliers de pouzzolane, on reconnaît sur-le-champ la grande main de Rome, celle qui a bâti le Colisée. J'étais dans le ravissement et je courais de tous côtés, croyant voir dans l'ombre de l'histoire les esclaves des arenariæ avec leur chaîne, les assassins dont parle Cicéron avec leur poignard, et les chrétiens avec leur croix sanglante.

Au plus fort de mon enthousiasme, qui m'avait entraîné plus loin que je ne pensais, le *frate*, me présentant une grosse montre d'argent, réclama l'exécution de notre traité. L'*Ave Maria* allait sonner, il était dans son droit; je lui permis de se retirer, en lui ordonnant de m'envoyer le *caporale*, que j'attendrais à la même place. Puis, débarrassé de cette ombre incommode, je commençais à me demander comment j'aurais fait, dans la situation des chrétiens, pour creuser une retraite impénétrable sous le sol des galeries. Au moment où j'étudiais un système nouveau, le terrain manque tout à coup sous mes pieds et je tombe dans une fosse. La chute avait été si brusque et la surprise si grande, qu'en me trouvant au fond dans la plus effrayante obscurité, car ma bougie s'était éteinte, je demeurai quelques minutes interdit, respirant à peine et sans faire un mouvement. Peu à peu je m'enhardis moi-même. Ma plus grande crainte était de m'être brisé quelque membre. Pour me rassurer à cet égard, je me tâtai en tremblant, je remuai un bras, puis l'autre, j'étendis les jambes, et n'y sentant que l'ébranlement nerveux causé par la commotion, je me mis doucement sur mon séant et me relevai bientôt après avec une des plus douces satisfactions que j'aie éprouvées de ma vie. Mes poches étaient bourrées d'allumettes et de cerino. J'en allumai un autre paquet et, le promenant autour de moi, je vis que j'étais tombé précisément sur un des points creusés par les chrétiens pour construire sous les sablières leur cimetière souterrain. Ce puits avait tout au plus deux mètres et demi de haut ; de chaque côté s'ouvrait un des couloirs étroits et sombres des catacombes.

Évidemment un de ces couloirs menait à la sortie de droite ou de gauche. On en comptait deux dans tous les cimetières. Mais lequel prendre ? J'avais beau recueillir mes souvenirs, assez confus du reste, sur l'itinéraire suivi au-dessus de ma tête par le moine, je ne pouvais parvenir à m'orienter. Après une assez longue hésitation et après avoir poussé du fond de mon puits plusieurs cris de détresse qui ne furent pas entendus, je me décidai, par une probabilité topographique, à prendre le couloir de gauche. Au bout d'une demi-heure, je m'aperçus que j'avais fait fausse route; mais, comme je me croyais assez familier avec le plan des régions cimetériales pour être certain de retrouver tôt ou tard l'une des issues, je ne m'en inquiétai pas et me laissai entraîner à visiter le cimetière de Sainte-Agnès comme si le *caporale* eût marché sur mes pas.

Les Catacombes offrent un tableau magnifique de couleur et de grandeur lugubre. C'est le sublime de la mort qui vous entoure et vous glace le cœur d'un religieux respect. Figurez-vous des galeries ténébreuses et muettes où il ne peut passer qu'un homme de front, présentant de chaque côté, comme les rayons d'une bibliothèque, jusqu'à treize rangs de tombes superposées horizontalement, et qui s'étendent sans fin sous toutes les collines de Rome, car les voies de soixante-douze régions catacombales unissent leurs réseaux. Bien que travaillant dans les ténèbres, les chrétiens observèrent en les creusant une merveilleuse régularité.. Quatre ou cinq voies principales, tracées en forme de croix grecque, formaient en général le plan de la cité souterraine. Sur ces quatre ou cinq grandes lignes, tirées pour ainsi dire au cordeau, se croisaient, en se rattachant l'une à l'autre, cinquante ou soixante voies secondaires qui se communiquaient toutes et composaient une superficie de plusieurs milles.

Lorsque les bourreaux avaient fait leur office et que les restes mutilés des confesseurs gisaient dans le sang, abandonnés aux chiens, des hommes, qu'attendaient les mêmes supplices, venaient chercher la dépouille mortelle de leurs frères et les portaient dans leur retraite ténébreuse. A la lueur d'une lampe de terre cuite, illustrée du monogramme du Christ, ils ouvraient sur la paroi d'une galerie une tombe de la longueur du cadavre, l'y déposaient en le baignant de larmes, et muraient ensuite l'ouverture avec des briques posées debout et revêtues de chaux, ou un morceau de marbre offert par la pitié des riches. Là, le martyr était distingué du simple catéchumène, couché à côté, au-dessus ou au-dessous de lui. Mais la distinction ne consistait ni dans ces vases cinéraires de cristal ou d'albâtre des patriciens qui insultaient par leur magnificence à la pauvreté des urnes de terre du peuple. Un petit vase de la forme la plus modeste, rempli de son sang, une palme gravée sur la chaux fraîche, avec la pointe du compas qui avait mesuré la tombe, voilà le monument du martyr; dans ce lieu de repos commun, nul autre signe ne blessait l'égalité chrétienne.

Les hommes héroïquement dévoués qui bravaient cent fois la mort pour rapporter et ensevelir dans ces corridors sombres les corps déjà putréfiés des saints, formaient à juste titre la première classe des clercs. Chaque église en avait une douzaine qui, à l'exemple de Tobie, rendaient les derniers devoirs aux morts du Seigneur. Dès que la persécution avait commencé, ces fossoyeurs ne voyaient plus la lumière du jour. La nuit, ils erraient au péril de leur vie au pied des croix et des bûchers : le jour, luttant, aux faibles lueurs de leur lampe, contre l'horrible puanteur des galeries mortuaires et leurs ténèbres, ils bouchaient celles qui étaient pleines et allaient plus loin en creuser de nouvelles. Grâce à ce dévouement d'autant plus admirable qu'il devait être ignoré, les morts chrétiens trouvèrent enfin un asile contre les profanations du paganisme, ils reposèrent en paix.

Tous les tombeaux, excavés régulièrement et mesurés au compas, présentent la même hauteur et la même longueur. En parcourant avec le cerino ces noirs couloirs, dont le silence et l'éternelle nuit glaçaient le cœur de saint Jérôme, je m'arrêtais de temps à autre pour visiter ces cryptes ou chambres funèbres que les antiquaires italiens nomment *cubvicoli*. Il y en a deux cents à Sainte-Agnès. Ce sont des réduits creusés comme les galeries dans le tuf et pouvant contenir une dizaine de personnes. Arqués à la partie supérieure et de forme tantôt carrée, tantôt ovale, tantôt hexagone ou octogone, ces réduits offrent à l'intérieur trois arcades taillées dans le vif du terrain lithoïde, une en face de la porte et les deux autres à droite et à gauche. Sous ces arcades, fermées, à la moitié de leur hauteur, par un mur naturel de tuf, reposaient les corps des martyrs les plus courageux. Les voûtes, les parois et l'enfoncement des arcades des *cubvicolis* furent peints à fresque du IIIe au Ve siècle. A la vérité, ces peintures n'ont pas une grande valeur au point de vue de l'art. Mais, comme je n'étais pas venu là pour les comparer aux fresques des loges du Vatican ou de la Sixtine, elles m'intéressaient par leur date, et je perdis à les examiner un temps considérable. Ma surprise fut donc grande en consultant ma montre, de voir qu'elle marquait dix heures. J'avais perdu un temps précieux à prendre des notes ou à copier rapidement, à coups de crayon, les sujets qui me frappaient ; puis l'heure de mon dîner sonnant cinq heures plus tard que celle du dîner de Rome, je m'étais oublié. Je me dis alors qu'il fallait songer à sortir et me mis à chercher un escalier. Mes idées se détachèrent complètement de l'intérêt de curiosité, qui m'avait conduit à Sainte-Agnès ; pour la première fois je m'étonnai de l'absence de *caporale*. Pourquoi ne m'avait-il pas cherché et retrouvé ? Cette circonstance, qui devait s'expliquer très naturellement le lendemain, me causa une certaine inquiétude. Mais je m'efforçai de l'écarter et continuai ma recherche. Malheureusement, plus je marchais, plus une conviction que j'aurais repoussée le matin, comme une insulte, pénétrait malgré moi dans mon esprit et en chassait l'amour-propre. Le matin, je me croyais capable de me diriger sans guide dans la partie la plus compliquée des Catacombes. D'abord je commençai par douter de cette infaillibilité, puis j'en vins à m'avouer bien bas que je ne pouvais plus compter que sur le hasard ou sur mon guide.

Minuit était arrivé pendant que je me traînais de couloir en couloir, dans cette nuit profonde et ce silence toujours plus glacial, entouré de tombes et par moment effrayé malgré moi de ma solitude et de ce calme solennel du sépulcre. La prédiction de la voyante d'Aigle me revint tout à coup en mémoire et je frémis. Une autre idée me piqua subitement au cœur comme une vipère. Tous ces cimetières souterrains se communiquent et ils ont avec leurs voies entrecroisées une longueur de douze cents kilomètres ! A celui de Sainte-Agnès vient aboutir celui de Saint-Nicodème, lequel s'embranche dans le labyrinthe inextricable de Saint-Cyriaque, rattaché lui-même à tous ceux des voies Appienne et Prénestine. Je m'arrêtai avec une véritable terreur et me réfugiai dans la première crypte qui se trouva sur mon passage.

Assis sur le rebord d'un tombeau vide, entre un Moïse ébauché à l'ocre, et un Jonas aussi cruellement captif que moi dans la baleine, je me livrais à de cruelles réflexions lorsque le sommeil me gagna insensiblement. Ma bougie m'échappe, roule à terre, et s'éteint. Mes yeux restent fermés quelques instants, puis ils se rouvrent tout à coup, je m'éveille en sursaut sous une vive impression de froid, et, me trouvant dans l'obscurité, j'éprouve un moment de trouble et de terreur inexprimables. Je ne savais plus où j'étais et ne pouvais respirer. Sortir de ce lieu, sortir tout de suite, voilà le sentiment que je démêlais en moi. J'étends les bras, et, à tâtons, hors d'haleine, j'arrive enfin à la porte et sors de la crypte, où j'étouffais. Dans la galerie, par bonheur très élevée en cet endroit, je repris mes sens. Il me sembla presque aussitôt que je sentais comme un souffle d'air frais. Je rallumai un nouveau paquet de cerino, et, après avoir, par précaution, ramassé l'autre dans la crypte, je cours droit au point d'où venait une brise dont je reconnaissais la fraîcheur matinale. Le cœur me battait vivement en approchant, car je me croyais au terme de mes angoisses. Elles ne devaient pas finir encore: ce que je prenais pour l'entrée du cimetière était l'antique soupirail ouvert par les chrétiens pour descendre les cadavres et donner un peu d'air à l'église qui s'ouvre en face.

Fort désappointé, je partis du soupirail, qui forme aujourd'hui un éboulement épouvantable, pour recommencer mes recherches, en ayant soin de ne jamais m'écarter de cette direction et de m'arrêter toutes les fois que je ne retrouvais pas ou quelque morceau de papier, laissé comme indication, ou des marques précédemment faites. J'allais lentement, épuisé de fatigue, les yeux clos et comme noyé dans un mirage continuel qui me montrait, à chaque pas, le *frate*, mon appartement et surtout cet escalier introuvable, dont les marches m'apparaissaient et me fuyaient sans cesse. Au milieu de cette hallucination due à la fatigue, au besoin de sommeil, et, comme je perdais même la conscience de mon état, il me semble entendre une voix qui dit : *Eccolo!* (le voilà!) j'ouvre les yeux et me crois encore le jouet d'un rêve en voyant le *caporale* dont le cerino m'éblouit. Cette fois pourtant je ne me trompais pas. C'était bien lui, il venait un peu tard, mais par ma faute. En priant le moine de l'avertir de me rejoindre, je n'avais oublié qu'une chose, de m'exprimer en italien. Il en résulta que le bon *frate*, ne m'ayant pas compris, ne lui dit rien, et le digne homme, après avoir fait une courte station à la tratoria voisine, et attendu toute la nuit autour d'un *bracciere* ardent dans la vigne du marquis Lepri, ne s'était décidé à rompre sa consigne et à venir savoir où j'en étais de mes recherches qu'à sept heures du matin.

Cette nuit, qui avait failli me coûter si cher, m'apprit, je ne l'aurais pas cru, que les Catacombes romaines étaient aussi peu connues de notre temps qu'au xviiie siècle, et aussi ignorées à Rome qu'à Paris. Qui ne se rappelle, en fouillant ses souvenirs de collège, la description que fit Delille de l'accident du peintre Robert, qui prétendit s'être égaré dans les Catacombes. Eh bien, chaque vers de cette description terrible contient une idée fausse ou un fait inexact, et prouve jusqu'à l'évidence que ni le poète ni le peintre n'avaient vu ce dont ils parlaient.

D'après le digne abbé Delille :

> Sous les remparts de Rome et sous *ses vastes plaines*,
> Sont des antres profonds, des routes souterraines
> Qui, durant deux mille ans, creusés par les humains,
> Donnèrent leurs *rochers* aux palais des Romains.

Les Catacombes d'abord ne sont pas creusées dans les vastes plaines, ou pour mieux dire en prose, dans la campagne de Rome, mais dans les flancs des collines qui l'entourent. Elles n'ont pas donné leurs rochers, comme les carrières de Montrouge, avec lesquelles les confondait l'auteur du poème de *l'Imagination*, par l'excellente raison qu'il n'y en eut jamais un pied cube dans leurs antres profonds : le sol des catacombes se compose d'un tuf granulaire de nature très tendre et bon seulement à fournir la pouzzolane pour le ciment.

> Jaloux de tout connaître, un jeune amant des arts,
> Brûlait de visiter cette demeure obscure,
> De notre antique foi vénérable berceau.
> Un *fil* dans une main et de l'autre un flambeau,
> Il entre et se confie à ces voûtes nombreuses...

Ici, de mon autorité privée, je coupe ce fil poétique. Ce rapin de l'ancien régime qu'on appelait Robert se moqua sans pudeur de ses contemporains. Son fil, renouvelé des Grecs, avait été pris sur le peloton de Thésée à la chasse du Minotaure. Un fil dans les catacombes, il le faudrait de vingt à trente kilomètres de long, et, en admettant cette première impossibilité, au bout d'un quart d'heure de marche, ce fil conducteur serait si bien replié sur lui-même et mêlé, que je défierais le *caporale* le plus expérimenté de s'y reconnaître ; donc le fil est apocryphe, et le jeune amant des arts de 1808 ou 1809, s'il les a visitées, ne l'a pas perdu dans les Catacombes.

XVII

Il n'y avait pas huit jours que j'avais revu la douce lumière des cieux dans la vigne du marquis Lepri, lorsque, ayant trouvé chez moi la carte de M. Alaux, directeur de notre école de peinture, j'allai lui rendre sa visite à la villa Médicis. Après avoir un peu causé de Paris et de Rome, il me montra un tableau en cours d'exécution dont le sujet, me dit-il à propos de mon aventure qu'il avait lue dans *l'Indépendance*, était emprunté aux Catacombes. Je m'approche du chevalet et vois au sommet d'un paysage aussi vert qu'un plat d'épinards, un trou noir commme une bouche de four, devant lequel, au lever du soleil, un archevêque en grand costume recevait une procession escortant un cercueil.

Je me tournai du côté du peintre classique qui me croyait plongé dans l'admiration et lui dis :

— Vous n'avez donc jamais vu les Catacombes?...

— Non, répondit-il tranquillement, pour quoi faire?... C'était inutile.

Fort inutile, en effet, pour des peintres de son calibre. Cet évêque en habits pontificaux et ce paysage vert ne placèrent pas M. Alaux très haut dans mon estime. Une autre expérience qu'il provoqua lui-même, acheva de me fixer sur ses facultés artistiques. Me supposant ignorant en peinture comme ces braves confrères qu'on voit cependant, sans avoir touché de leur vie ni crayon ni pinceau, juger hardiment au Salon comme des maîtres, le directeur de l'école française au Pincio voulut me montrer lui-même les tableaux du Vatican. En arrivant dans le salon carré, il me met devant le chef-d'œuvre de Raphaël et s'écrie d'un ton triomphant :

— Eh bien, homme de lettres?...

— Eh bien, dis-je froidement, c'est *la Transfiguration*.

— Et voilà tout?...

Je m'étais tourné sans lui répondre, pour contempler, en silence et dans le plus profond recueillement, la toile immortelle du Dominiquin.

— Oui, marmottait-il alors derrière moi, la *Communion de saint Jérôme* a du mérite, mais quelle différence avec *la Transfiguration*.

Je ne répondais pas et n'écoutais plus, absorbé

par mon admiration. Un sculpteur, Tenerani, véritable artiste, celui-là, me prend la main, la serre avec effusion, en me disant d'une voix tremblante d'émotion :

— Ah ! vous la sentez, vous, la sublimité et la magnificence de cette page immortelle ! Je ne vous connais pas ; mais, de ce jour, vous êtes mon ami.

Je ne sais comment cela se fit, mais il passa son bras sous le mien, je sortis avec lui sans plus songer à Alaux que s'il n'avait pas existé et que je ne revis plus ni à Rome ni à Paris. Je n'avais pas plus de chance avec cet académicien que lui avec les Catacombes.

L'aventure de Sainte-Agnès, en me rendant un peu plus prudent, ne me corrigea point cependant des courses souterraines. Huit jours plus tard, je descendais de nouveau dans le cimetière de Saint-Calixte en compagnie du père Marchi. Ce jésuite, un des plus savants de son ordre, avait consacré trente ans de sa vie à l'étude des Catacombes ; il les connaissait comme un pilote ses cartes marines; tout ce que je savais, je le devais à son obligeance et je lui en étais et lui en serai toujours sincèrement reconnaissant. La seule chose qui me contrariât, c'était son insistance à m'entraîner sur le terrain ultramontain. Il essayait sans cesse et à propos de tout de me sonder sur mon plan de Rome moderne et de tâcher de savoir dans quel esprit je concevais mon livre. Voyant toutes ses ruses déjouées, il résolut sans doute de me donner une leçon, et voici comment il s'y prit. Sous prétexte de me montrer des peintures fort curieuses et remontant au iv⁰ ou v⁰ siècle, il me conduisit à Saint-Calixte dans une de ces catabatiques ou chapelles souterraines. Nous étions seuls en y marchant ; mais, à peine arrivés, une vingtaine de séminaristes anglais, en soutane rouge, que je n'avais pas aperçus, parurent tout à coup et se rangèrent en silence contre les parois de la chapelle ; au même instant, je vis la porte bouchée par un dominicain d'une taille colossale.

Le père Marchi, élevant alors son cerino et me montrant une fresque de la voûte à moitié déteinte, me dit de sa voix la plus douce :

— C'est le bon pasteur et la brebis égarée. Il l'appelle d'abord *con la zampogna*, avec la flûte ; mais, si elle ne revient pas, et, à ces paroles, son visage prit une expression farouche et menaçante, imitée par les physionomies de tous ceux qui l'entouraient, si elle est sourde à sa voix et aux doux sons de la *zampogna*, alors il la force de revenir *col bastone*, avec le bâton, ajouta-t-il durement en français.

Comme pour me préparer peut-être à cette scène, Volpicelli, le savant secrétaire perpétuel des Lynceï, tout dévoué aux jésuites, m'avait raconté la veille l'histoire d'un docteur soupçonné de littéralisme et qui avait disparu pendant dix ans, sans que personne pût savoir ce qu'il était devenu. Ce récit me revint en mémoire à l'instant et, durant quelques minutes, j'eus en perspective les cellules inflexibles de *San-Michele* ; mais, affectant le plus grand calme, je pris du papier et mon crayon et me mis à dessiner ce bon pasteur, que j'envoyais, du fond de l'âme, à tous les diables.

— Cette fresque te plaît ? me dit enfin le père Marchi.

— Bien moins encore que la leçon qu'elle contient.

— Ah ! tu juges la *zampogna* suffisante ?...

— Et vous serez de mon avis en lisant les premiers chapitres de mon livre, que je vous demande la permission de vous communiquer demain.

— *Va bene !* (c'est bien !) je t'attendrai à neuf heures au *Gèsu*.

Il fit un signe : à ces mots — les séminaristes rouges disparurent ; le colossal dominicain débloqua la porte, et nous sortîmes de cette espèce d'*in pace*. Il était temps : le peu d'air qu'il contient avait été si rapidement absorbé par nos poumons et les lumières, qu'un moment plus tard, j'étouffais. Le lendemain, ce n'est pas au Gèsu que j'allai, mais à l'ambassade. M. de Reynevalreçut la confidence du fait et, tout en me promettant de me retirer des cachots de *San-Michele*, s'il arrivait qu'on m'y plongeât, il m'engagea paternellement à cacher avec soin mes idées anti-ultramontaines tant que je resterais à Rome. Je suivis le conseil. Mais ceux qu'elle devait toucher n'avaient pas renoncé à savoir dans quel sens mon histoire serait écrite. Le signor Volpicelli, mis encore en avant, plus ostensiblement cette fois, vint un jour m'annoncer que le pape, ayant entendu parler de Rome ancienne, voulait bien m'accorder l'honneur d'une audience particulière, d'où je reviendrais, disait-il en enflant sa voix, commandeur de saint Grégoire le Grand.

Je déclinai l'invitation, sous deux prétextes : le premier que j'aspirais bien à l'honneur dont il me parlait, mais que je voulais le mériter et ne l'obtenir qu'en présentant au saint-père *Rome moderne* ; le second, que je m'étais promis de ne porter aucune décoration avant celle de mon pays. Il eut beau refuser mes raisons, je m'y tins obstinément. Paraissant céder alors de bonne grâce, il ne m'en parla plus, et je ne le revis que huit ou dix jours avant Noël. Un mardi où je ne l'attendais pas, il entra tout joyeux dans ma chambre et me dit que le cardinal Maï lui avait témoigné un grand désir de me voir pour causer avec moi des poésies du moyen âge.

Ce savant, pour qui j'avais une lettre de M. Leclerc de l'Institut, jouissant d'une réputation européenne, je répondis à Volpicelli que nous irions dans son palais quand il voudrait.

— Tout de suite, si tu n'as pas d'autres affaires.
— Me voilà prêt.
— Ah ! fit-il négligemment, il faut te mettre

en noir, *(tutto nero)* ; c'est l'usage quand on visite un cardinal.

J'endossai l'habit noir ; il avait un legno en bas et nous partîmes. Pendant le trajet, il me parlait de tant de choses avec la volubilité italienne, que je n'avais fait aucune attention au chemin qu'il prenait. Ce ne fut donc pas sans suprise qu'en descendant, je me trouvai au Vatican.

— Le cardinal demeure ici? lui demandai-je en montant l'escalier.

— *Ficuro*, dit-il d'un air très dégagé.

Nous traversons une antichambre pleine de suisses, habillés comme le valet de carreau et la pertuisane à l'épaule, et nous voilà dans une immense salle en forme d'équerre. En tournant à gauche j'aperçois un petit vieillard en robe blanche assis derrière une table et mon introducteur courbé, jusqu'à terre, lui jette allègrement ces mots :

— *Santo Padre, ecco il signor Mary-Lafon !*

Je m'inclinai avec respect, et Pie IX, riant de bon cœur comme un enfant qui vient de faire une espièglerie :

— Ah ! tu ne voulais pas venir voir le pape !...

Je m'excusai de mon mieux ; le saint-père eut l'air d'accepter mes raisons, me dit quelques mots d'éloge pour mon premier volume, dont quelques livraisons, reliées en belle basane rouge, étaient ouvertes sur sa table ; puis, abordant la question immédiatement :

— Ceci est *Rome païenne*, dit-il, mais j'attends *Rome chrétienne*.

— Votre Sainteté pourra la lire vers la fin de l'année prochaine.

— J'espère que j'y trouverai les sentiments d'un catholique et d'un vrai fils de l'Église?

— Votre Sainteté y trouvera le respect de tout ce qui est bon, grand et saint, et la vérité cherchée avec conscience et dite sans système préconçu et sans passion.

Il eut beau me tourner et me retourner, je ne sortis pas de ce programme. Restait un point scabreux : le pouvoir temporel. Sur un signe du pape, Volpicelli y fit allusion; je répondis simplement que je n'en étais pas encore là et que je ne me formais une opinion qu'après l'étude attentive et réfléchie des faits.

Le surlendemain, je vis le vrai Maï, et la conversation ne roula que sur la littérature latine, et sa bouture la littérature provençale. Il eut la bonté de me dire que la lettre de recommandation de M. Leclerc était inutile, et, pour le prouver, il m'en donna une à son tour pour le conservateur de la bibliothèque du Vatican, qui, sous ses auspices, permit à ses custodes de me communiquer les cartons et les manuscrits. Une seule condition m'était imposée; je pouvais lire, mais non copier les pièces. Ce n'est qu'à force d'instances et sur une nouvelle lettre du cardinal que j'obtins l'autorisation de prendre quelques notes, ceci me sauvait. Mon écriture un peu hâtée devenant illisible, le custode avait beau écarquiller les yeux, il n'y voyait goutte ; grâce à cette défectuosité, transformée pour moi en qualité précieuse, il me fut possible de copier des documents tenus secrets depuis des siècles, tels que le procès de Galilée, par exemple, et une foule de pièces destinées à former plus tard le recueil de pasquinades intitulé *Pasquin et Marforio*.

En dehors du cardinal Maï et du conservateur des archives du Capitole, un comte romain dont je regrette d'avoir oublié le nom, je rencontrai à Rome d'utiles auxiliaires. Mais le plus important comme le plus savant fut le bibliothécaire du palais Corsini. L'abbé Luigi Maria Rezzi, un des meilleurs bibliographes de l'Italie, m'épargna, par son immense érudition et par sa complaisance, des années de recherches. Tous les jours, à une heure, je trouvais sur les vastes tables de la bibliothèque princière cinquante ou soixante volumes ouverts à la page où il fallait puiser ; quand l'auteur avait écrit en allemand, que je ne savais alors que sous bénéfice de dictionnaire, une note de la main de Rezzi me donnait le sens du passage utile. Par sa grande science, ses qualités personnelles, son caractère serviable et sa bonne humeur, ce digne homme était le type des abbés érudits de Rome. Naïf comme un enfant et jouant comme un jeune chat, il était heureux lorsqu'il pouvait faire quelque malice ; ainsi, tous les jours, en se promenant, il passait devant l'horloge et l'avançait d'un quart d'heure, et c'est en riant dans son rabat et se frottant les mains de plaisir qu'il me criait.

— *Sino le quatro*, (quatre heures!)

En se rendant un jour à la bibliothèque par la Longara, car, flâneur de naissance, il prenait toujours le moins court chemin, il rencontra une noce transtévérine. C'était un cordonnier nommé César qui épousait une fileuse appelée Roma. Rezzi, en arpentant la belle salle du palais et se bourrant le nez de tabac, ruminait son espièglerie quotidienne. L'horloge fut avancée d'une demi-heure ce jour-là ; puis l'abbé de son pied léger se dirige vers la boutique du marié et trace ces mots à la craie sur la devanture :

Cave ne Roma fiat respublica! Prends garde que Rome ne devienne chose publique !

Il se trouva, par hasard, que le disciple de saint Crépin, ce qui n'est pas très rare à Rome, savait le latin ; il écrivit donc au-dessus de l'avis anonyme cette fière réponse :

Cesar imperat! César est empereur !

Défi superbe, auquel le malin Rezzi répondit à son tour par cette conclusion :

Ergo coronabitur! (Donc il sera couronné !..)

Ces jeux de mots font les délices des Romains. Ces grands enfants, amollis par le climat et élevés par des prêtres, ne sentent et n'aiment rien que le *far niente* et la musique. Sur ce dernier chapitre nous étions rarement d'accord, les fils de Romulus et moi ; ils se moquaient de nous assez spirituellement du reste. Ainsi, oubliant trop qu'ils tenaient garnison chez un peuple de dilettantes, nos régiments donnaient tous les soirs des concerts sur la place Colonna. Quelque Daumier de la via del Babuino exprima, dans une caricature, qu'on se passait sous le manteau l'opinion de ses concitoyens. Il avait représenté un pifferaro aveugle soufflant de toute sa force dans cette horrible clarinette des Abruzzes qui déchire l'oreille, et Pasquin écrivant sur son dos d'un air gracieux : « musique française ».

De mon côté, je n'épargnais ni leurs chanteurs efféminés ni leurs compositeurs, sauf bien entendu Rossini, Bellini et Donizetti, trois anges mélodieux. L'expression de ce sentiment, fort libre et piquante parfois, faillit me coûter cher. J'assistais un soir, au théâtre Valle, à la première représentation d'un opéra de Verdi ayant pour titre : *Buondelmonte*. Impossible de rien imaginer de plus plat et de plus bête que le poème. On sait que les Italiens vont loin dans ce genre idiot ; mais l'auteur du livret les dépassait. La musique était à l'avenant ; beaucoup de tapage, des cuivres grinçants, des violons déchirant l'oreille et des insanités sans nom s'échappant de temps en temps de cet ouragan de notes plus assourdissant qu'harmonieux, voilà l'opéra de Buondelmonte. Agacé jusqu'au dernier point, je sifflai : quel forfait! Je crus que la salle allait crouler sous les imprécations ; toutes ces têtes tournées vers ma loge, furieuses et menaçantes, ces yeux étincelants, ces bras tendus, ces voix tremblantes de colère, il y avait là de quoi faire battre le cœur. Accoutumé aux tumultes dramatiques, je n'en étais pas le moins du monde ému et ne songeais guère au danger qui m'attendait hors du théâtre. Je sortis comme d'habitude dans l'entr'acte ; à peine mon pied avait-il touché le pavé de la piazza Valle, que je me vis entouré et pressé par une foule de furieux dont les intentions n'étaient rien moins que bienveillantes. Au moment où les stylets allaient briller,—car en raison de l'occupation, les Français possédaient peu de sympathies à Rome, — une voix qui me parut plus mélodieuse que celle du ténor, s'élève : *Fate alto, fate alto!* Les rangs s'ouvrent à ce cri, Baldini, l'aimable et spirituel changeur du Corso s'élance dans le groupe et dit d'un accent de reproche et d'autorité en me montrant :

— *E un verdiano!* C'est un partisan du roi Victor-Emmanuel!

Coup de théâtre féerique à ces paroles.

Il leur dit rapidement ce que je suis venu faire à Rome, que la première partie de mon livre a été envoyée à Victor-Emmanuel avec cette dédicace : *Au roi futur de l'Italie*, que je suis un vrai patriote aussi Méridional et Romain que Français. Alors éclate la mobilité du caractère italien : les mêmes qui m'auraient poignardé, dix minutes auparavant, me serrent les mains, m'embrassent et me ramènent en triomphe dans ma loge, où la présence des deux frères Baldini et de la belle signora Galetti, femme d'un exilé, avec l'épithète de *verdiano* que j'entendis circuler sur tous les bancs me valut une ovation au lever du rideau.

Malheureusement, — car les choses de la vie, comme le Janus du pont Sixte, ont toujours deux faces, — cette révélation de mes sentiments patriotiques eut moins de succès auprès de l'autorité pontificale. Merle, le libraire français du coin de la place Colonna, s'empressa de me conseiller en ami d'abréger mon séjour à Rome. Ses relations assez étroites avec le cardinal Antonelli donnaient un grand poids à cet avis.

— Croyez-vous, lui dis-je, que l'air de ce pays soit encore sain pour moi pendant trois semaines?

— Oui; mais, passé ce terme, il pourrait devenir dangereux.

— Je partirai le 1er mars.

— Et vous ferez bien.

Des symptômes significatifs confirmèrent la communication de Merle; m'étant présenté aux archives du Vatican, on me dit que l'autorisation avait besoin d'être renouvelée; quelques jours après, l'abbé Rezzi m'écrivit qu'on venait de fermer sa bibliothèque pour cause de réparations. Volpicelli ne parut plus chez moi, et, par une coïncidence prévue, le cardinal Maï se trouva malade toutes les fois que je passai à son palais et ne put me recevoir.

J'en conclus qu'il fallait hâter mon départ et je consacrai mes derniers huit jours à la visite des monuments et à mes promenades à cheval dans la campagne et à Ponte-Molle. J'y allais presque tous les jours avec un baron autrichien, le général de Haahn, un aimable et spirituel compagnon de voyage. Après avoir conté un soir une anecdote qui, même aujourd'hui, peint assez bien les mœurs des pensionnaires de la Villa Médicis, le baron profita d'un moment où nous étions seuls avec nos chevaux pour me dire d'un air sérieux :

— Avez vous fait ou écrit quelque chose contre le gouvernement de ce pays?

— Non; pourquoi me demandez-vous cela?

— Parce que j'ai entendu murmurer votre nom ce matin à l'ambassade, et, autant que j'ai pu le comprendre, il s'agissait d'une arrestation.

— Je vous remercie; mais, si vous m'aviez averti plus tôt...

— Je ne le pouvais pas, nous étions suivis; je ne vous ai même conté cette histoire que pour tromper comme on dit l'espion; car, en vous voyant rire, on a été persuadé que vous ne vous doutiez de rien.

— Merci de nouveau; mais comment faire pour échapper aux prisons de San-Michele et sauver mes papiers?

— Il n'y a qu'un moyen : voici la nuit, vous allez me donner vos clefs, votre maître de maison, bien qu'instruit probablement du complot, me sachant votre ami, me verra entrer sans défiance, je prendrai tous vos manuscrits, les emporterai chez moi et viendrai vous rejoindre ici avec une calèche et deux bons chevaux qui nous conduiront à Viterbo où se trouve un poste français. De là par le courrier qui passe à minuit, vous gagnerez Sienne et Florence.

— Et mon cheval ?

— Mon domestique le ramènera en disant que vous couchez à Tivoli.

Nous exécutâmes ce plan le plus heureusement du monde. Le baron retira mes papiers, vint me prendre où je l'attendais, et me rendit sain et sauf à Viterbo. J'y pris le courrier, et, bien que la rupture d'une roue m'eût retenu trois ou quatre heures à Radicofani, le calesso que j'avais frété pour aller à Sienne, — car le courrier romain s'arrêtait à Aquapendente, — limite postale des États du pape, j'arrivai le lendemain au soir dans la ravissante patrie de Sainte-Catherine.

Il est peu de villes aussi agréables que Sienne. Pour moi, j'y passerais ma vie. J'y restai une semaine, jouissant avec délices du temps doux malgré la saison et d'un repos assez chèrement acheté. Je n'y connaissais personne, bien que ce ne fût ni mon premier ni mon second séjour; aussi, en passant un soir devant le casino des Nobles, la figure d'un autre promeneur me frappa. Il causait à voix basse dans l'ombre avec un jeune homme qui paraissait lui prêter une sérieuse attention. Celui-ci l'ayant quitté peu après, je m'approchai et reconnus Mazzini; il portait, cette fois, le costume ecclésiastique. Je l'abordai en lui disant :

— *Buona sera, signor abate; come sta il lavorante di San-Maurizio?* (Bonsoir, seigneur abbé; comment va le compagnon du devoir de Saint-Maurice?)

Il vint sous la lanterne, et, me reconnaissant à son tour, me serra la main.

— *Vieni!* dit-il en m'entraînant dans les rues peu éclairées de Sienne.

Je le suivis jusqu'à une promenade où une allée bordée de lauriers-thym et très solitaire à cette heure offrait un lieu fait pour les rendez-vous et les confidences.

— Eh bien, lui dis-je lorsque nous n'eûmes plus pour témoins que la lune et la taupe-grillon, la voyante d'Aigle n'était pas aussi folle que je le croyais !

— Pour moi, non; car j'ai eu, en effet, à Rome, le pouvoir d'un pape et d'un roi !

— Et pour moi également; car elle avait prédit que je serais enterré et que je ressusciterais. Or, j'ai passé sous terre une nuit qui aurait bien pu être éternelle, et me voici sous la voûte des cieux.

— Et la seconde partie de la prophétie, l'accompliras-tu ?... Ce gouvernement temporel inique et absurde, oseras-tu l'attaquer et en flétrir les tyrannies ?

— *Through and through*, comme disent les Américains, et quoi qu'il arrive ; car c'est un devoir de conscience historique.

Nous causâmes jusqu'à une heure du matin. L'éloquence de cet homme si bien doué entraînait et charmait à la fois. En nous séparant, il m'apprit, ce dont je ne doutais pas, que j'avais couru un danger sérieux à Rome, et que Baldini, l'un de ses fidèles, avait déjà envoyé mes malles à Florence, où je les trouvai, en effet, à l'*Écu-de-France*.

XVIII

Je ne passai dans la cité des fleurs que le temps nécessaire pour examiner quelques manuscrits et pour voir quatre ou cinq fois la Ristori, qui jouait la comédie au théâtre du Cocomero (melon d'eau). Il me tardait de revoir la France. Je m'embarquai donc le plus tôt possible à Livourne, et *le Dante*, vapeur italien qui semblait partager mon impatience, car il volait sur les flots bleus de la Méditerranée, me laissa le surlendemain sur le quai de Marseille.

On m'attendait. J'y fus reçu, en débarquant, par les principaux de l'Athénée ouvrier.

C'était, comme le dit son titre, une association d'ouvriers aimant les lettres et les cultivant en commun après le travail. Ils m'avaient écrit à Rome pour m'offrir la présidence de leur académie, et je leur répondis, le 1ᵉʳ janvier 1853 :

« Messieurs,

» Je viens de recevoir la lettre dans laquelle vous m'annoncez que l'*Athénée de Provence* a bien voulu me choisir pour son président honoraire, je vous remercie et je vous prie de remercier la Société de cette marque de sympathie. Depuis vingt-cinq ans, je travaille avec courage et espérance à déchirer le voile que l'envie et les vieilles haines du Nord ont étendu sur le front jadis si haut et si brillant de la patrie méridionale ; j'ai fait reverdir, en ce siècle, les lauriers et les rameaux d'or de sa couronne, et, en réveillant dans leurs tombes ses glorieux troubadours, qui ont dormi huit siècles, mais qui ne sont pas morts, j'ai eu le bonheur de montrer que jamais nation n'avait moissonné plus largement que la Provence dans le champ du génie.

» Voilà les titres qui m'ont désigné à votre choix et dont je suis fier ; car ils m'ont fait frapper d'ostracisme sous tous les gouvernements. Aimer, honorer et louer le Midi aux yeux des hommes qui le haïssent par intérêt, par envie et par tradition et des renégats qui le vendent pour une croix ou une place, est un crime que j'ai expié jusqu'ici, par un déni de justice complet, mais que je continuerai à commettre jusqu'au dernier battement de mon cœur.

» J'accepte donc, avec une reconnaissance que votre sympathie me rend plus douce encore, le titre que vous m'offrez et je fais les vœux les plus sincères pour l'avenir et la prospérité de l'Athénée de Provence.

» Mary-Lafon,
» *Président honoraire de l'Athénée de Provence.*

» Rome, le 1ᵉʳ janvier 1853. »

Je leur devais de la reconnaissance pour l'honneur qu'ils m'avaient fait en me nommant en compagnie de Lamartine et deux autres membres de l'Académie française, et je payai leur confiance avec cette sympathie chaude et vive que j'eus toujours pour le vrai peuple.

Ces braves gens voulaient réunir l'Athénée en assemblée générale pour me faire fête ; je les remerciai de tout cœur; mais, pour rester, ne fût-ce que vingt-quatre heures, à Marseille, il me tardait trop d'arriver à Paris et de reprendre ce que les méchants travailleurs appellent le collier de misère et qui pour moi fut toujours un collier de plaisir.

Je ne passai donc qu'un jour dans cette magnifique reine de la Méditerranée pour répondre à l'invitation d'un très riche négociant qui, sans l'avoir jamais vu et par un sentiment de pur patriotisme, envoyait tous les ans une caisse de vrais havanes à l'historien du Midi.

Je fus reçu par cet ami comme un bâtiment chargé de produits d'Orient et emmené en triomphe dans sa bastide, charmante habitation d'où l'on découvrait à la fois Marseille et la mer. En me promenant, avant le dîner, dans une allée de platanes bordée d'orangers en fleurs et de lauriers-roses, je dis aux personnes invitées avec moi combien notre hôte me semblait gracieux et aimable.

— Il a toutes les qualités, me répondit un commerçant à tête blanche, et je ne lui connais qu'un défaut.

— Un défaut?

— Oui, qui agace quelquefois : c'est la passion du calembour; il ne peut pas dire deux mots sans essayer d'en forger un.

— Petite manie, à tout prendre.

— Insupportable, comme vous le verrez bientôt.

L'amphitryon arrivait en ce moment.

— Pastre, cria-t-il de dix pas à mon interlocuteur, devine ce que ce coquin de Baptiste avait oublié?

— Et quoi?

— Tron, tron, tron, tron, tron, tron!

— Six tron! Un citron! dit d'un air triomphant un petit homme noir que j'avais pris pour un huissier. C'était un agréé au tribunal de commerce.

— Il a deviné! s'écria mon homme. Allons, messieurs, le couvert est couvert.

Ce méchant jeu de mots signifiait que le couvert était servi sous un acacia séculaire dont les jeunes feuilles, formant comme une tente verdoyante, nous enveloppaient tous de leur gracieux ombrage. La fête était délicieuse, la chère parfaite, et ce banquet aurait été charmant, sans la malheureuse manie de notre original, qui calembourisait à faire perdre patience à un Turc. Je m'étais armé de courage; mais, au dessert, les vins mousseux aidant, cette verve intempérante s'échauffa au point que j'allais, sous le premier prétexte venu, me lever et prendre congé, quand, s'adressant à ses convives:

— Messieurs, dit-il d'une voix de stentor, savez-vous pourquoi les Provençaux sont les meilleurs antiquaires?

Tous gardent le silence.

— Vous ne le savez pas, reprit-il d'un air satisfait; mais notre cher commensal, M. Mary-Lafon, va vous le dire.

— Moi? m'écriai-je; de ma vie je n'ai compris un calembour.

A ces mots, le front du commerçant se rembrunit d'une manière étrange.

— Et vous n'entendez pas celui-là peut-être? me dit-il ironiquement.

— Non, je l'avoue en toute humilité.

— Ceci est trop fort, par exemple ! s'écria le Marseillais d'une voix furieuse, c'est vous qui l'avez fait !

— Moi ! je peux avoir bien des péchés sur ma conscience, mais du moins elle est pure de celui-là.

— Voyez, messieurs, voyez !

Et, tirant de sa poche la *Physiologie du Calembour*, il montra, l'œil menaçant, à ses convives et mit sous mes yeux ces deux lignes :

« Pourquoi les Provençaux sont-ils les meilleurs antiquaires ? c'est qu'ils aiment les *mets d'ail* (médailles). »

Mary-Lafon.

— Eh bien, monsieur, que dites-vous maintenant ?

— Je dis que, si je connaissais l'auteur de cet opuscule, je l'attaquerais en diffamation ; car, sans allusion personnelle, je ne connais rien de plus sot qu'un calembour, si ce n'est celui qui le fait.

Là-dessus, je pris congé de mon ex-ami, qui ne se fâcha point, mais n'envoya plus de cigares.

Le jour même, je repris le chemin de fer en disant un adieu cordial aux chefs de l'Athénée ouvrier, et emportant cette dédicace, cousue, selon son expression, par un des leurs, à son volume provençal :

A M. MARY-LAFON

Auteur de l'*Histoire* du *Midi de la France.*

DEDICAÇO

Moun chier Mary-Lafon, s'avieou l'esquis talen
De vous escrieoure en vers un pichot quaouquaren,
Segurament pourrieou de vouestro ben vengudo,
Eis souares d'Apouloun li demandar adjudo ;
Pourieou gracieousament de flour et de loourier,
Courounar dignament votre frount printanier.
Voudrieou que leis enfans d'estou riche ribagi,
De ce que v'es degu v'en rendessoun hooumagi ;
Que veguessoun en vous, lou noble defensour
Deis nacieounalitas mourentos doou miejour.
Voudrieou li far saber : que vouletz far revieoure
La linguo que Courtet sabiet tant bien escrieoure ;
Qu'aribant à Marsilho anatz senso façoun
Sarrar dins l'atelier la man d'un forgeïroun,
Et qu'en nous anounçant que leis francès siam fraïres,
Samenatz de bouquets sus lou soou deis Trobaïres...
Litteratour, savent, antiquari, histourien,
Que lou ciel, d'esteïs douns v'en fet largeo pourcien,
Et pueïs l'ajustarieou que souto aquelo sciençο,
Regno imperieousa ment la pus netto counsciençο
Coumplesent per cadun, que sabetz en censour
Quan pesatz un escrit n'en dire la valour.....
Maï moun esprit bourna mi fourço de ren dire?
O s'ero pas tapa n'en souartirieou de pire !
La puro verita toutjours presidariet
Et l'artisto aou savent, simple s'adreïssariet....
Maï franquament parlant, sage home de cabesso,
Ma sourço taririet, tendrieou pas ma proumesso ;

Ensin, aïmi ben mies incapable que sieou,
Leissar vouestre merite à la gardi de Dieou ;
Soulament, coumo fieou de la bello Prouvenço
Reclamaraï de vous plus qu'uno coumplesenço :
Aquelo que vouguetz cordurar vouestre noum
Sus l'odo counsacrado à l'ouvrier forgeïroun.

A.-L. Granier.
Membre de l'Athénée de Provence.

Mon cher Mary Lafon, si j'avais le rare talent
De vous écrire en vers quelque chose de gentil,
Je pourrais assurément, pour votre bienvenue,
Demander aux sœurs d'Apollon aide et appui
Et couronner de fleurs et de lauriers
Votre front brillant encore de fraîcheur printanière.
Je voudrais que les enfants de ce riche rivage
Vous rendissent l'hommage qui vous est dû ;
Qu'ils vissent en vous le noble défenseur
Des nationalités mourantes du Midi.
Je voudrais leur apprendre que vous faites revivre
La langue que Couriet écrivait si bien ;
Qu'en passant à Marseille vous allez sans façon
Serrer dans l'atelier les mains du forgeron,
Et qu'en nous redisant que les Français sont frères,
Vous semez des fleurs sur le vieux sol des Troubadours ;
Que littérateur, savant, antiquaire, historien,
Vous reçûtes du ciel de dons large portion.
J'ajouterais ensuite que, sous cette science,
Règne impérieusement une conscience pure,
Et que, plein de franchise, quand vous censurez un écrit,
Vous en dites avec vérité le mal et le bien.
Mais mon esprit borné me force de me taire.
Oh ! s'il n'était pas bouché, que de paroles !

La vérité m'inspirerait toujours
Et le simple artisan au savant s'adresserait sans crainte.
Mais à parler franchement, homme de tête sage,
Ma source tarirait et ma promesse ne serait pas tenue.
Aussi j'aime bien mieux, incapable que je suis,
Laisser vos mérites à la garde de Dieu ;
Seulement, comme fils de la belle Provence
Je réclamerai de vous plus qu'une faveur
De me laisser coudre votre nom
A l'ode consacré à l'ouvrier forgeron.

Réinstallé rue du Dauphin, à la grande joie de Furne qui m'écrivait depuis trois mois des lettres désespérées pour hâter mon retour, je me remis à l'œuvre et, bientôt, les livraisons reparurent aux étalages des libraires. Je ne songeais plus aux habitants du Vatican : une lettre de Volpicelli, écrite sur le ton majeur, vint me les rappeler encore. J'ai dit sans doute que le pape, dans notre entrevue non officielle, m'avait demandé *Rome ancienne,* dont il ne possédait que les premières livraisons ; je fis part de ce désir à Furne qui s'empressa de lui adresser un exemplaire magnifiquement relié, aux armes pontificales. Or, ce ne fut pas lui, c'est moi que remercia, au nom de Pie IX, le secrétaire perpétuel des Lyncéi.

« Rome, ce 23 avril 1853.

» Mon cher monsieur,

» J'ai tardé à vous écrire, parce que je voulais, avant, avoir présenté au Saint-Père votre excellent ouvrage très joliment relié. Cette présentation a eu lieu dimanche 17 de ce mois. A peine le Saint-Père a vu l'ouvrage, m'a dit : « C'est un livre qui vient de Paris, je le connais à la *segatura !* » Alors j'ai répondu, etc, etc, etc.

» Enfin le Saint-Père m'a ordonné de vous remercier, et de vous communiquer qu'il a agréé votre ouvrage, même parce qu'il sera suivi d'un second volume, qui traitera de Rome moderne, et par conséquence chrétienne ; ce sont ces paroles que vous adresse le Saint-Père par moi.

» J'ai tardé à faire votre commission, faute la quantité d'étrangers, qui ont demandé audience au Pape ; mais je l'ai faite parfaitement bien.

» J'ai reçu la livraison première de *Rome moderne* que vous avez voulu m'envoyer. Vous avez commencé très bien, et très spirituellement ; j'ai passé cette livraison à une dame pieuse, et qui a beaucoup d'esprit, et j'espère de recevoir les livraisons suivantes.

» Faites, je vous en prie, une foule d'expressions d'amitié et de respect à M. Flourens, pour lequel j'ai des sentiments de gratitude éternelle..

Votre affectionné,

PAUL VOLPICELLI.

Ni les compliments officieux de Volpicelli, ni les insinuations caressantes du prince romain venu, à l'en croire, à Paris tout exprès pour m'inviter à passer l'automne sous les orangers de sa villa, — honneur dangereux que je m'empressai de décliner, — ne me firent modifier une ligne de mon plan, et malgré mon éditeur lui-même, fortement poussé par une influence inconnue, mon second volume parut tel que je l'avais conçu et portant le premier coup au pouvoir temporel.

Son succès, dû surtout au sujet et à la nombreuse clientèle de la maison Furne, fut rapide et très grand; je l'appris en touchant la prime promise si on vendait huit mille livraisons. La presse l'accueillit aussi favorablement que le public.

L'Italie elle-même voulut s'associer à mon succès, et, le 16 décembre 1853, je reçus de son royal représentant une marque[1] d'estime et de sympathie d'autant plus précieuse qu'elle n'avait pas été sollicitée.

LÉGATION   « Paris, le 16 décembre 1853.
DE SARDAIGNE.

» Monsieur,

» J'ai reçu de mon gouvernement, et j'ai l'honneur de vous transmettre ci-joint un pli contenant le titre et les insignes de chevalier de l'ordre des SS. Maurice et Lazare, qui vous a été conféré *motu proprio* par le Roi M. A. P.

---

1. *Revue de Paris*, p. 806 et suivantes.

» Je me félicite, monsieur, d'avoir à vous faire connaître une nouvelle aussi agréable, et je saisis cette occasion pour vous prier d'agréer les assurances de ma considération distinguée.

» *Le Ministre de Sardaigne,*

» DE VILLA-MARINA. »

XIX

A la fin de 1853, j'entrai au *Moniteur universel*, avec Mérimée, Augier, Sandeau, Alfred de Musset, Sainte-Beuve, Halévy. Mais je ne me liai à nouveau, dans ce journal, qu'avec deux de mes collaborateurs : Rapetti, ancien suppléant de Lerminier au Collège de France, et Fromental-Élie Halévy, l'auteur de *la Juive*. Rapetti, esprit fin et sérieux à la fois, possède un fonds d'études variées si riche, que sa conversation toujours piquante, amuse autant qu'elle instruit. Son jugement droit et sûr touche vivement le but et ne le dépasse jamais. Mais, quand il s'agit des hommes, il est armé de cette pointe d'ironie italienne qui blesse, en riant, jusqu'au sang. Il fallait l'entendre parler du chef donné par M. Fould à cette rédaction d'élite : un élève pharmacien, mort, du reste, par la puissance féerique du favoritisme, président de la Cour des comptes.

Halévy n'était pas tout à fait un inconnu pour moi ; je l'avais vu, en 1833, dans les coulisses de l'Opéra-Comique, et rencontré quelquefois chez un ami commun, Samuel Cahen, l'éminent traducteur de la Bible. Mais nos relations s'étaient bornées à un échange de politesses. Plus rapprochés au *Moniteur*, car nous remettions l'un et l'autre nos articles au chef du cabinet, nous nous liâmes cordialement. Presque toutes les semaines, en sortant du ministère des beaux-arts, et de l'Institut, je l'attendais, en bouquinant, sur le quai. Plus âgé que moi, il était né un an avant le siècle, il me racontait les études musicales de son enfance, sous la tutelle de Chérubini et de Méhul ; ses succès au Conservatoire, à l'époque où je dormais encore paisiblement dans mon berceau ; ses trois ans de Rome, de Naples et de Venise ; enfin ses débuts, âpres et difficiles pour tous ceux qui aspirent à conquérir le rameau d'or. Ses premiers opéras étaient restés en portefeuille ; aussi quel collaborateur ! le grec M. Patin ! Oui, ce Patin que nous avons connu, avec son foulard jaune, sa tabatière et ses lunettes. Je l'escortais souvent jusque dans la rue de Provence, et, dans ces promenades délicieuses, nous avions même prémédité de faire un grand opéra avec une assez longue nouvelle que je publiais alors sous le titre de *la Vierge de Constantinople*. A mon très grand regret, il emporta ce projet dans la tombe et, à la place de cette illustre collaboration, je tombai sous la coulpe du ministre de l'instruction publique.

Hippolyte Fortoul m'était connu depuis longtemps, et voici à quelle occasion. Un digne et excellent homme de lettres nommé Laverpilière avait deux pièces reçues au Théâtre-Français. On les garda trente ans dans les cartons, et, lorsque la main indignée de la justice les en retira pour les mettre enfin au jour de la rampe, il fut abîmé dans *la Tribune*, journal où, en raison de ses opinions républicaines, il avait le droit de s'attendre à être bien traité.

C'était Fortoul qui avait fait l'article. Le vieux patriote avec qui j'avais dîné quelquefois chez Lugol et chez Alibert, entre à l'improviste chez moi après lecture du journal et me dit à brûle-pourpoint :

— Connaissez-vous Hippolyte Fortoul?

— De vue seulement, et quand on l'a dévisagé, on ne l'oublie plus; car il ressemble à un fœtus de Geoffroy-Saint-Hilaire conservé longtemps en bocal.

— Savez-vous qui l'a fait entrer à *la Tribune* ?

— Son titre probablement de cousin ou neveu de Manuel.

— N'importe ! c'est un traître, mais je le saurai.

Huit jours plus tard, le vieillard revenait triomphant.

— Je vous l'avais bien dit ! cria-t-il de la porte.

— Avez-vous trouvé quelque chose ?

— Ceci tout simplement: c'est que ce collaborateur de *la Tribune*, si dur aux démocrates, est, en même temps, vous ne l'auriez jamais deviné, secrétaire de Persil.

— Le procureur général si acharné sur *la Tribune*.

— Oui ! que dites-vous du cumul ?

— Il me surprend...

Vingt ans après ce fait, partout divulgué par Laverpilière, j'entrais, à mon tour, dans le cabinet de M. Fortoul, devenu ministre. Il s'agissait de cette publication des poèmes des Troubadours, enrayée par les événements, l'ignorance ou le mauvais vouloir de quelques membres des comités de l'Instruction publique. Ces commissions se composent, en général, de trois classes d'individus : ceux qui savent et qui forment une infime minorité; les incapables, très nombreux et très assidus, et les indifférents, entrés là pour le titre et non pour la fonction. La section de philologie, où ressortissait le travail dont j'étais chargé, contenait ces trois groupes avec une exactitude mathématique; il y avait trois savants, deux aujourd'hui morts, Leclerc et Pastoret, et un vivant, Paulin Paris; une tourbe de gens sans valeur et sans nom et des indifférents comme Nisard, qui verrait crouler le ciel, sans sourciller, sur la tête d'autrui. D'hommes spéciaux, il n'y avait que le doyen de la Faculté des Lettres et Paulin Paris; et pas un, pas un seul qui comprît nos vieux idiomes méridionaux et qui sût même en lire une page sans faire rire.

J'avais, de plus, dans cette brillante section, des ennemis personnels : le secrétaire, un de mes collègues à la Société des Antiquaires de France, dont la nullité et l'esprit tartuffique m'écœuraient, et le chef des travaux historiques, à qui je n'avais jamais cru nécessaire de faire la cour. Ces messieurs, joints aux incapables, toujours prêts à accepter tout ce qu'on veut leur faire croire, ce qui leur était, dans ce cas, d'autant plus facile, que personne, personne absolument, n'entendait un mot de la langue des Troubadours, ces messieurs, dis-je, visaient ardemment à m'enlever cette grande publication; jusqu'en 1853, ils n'avaient osé que l'ajourner sous toute sorte de prétextes et de mensonges. A l'arrivée au ministère d'Hippolyte Fortoul, ils devinrent plus hardis; je sus bientôt pourquoi en causant avec le ministre.

Fortoul, qui ne vous regardait jamais en face, commença par m'enguirlander de lauriers et d'éloges à propos de mes travaux sur le Midi; je l'écoutais froidement pour voir où aboutirait ce préambule. Sa pensée, voilée d'abord, ne tarda pas à se dégager des nuages de l'exorde.

— Vous êtes chargé, me dit-il, d'une grande publication. Elle est fort importante au point de vue de la philologie, de la littérature et de l'histoire; mais croyez-vous que cinq volumes suffisent?

— J'en avais proposé dix.

— Oui, dix, douze et même quinze au besoin.

J'étais ravi, quand il ajouta, d'un air grave :

— Un seul homme ne peut accomplir cette tâche.

— J'en ai déjà fait la moitié, et, avec ce qui est préparé...

— Non, non, c'est impossible!

Je commençais à comprendre, Fortoul, comme un des paléographes des comités me l'avait, peu de jours avant, insinué, voulait se réserver la direction et l'honneur de cette publication nationale. J'allai donc droit au fait et lui demandai nettement si son intention était de m'enlever le travail dont j'étais chargé. Il protesta vivement contre l'idée de violer des droits si justement, c'étaient ses expressions, et si laborieusement acquis, et me dit que je verrais le lendemain, au *Moniteur*, la confirmation de ses paroles. Le lendemain, effectivement, en ouvrant le *Journal officiel* du 8 septembre 1854, j'y trouvai un rapport adressé au ministre de l'instruction publique, sur les travaux du Comité de la langue, de l'histoire et des arts de la France pendant l'année 1852-1853. Ce rapport, signé du président Pastoret et du secrétaire des comités portait, sous la rubrique : *Ouvrages dont la publication avait été projetée par les anciens comités*, ce passage que j'en détache :

« Conformément à vos intentions, monsieur le

ministre, le comité s'est livré à un nouvel examen des ouvrages adoptés par ses devanciers et qui n'avaient pas encore reçu un commencement d'exécution. Ces ouvrages étaient au nombre de vingt-huit. Les décisions primitives ont été maintenues à l'égard de vingt et un d'entre eux. En voici l'indication, suivant l'ordre des sections auxquelles en revenait la revision.

SECTION DE PHILOLOGIE.

» 2° *Nouveau choix de poésies originales des troubadours*, par M. Mary-Lafon. Le comité, sans prendre, quant à présent, de décision définitive relativement au recueil dans son entier, a été d'avis, cependant, qu'il fallait commencer immédiatement la publication par le roman de *Gérard de Roussillon*. Le comité a écarté la proposition de joindre à ce roman une traduction en français moderne; mais il a reconnu qu'il y aurait un véritable intérêt dans la comparaison du texte provençal du poème avec le texte en français du Nord. Il a décidé, en conséquence, que ces deux textes seraient imprimés en regard l'un de l'autre. Le volume sera complété par le roman de *Fierabras*, imprimé également dans les deux dialectes du nord et du midi de la France. »

Deux mois avant cette décision, et bien qu'une ordonnance ministérielle, en date du 10 juin 1853, eût maintenu l'arrêté des anciens comités et en fixant l'ordre de la publication eût prescrit l'impression immédiate du poème de *Gérard de Roussillon*, la section, dans l'espoir peut-être de me prendre en défaut, m'avait fait écrire cette lettre :

MINISTÈRE « Paris, le 8 juin 1854.
DE L'INSTRUCTION PUBLIQUE
ET DES CULTES.

» Monsieur, vous avez, à diverses reprises, exprimé le désir d'obtenir une mission en Angleterre pour compléter, à l'aide des copies d'Oxford et du Musée Britannique, votre manuscrit du roman de *Gérard de Roussillon*.

» La section de philologie du Comité, que j'ai consultée sur l'utilité d'une semblable mission, ne saurait émettre un avis avant d'avoir pris une connaissance approfondie de l'état de votre travail préparatoire. Je vous invite, en conséquence, monsieur, à me faire remettre immédiatement votre manuscrit du roman de *Gérard de Roussillon*. Je désire également que vous me fassiez parvenir toutes les transcriptions de poèmes et poésies diverses que vous avez déjà préparées, *et qui doivent être publiées successivement*. Vous voudrez bien y joindre les traductions dont vous vous proposez d'accompagner ces poésies, les notices biographiques qui doivent les suivre, en un mot, toutes les pièces indiquées dans votre premier rapport, et celles que vous auriez pu réunir depuis cette époque. L'examen de ces documents doit être fait par MM. Le Clerc, Guessard et Paulin Paris, membres du Comité, et vous voudrez bien vous entendre avec eux pour leur fournir toutes les indications qui pourront leur être utiles.

» Agréez, monsieur, l'assurance de ma considération distinguée.

» Le ministre
de l'instruction publique et des cultes

» H. FORTOUL. »

Tout ce qu'on demandait fut déposé le jour même ; alors Fortoul leva le masque, et, lorsqu'il n'y eut plus, les cinq volumes étant prêts, qu'à mettre sous presse, deux mois après la décision parue officiellement au *Moniteur*, je reçus la lettre qui suit :

MINISTÈRE   « Paris, le 27 décembre 1854.
DE L'INSTRUCTION PUBLIQUE
   ET DES CULTES.

» Monsieur, j'ai l'honneur de vous faire connaître que, dans sa dernière réunion, le Comité de la langue, de l'histoire et des arts de la France, a décidé, conformément à l'avis de la section de philologie, qu'il y avait lieu de renoncer au projet de publication du *Nouveau choix des poésies originales des Troubadours*, la plus grande partie des documents qui devaient entrer dans la composition de ce volume ayant déjà été publiée ou étant sur le point de l'être.

» Toutefois, monsieur, en présence des diverses décisions dont ce projet a été l'objet de la part de l'ancien comité des monuments écrits, et qui ont pu, pendant longtemps, vous faire considérer comme chargé de sa publication, j'ai pensé qu'il y avait lieu de vous indemniser, pour les travaux de recherches et de transcriptions que vous avez exécutés pour la préparation de cet ouvrage. J'ai décidé, en conséquence, qu'une somme de quinze cents francs serait mise à votre disposition pour cet objet. Le chiffre de cette allocation est celui qu'on accorde d'habitude aux éditeurs pour la publication d'un volume terminé.

» Agréez, monsieur, l'assurance de ma considération distinguée.

» *Le Ministre
de l'instruction publique et des cultes,*

» H. FORTOUL. »

Ma réponse ne se fit pas attendre. Aussitôt rentré, car j'étais absent, j'écrivis à M. Fortoul et je lui dis :

« 2 février 1855.

» Monsieur le ministre,

» J'ai attendu d'être à Paris pour répondre à la lettre que vous m'avez fait l'honneur de m'écrire le 27 décembre. Comme précédemment, je proteste avec respect, mais de toutes mes forces, contre l'avis de la section de philologie, et j'appelle, monsieur le ministre, à votre équité quant à l'indemnité qui m'est offerte au bout de huit ans de recherches et de travaux préliminaires ayant pour objet une publication commencée en suite de deux décisions que vous aviez bien voulu confirmer vous-même dans vos lettres des 9 mars, 10 juin 1853, 3 février et 8 juin 1854.

» N'eussé-je fait que fournir au Comité les tables des pièces inédites qui exigèrent cinq mois de travail assidu, j'aurais dû avoir plus de quinze cents francs ; mais il n'en est point ainsi. Malgré toutes les entraves qu'on m'a opposées et quoique l'on ait répondu à toutes mes demandes par des ajournements, à votre première mise en demeure, je vous ai apporté, monsieur le ministre, *trois volumes complets* ; car, en dépit d'objections sans fondement, comme je me fais fort de le démontrer pièces en main, devant Votre Excellence ou devant le Comité,

» *Gérard de Roussillon* est prêt à être mis sous presse ;

» Le *Roman de Jaufre* (texte et traduction) est prêt à être mis sous presse ;

» Le volume des *Poésies religieuses* (vies de plusieurs saints) est prêt à être mis sous presse.

» Il m'est donc légitimement et incontestablement dû quinze cents francs pour chacun de ces volumes, prêts et complets, si vous ne voulez plus les publier ; et, en recevant ce prix qui n'est point élevé, je perds tout le temps que j'ai consacré à la préparation des deux autres.

» Il est, monsieur le ministre, une autre considération qui ne saurait vous trouver indifférent. Sans parler des copies, qui ne sont pas toutes de ma main, j'ai dépensé, en 1849, six cents francs pour aller consulter le manuscrit roman, petit in-18 ancien, 207, aujourd'hui n° 10, de Genève ; en 1853, à défaut de votre aide que j'avais réclamée, sept cents francs pour aller à Florence copier le manuscrit du chanoine Ricardi et voir à Turin celui de Blandin de Cornouailles ; en 1854, environ dix-sept cents francs pour revoir à Carcassonne *Flamenca*, copier à Montauban et collationner à Aix le roman de Saint-Honorat, qui a plus de 9,000 vers et qui m'a pris quatre mois en dehors de la traduction.

» En aucun état de cause, je ne pourrais supporter ce dommage et la perte de mes avances et vous êtes trop juste, Monsieur le ministre, pour vouloir me les imposer.

» Agréez l'hommage de ma considération respectueuse,

» MARY-LAFON. »

Sur la question d'indemnité le Fortoul eût été coulant ; quand c'est l'État qui paye, les ministres sont généreux ; il daigna me le faire savoir par un de ses familiers ; je repoussai avec mépris la main qui offrait et ne voulus accepter que mes déboursés, laissant à ceux qui me liraient plus tard le soin de qualifier, selon leur œuvre, l'auteur et les complices vivants ou morts de cette lâche et inique spoliation.

La vengeance, qu'ils ne prévoyaient pas si prompte, suivit et talonna la mauvaise action. Fortoul et ses acolytes ne pouvaient être prêts avant quatre ou cinq ans ; je pouvais donc, moi qui n'avais qu'à envoyer les manuscrits à l'impression, leur couper l'herbe sous le pied, à mon tour. Ce fut leur premier châtiment. J'allai d'abord à *la Revue de Paris*, alors dirigée par un vaillant triumvirat : Louis Ulbach, piquant journaliste et romancier intéressant; Laurent-Pichat et Maxime du Camp, deux poètes de cœur et de verve énergique, et je leur donnai ce brillant et rare joyau du moyen âge appelé le *Roman de Jauffre*, dont Gustave Doré devait faire un chef-d'œuvre d'illustration. Le *Fier-à-bras*, idéalisé également par ce merveilleux crayon, qui semble taillé par la main des fées du moyen âge, et *la Dame de Bourbon*, enrichie de délicieuses gravures de Morin, parurent aussi, à peu de distance, à la Librairie nouvelle. Quel éclat auraient jeté ces trois diamants du génie de nos pères, au temps où le moyen âge en carton-pâte des romantiques passionnait le public.

Vers le même temps, j'avais fait une introduction aux œuvres d'un poète provençal qui m'en remercia en termes hyperboliques.

« Le brave Gueydon, éditeur du *Plutarque provençal*, vient de me dire que vous désiriez recevoir par la poste un autre exemplaire de mon livre. Vous savez bien que je vous ai dit dans ma lettre qu'ils étaient tous à votre service ; donc, par le courrier d'aujourd'hui, je vous expédie trois volumes de cette œuvre *que votre nom, maître, va rendre immortelle*. (Bellot se flattait trop pour tous deux.) Oui, brave monsieur, la première édition est presque épuisée et a fait grand bruit à Marseille, quoique nos journaux n'en aient pas encore blagué ; cela viendra plus tard.

» Comme je n'ai pas l'adresse de M. Léon Gozlan, je vous prie d'avoir la bonté de lui faire parvenir le volume qui lui est destiné.

» Tout à vous, de cœur et d'âme,

» PIERRE BELLOT. »

Le poète de la Cannebière s'adressait mal pour son message. Depuis quelques années, j'étais brouillé avec Gozlan, charmant esprit, d'une vivacité, d'un brio tout méridional et qui semblait parfois refléter comme un prisme les rayons de notre soleil. Nous avions toujours été bien de sympathie et d'affection et nous vivions en douce paix, comme les coqs de la Fontaine, quand la poule survint, vers 1844, et la guerre fut allumée. Il était tombé amoureux fou d'une comtesse italienne, vrai type de beauté de son pays. Les affaires, il le croyait du moins, n'étaient pas en mauvais état ; on le recevait tous les soirs, mais, le mari restant toujours en tiers, devenait un fâcheux obstacle à l'établissement et à la couleur du dialogue. D'autant que l'époux, comme sa moitié, n'entendaient et ne parlaient que les langues maternelles. Dans cette situation embarrassante, Gozlan vint me demander un acte de dévouement. Il s'agissait de se sacrifier, pendant quelques soirées, pour détourner et occuper l'attention du mari. Quoique ce rôle ne fût pas de mon goût, j'acceptai pour aider Gozlan ; mais la chose tourna autrement que nous ne pensions l'un et l'autre. J'ai toujours été fort gai; l'Italien se trouvant d'un caractère jovial, pour me dédommager de l'ennui de ma position, je m'en donnais à cœur joie. Les éclats de rire de son conjoint attirèrent bientôt l'attention de l'Italienne, qui cessa, pour nous écouter, d'entendre Gozlan. Il prit de l'humeur, elle le planta là et vint s'asseoir dans notre coin et se mêler à la conversation et à nos rires. Que vous dirais-je ? il avait fait un mauvais choix dans son adjudant, et, sans qu'il y eût, le moins du monde, trahison de ma part, il s'éloigna et je restai. C'est un succès qu'il ne m'a jamais pardonné. Par un hasard assez étrange, dans les premiers jours de janvier 1856, une aventure du même genre me mit en rapport avec Labarre, sous-chef de la musique de chapelle aux Tuileries et auteur de plusieurs ballets très estimés. J'étais à l'Opéra à côté d'une loge où se trouvaient trois personnes, un monsieur et deux dames, l'une de moyen âge et assez laide, l'autre jeune et charmante. Dans l'entr'acte, je causais avec Maillard, l'auteur des *Dragons*, et la conversation était vive et joyeuse, car nous parlions de nos faits et gestes à Parme et à Florence. La dame aux yeux noirs paraissant y prendre de l'intérêt, me mit en verve, ses sourires achevèrent de m'enflammer, et les anecdotes durent être vives et amusantes.

Dès le second entr'acte, le monsieur, quelque chef de division ou colonel, car il portait la rosette de la Légion d'honneur, manifesta sa mauvaise humeur par des signes non équivoques. Il invita la dame à faire un tour au foyer, elle refusa, sous prétexte de lassitude. Il en parut très contrarié, lui dit quelques mots à voix basse et, à l'entr'acte suivant, l'emmena sans doute de force, car elle ne revint pas, et la loge resta vide avec la femme laide, dont les regards fulminants ne me laissèrent aucun doute sur la cause de ce départ.

Le lendemain, je demeurais alors rue Saint-Roch, Labarre arrive chez moi et me dit en posant sur mon étagère un superbe éventail.

— Rendons à César ce qui appartient à César.

Je fus tout surpris et demandai ce qu'il voulait dire :

— La dame d'hier au soir, vous savez bien celle qui rappelle ma romance :

Jeune fille, aux yeux noirs, tu règnes sur mon âme...,

a laissé tomber, en partant, cet objet de votre côté ! Vous ne l'avez pas vu, car votre lorgnon était braqué sur la porte du corridor pour la suivre encore; moi, je l'ai recueilli, et, comme je pense bien qu'il n'est pas tombé à mon intention, je vous rapporte votre bien.

— Grand merci, Labarre; mais comment pourrais-je le lui rendre ?

— En allant à cette adresse, que j'ai trouvée au bureau de location.

— Nouveau remerciement ; mon cher, vous êtes un homme adorable. Vous me rendez là un service...

— Qui en vaut un autre, n'est-ce pas ?

— Oh! certainement, et, si je puis jamais le reconnaître....

— Oui, vous le pouvez, et même incontinent, comme disait le vieux Chérubini.

— Expliquez-vous, me voilà prêt.

— J'ai toujours eu l'idée de vous demander un livret d'opéra, voulez-vous me le faire ?

— Avec plaisir; mais dans quel genre ?

— Un acte ou deux pour l'Académie impériale de

musique, quelque chose de vif et de gai surtout. Vous êtes en fonds, il me semble.

— Et libre, ce mois-ci, comme l'air! Revenez dans deux ou trois jours, je vous soumettrai le sujet.

Il fut exact, contre son habitude, je lui lis le scénario d'un opéra en deux actes, intitulé, à son choix, *le Meunier de Barbaste* ou *le Fermier de Beau-Soleil*. Il préféra le premier titre, m'indiqua le nombre et la place des morceaux et j'écrivis cet opéra. La pièce finie, par une précaution très sage, mais qu'il devait regretter plus tard, avant de faire la musique, il voulut que le poème fût reçu à l'Opéra. J'y consentis et demandai lecture à Crosnier qui m'envoya immédiatement cette réponse :

« *Paris, le dimanche 3 février 1856.*

ACADÉMIE IMPÉRIALE
 DE MUSIQUE

» Monsieur,

» M. Crosnier me charge de vous prévenir qu'il sera heureux de vous recevoir, mardi à deux heures.

» Croyez, monsieur, à la nouvelle assurance de mes sentiments dévoués.

» *Le Secrétaire,*
» A. DUPEUTY. »

Je connaissais un peu cet administrateur, qui avait déjà dirigé la Porte-Saint-Martin et l'Opéra-Comique, lorsque ce théâtre était place de la Bourse, et j'avais eu même un commencement de liaison avec Certain, un Béarnais, quasi compatriote. Par tous ces motifs, comme ils disent au tribunal, Crosnier me fit un accueil très gracieux. Je lus la pièce, elle lui plut et il la reçut sous la réserve d'une ou deux modifications au second acte.

Se levant, en même temps, et, s'adossant à la cheminée :

— Avez-vous, dit-il, un compositeur ?

— Oui, Labarre.

— Labarre?... Je n'en veux à aucun prix. Ce n'est pas son genre, d'ailleurs : il ne pourrait faire cela.

Le cas était embarrassant ; je racontai à Crosnier comment la pièce était née et lui dis franchement qu'étant engagé d'honneur avec Labarre, je ne pouvais m'en séparer.

— Pourquoi, répliqua-t-il, n'est-il pas venu avec vous?

— Je l'ignore, mais il m'attend dans le passage de l'Opéra.

— Eh bien, allez lui porter ma réponse et revenez m'apprendre l'effet qu'elle lui produira.

Je descendis dans le passage ; Labarre, qui s'y promenait depuis deux heures, vint avec empressement à moi, et, se méprenant à mon air contrarié :

— Eh bien, me cria-t-il à cinq pas, refusé?

— Non, lui dis-je, reçu.

— Et c'est pour cela que vous êtes triste ?

— Je suis vivement contrarié, en effet, non pas de la réception, mais d'une résolution de Crosnier.

— Il ne veut pas de moi ?

— Non, et je ne sais vraiment pourquoi ?

— Je m'en doutais bien, et voilà pourquoi je vous ai laissé marcher seul. Mais que comptez-vous faire?

— Rester avec vous, et renoncer, s'il le faut, à ma réception.

— Vous y perdriez trop et je n'y gagnerais rien; car on ne jouerait plus même mes ballets à l'Opéra. Remontez chez mon ennemi, je vous rends votre liberté.

J'insistai inutilement, pour changer sa détermination, il fut inflexible, et je remontai chez Crosnier.

— Il a bien fait, dit-il sèchement quand je lui rendis compte de notre entrevue. Maintenant, je vous donne le choix entre Adam ou Grisar; qui préférez-vous?

— Si vous n'y voyez pas d'obstacle, l'auteur de *Monsieur Pantalon*.

— Grisar? Soit! portez-lui ce mot de ma part. Il n'est que quatre heures, vous le trouverez chez lui, hôtel Montmorency, sur le boulevard, en face du passage des Panoramas.

Il y était; c'est, j'ose le dire, avec un véritable enthousiasme qu'il lut lui-même devant moi le livret qui lui arrivait sous les auspices du directeur de l'Opéra.

Quelques jours après, il emportait le manuscrit en Italie, me laissant un espoir bien doux, celui de le revoir orné d'une délicieuse musique.

XX

Paris a des types étranges qu'on ne rencontre que chez lui et qui, à force d'imprudence ou d'excentricité, finissent par s'imposer à la badauderie lutécienne. Au-dessus, par son argent seul, des excentriques de la rue tels que Duclos, l'homme à la longue barbe, l'arpenteur en haillons du Palais-Royal; le Père Turlututu, le vieillard habillé de rouge, surnommé carnaval; Mangin, le marchand de crayons, et le saltimbanque, en costume de marquis, dont le violon grinçait sous nos fenêtres, se classait le docteur Véron. Son histoire était courte, mais peu édifiante. Médecin sans malades, il avait acheté à une pauvre veuve, pour un morceau de pain, le brevet de la pâte de Regnaud, comprenant, comme tous les charlatans, le pouvoir magique de la réclame, il en recula les limites aux quatre coins de l'horizon pour la vente de son spécifique; puis, le docteur, mis dans ses meubles, se fait directeur de spectacle ; jaloux de justifier encore une fois l'axiome de Beaumarchais : « Il fallait un calculateur, ce fut un danseur qui l'obtint » ; le gouvernement de Louis-Philippe donna à ce charlatan, qui ne connaissait pas une note, la direction de l'Opéra. Il y débuta par une double escroquerie. *Robert le Diable*, grâce aux subventions répétées de la Restauration, qui ne les chicanait pas aux Beaux-Arts, était prêt à faire son apparition. Sachant Meyerbeer riche, le médecin-directeur lui déclare qu'il ne peut jouer son chef-d'œuvre, faute d'argent.

— Et que vous faudrait-il, répond le compositeur haletant.

— Cent mille francs.

Meyerbeer les donna. C'était un acte d'une moralité douteuse ; il en avait commis, à ce qu'on prétend, un plus considérable et plus audacieux, grâce à la légèreté de M. Thiers, alors ministre de l'intérieur. En venant lui faire signer son privilège, au moment du déjeuner.

— Il y a, lui dit-il, en magasin, quelques vieilles toiles qui ont besoin d'être repeintes, donnez-les-moi.

M. Thiers octroya ce don sans difficulté ; or, il s'agissait d'une masse de décors valant de cinq à six cent mille francs et qui lui furent remboursés sur ce pied à son départ de l'Opéra.

Fortune faite, ce théâtre ne suffit plus au charlatan : il lui fallut le tremplin élastique et retentissant de la presse, pour s'annoncer lui-même avec sa pâte de Régnaud. La presse, qui peut tout, en fit un député et même un auteur ; car ce produit banal de l'intrigue et de la réclame, gonflé de vanité, visait haut, et, en vrai bourgeois de Paris, se croyait propre à tout. Scribe, du reste, l'avait admirablement peint dans l'opérateur Fontanarose du *Philtre*, et Nourrit, avec son dos rond, la haute cravate du Directoire où il enfouissait ses écrouelles et son air important, le personnifiait à ravir.

Je devais éprouver peu de sympathie pour un tel homme; aussi, quand il vint, fier des millions si bien gagnés, jouer au Mécène et continuer la réclame à la Société des gens de lettres, je me mis en travers de ses fatuités et l'arrêtai net.

L'assemblée générale des gens de lettres était réunie, le 19 mai 1856, au foyer du théâtre du Vaudeville. Le comité, au grand complet, entourait le docteur tout prêt à savourer sa gloire. Un garçon naïf et bègue, Arthur Ponroy, qui se croyait le talent de Démosthènes, bien qu'il n'eût pas, comme l'orateur athénien, corrigé ce défaut labial avec les cailloux de la Seine, venait d'exalter en style tragique, dans son rapport de l'année, la munificence du fondateur du prix fort mal distribué; Véron se rengorgeait déjà, je me levai et pris la parole en ces termes :

« Messieurs,

» Je prie l'assemblée de m'accorder toute son attention ; car je me propose de traiter, en peu de mots, une question qui intéresse au plus haut point la dignité, l'indépendance et même l'honneur de la Société des gens de lettres.

» Je viens au fait sans circonlocutions.

» Vous savez par les journaux ce qui s'est passé dans notre maison. Un nouveau membre, que les lauriers de M. de Montyon empêchaient, sans doute, de dormir, sous un voile délicat et dont je respecte le mystère, comme tout le monde, un anonyme a témoigné son estime à la Société par une fondation de prix, fondation à laquelle était attachée une prime de dix mille francs. Je ne demanderai point dans quel but a pu être faite cette libéralité et ne répéterai aucune des insinuations malignes qu'elle a suggérées au public et à la presse ; je ne veux pas, quant à présent du moins, car on pourra y revenir tout à l'heure, je ne veux pas examiner davantage la question de savoir si le concours, forme usée, rendue ridicule même par certaines académies, était le meilleur moyen pour atteindre le but que se proposait, sans doute, le donateur, but qui n'a pu être qu'un simple encouragement et, passez-moi l'expression triviale, un coup de fouet d'argent donné à l'émulation littéraire. Je me borne à ces faits. Une somme est offerte à la Société des gens de lettres, quel était alors le devoir du Comité? Le Comité, nommé par nous pour remplir une tâche limitée d'avance, devait comprendre ce que nous avons tous compris : qu'un acte qui change la constitution même de notre société et qui en viole, par conséquent, les statuts de la façon la plus éclatante, car il transforme une association de garantie mutuelle en académie de province, en succursale plus ou moins ridicule des Jeux floraux ou des sociétés départementales, ne pouvait être pris en notre absence et à notre insu. Comment, pour la plus légère, pour la plus insignifiante des modifications à introduire dans la lettre de nos statuts, il faut une foule de formalités, et, à l'improviste, sans consulter personne que l'enthousiasme né au son des écus de dix mille francs, le Comité s'arroge tout à coup le pouvoir suprême, tranche et décide seul, et, non content de décider pour le présent, il décide pour l'avenir ! Eh bien, messieurs, cela ne peut passer ainsi ! et personne ici, excepté ceux qui ont osé prendre sur eux la responsabilité de cet acte autocratique, personne, je l'espère, n'hésitera, vivement blessé dans sa dignité et ses droits, à demander compte au Comité de sa façon d'agir illégale et dédaigneuse.

» J'ignore ce qu'il pourra répondre ; en tout cas, il ne peut vous proposer de monter au Capitole, en montrant les palmes de son concours ; car, alors, nous jugerions, à notre tour, et le verdict serait juste et sévère. En attendant la justification qu'il lui plaira de présenter, je le préviens loyalement, que mon intention, la cause entendue et gagnée par la Société, je l'espère, est de proposer un blâme contre lui, pour que nos délégués ne s'habituent point à fouler aussi fièrement aux pieds les droits et l'opinion de quatre cents membres ; qu'ils ne croient pas, eux qui n'existent que par nos suffrages, qu'ils sont tout et nous rien, et qu'ils ne se figurent pas que cette Société, qui devrait être une institution pure, élevée et fraternelle, sera toujours un chantier d'amour-propre où les habiles nous exploitent et nous traitent comme des bûches. Voilà, je pense, ce que vous ne souffrirez pas ! »

La discussion s'engagea sur ce terrain, elle fut longue et animée. Frédéric Thomas, le bibliophile Jacob et Vitu y combattirent vaillamment. Il fallut deux votes : le premier était décisif, si l'on eût bien compté ; au second, il se trouva une voix de majorité, quarante-neuf contre cinquante. Le coup était porté, il atteignit l'homme au défaut de l'orgueil et les journaux l'achevèrent. Accablé par la grêle des traits piquants que *le Figaro*, *le Messager*, *la Revue des Théâtres*, *la Gazette de Paris*, *la Chronique*, *la France théâtrale* et *le Charivari* lui lancèrent pendant cinq jours, comme les banderilleros, quand ils plantent leurs dards enflammés dans le cou du taureau, le docteur, aussi furieux que l'animal cornu, donna sa démission de Mécène et d'homme de lettres.

Tout le reste de cette année et les premiers six mois de la suivante, je les employai à des travaux d'un genre bien différent. Ainsi, tandis que, d'une main, je composais pour l'Institut un *Glos-*

saire néo-latin en deux volumes in-folio, de l'autre, j'écrivais, dans un chalet du bois de Boulogne, deux romans au *Journal pour tous* : *la Bande mystérieuse* et *la Peste de Marseille* ; l'idée du premier m'était venue en feuilletant les archives du Sénéchal de Montauban ; le feuilletonniste de *la Patrie* apprit, quand il parut, à ses lecteurs, où j'avais trouvé le sujet du second.

« M. Mary-Lafon publie, sous le titre de *la Peste de Marseille,* un roman dont l'origine est curieuse.

» Le bisaïeul de l'auteur se nommait Maury de Saint-Victor. Il exerçait à Montauban les fonctions de grand prévôt de la maréchaussée. En 1750, un ministre du saint Évangile, atteint et convaincu d'avoir prêché et marié au désert, fut condamné à la hart par arrêt du parlement de Toulouse. Maury de Saint-Victor fut chargé de conduire la victime à quelque distance de Toulouse, pour y subir sa peine.

» Les protestants, dès lors très nombreux dans les campagnes d'alentour, avertis du départ de leur ministre, résolurent de le délivrer. Un millier d'hommes, armés de fusils et de faux, s'attroupèrent sur la route de Toulouse et barrèrent le passage à la maréchaussée. Le grand prévôt n'avait avec lui que trois brigades, c'est-à-dire douze cavaliers ; il vit bien qu'il ne pouvait lutter contre ses adversaires ; mais, pour rester fidèle à son devoir, il prit un parti désespéré. Appuyant un pistolet sur la poitrine du ministre, il le menaça de le brûler sur place s'il n'adressait sur-le-champ une harangue à ses libérateurs, pour les exhorter à rentrer chez eux paisiblement. La harangue de cet orateur malgré lui parut produire son effet; les mutins se retirèrent, mais ils coururent un peu plus loin reformer leurs rangs. Cependant, le prévôt, arrivé à Grisolles, n'y trouva point le grand prévôt de Toulouse, auquel il devait remettre le prisonnier. Aussitôt l'idée lui vint que son collègue avait été arrêté par les paysans auxquels il venait lui-même d'échapper.

» Alors, appelant un de ses archers parfaitement connu pour son dévouement secret à la cause du protestantisme, il lui confia la garde du ministre et partit en jurant qu'en cas d'évasion le délinquant n'en serait pas quitte pour... quatre jours d'arrêts au moins.

» Et, le sabre au poing, il courut au galop vers le lieu où il supposait que le grand prévôt de Toulouse devait se trouver en péril. Il arriva à temps, dégagea son collègue et revint avec lui à Grisolles.

» Là, on sut que le ministre avait pris la clef des champs, laissant sa valise en gage; Maury de Saint-Victor s'empara de cette valise, et, outre une liste des gens mariés au désert et une liasse de sermons sur l'ancien et le nouveau Testament, il y trouva un manuscrit qui attira son attention. C'était un dramatique récit de *la Peste de Marseille*, dont le ministre, ramant alors sur les galères du roi, avait vu de près les terribles ravages. C'est dans ce manuscrit, tombé par de si étranges aventures en la possession de sa famille, que M. Mary-Lafon a puisé les matériaux de son intéressant ouvrage [1]. »

Un de nos confrères de *la Presse*, M. Boué de Villiers, formulait ainsi son appréciation des deux romans :

« Parlerai-je de *la Peste de Marseille*, de M. Mary-Lafon ? Le talent de l'aimable romancier est connu de tous. Qui n'a lu sa *Bande mystérieuse*, ses *Aventures de la belle Brunisseuse ?* Ce nouveau roman est digne des anciens. Comme eux, il est élégamment écrit, heureusement imaginé, et susceptible d'être confié aux mains les plus pures. C'est là un compliment que nous ne pouvons pas toujours faire aux livres qui nous arrivent, et nous ne croyons pas faire tort à M. Mary-Lafon en lui décernant un brevet de moralité, si rarement octroyé aujourd'hui. »

Le dernier semestre de 1857 me ramena dans le champ historique. C'était l'Espagne, cette fois, dont j'allais dérouler les annales. En traitant, pour ce nouvel ouvrage, avec Furne, je ne sortais pas de mon horizon ni du cercle qu'un ami bien regretté, Godefroy Cavaignac, avait tracé à mes études, en y enfermant toute l'Europe méridionale, je me

---

1. Henry d'Audigier.

plongeai, plein d'enthousiasme, dans ce passé si riche en souvenirs et en faits éclatants et ne mis pas, selon mon usage, de bornes au travail. Une nuit, où complétement isolé de mon milieu, je suivais sous les tours de Cordoue les étendards verts du prophète, un cheval battant au grand trot les pavés de la rue s'arrête court devant ma porte. On sonne fort, le concierge s'éveille enfin ; il ouvre et, du balcon, où je m'étais penché par curiosité, j'entends mon nom massacré par une bouche alsacienne. Que peut me vouloir « l'autorité » à deux heures du matin? Cette question se posa toute seule et laissa une ombre sur mon esprit. Quand la conscience n'est pas nette, on se fait des monstres de tout. Je n'étais pas trop bien dans les papiers de Piétri, le préfet de police, que j'avais connu très intimement à l'hôtel de *Bristol*, tenu dans la rue Traversière-Saint-Honoré, par sa belle-mère : la veille, Avond, l'ancien constituant, et moi avions soupé à Suresnes, et, comme en sa qualité d'avocat et d'ex-député, il parlait beaucoup et mal du gouvernement, il avait tenu des discours criminels ; enfin, le soir même, dans mes promenades nocturnes à travers Paris, avec Philibert Audebrand, qui a beaucoup de l'esprit de Timon et un peu de son humeur caustique, nous avions passé au laminoir quelques-uns des puissants du jour. Cette visite à une heure indue pouvant être une conséquence de nos coups de fronde, je n'étais pas absolument tranquille. Mon concierge, pendant ces réflexions, montait en tremblant, il entre d'un air effaré et jette ce pli sur ma table :

« M

» Vous êtes invité à assister aux Service et Enterrement de M. BÉRANGER, décédé le 16 de ce mois, dans sa soixante-dix-septième année, en son domicile, rue de Vendôme.

» Le Service aura lieu dans l'église Sainte-Élisabeth, rue du Temple, à midi très précis. »

» DE PROFUNDIS. »

L'avouerai-je ? Ma foi oui, puisque c'est la vérité. Malgré les regrets qu'inspirait une si fatale nouvelle, je me sentis déchargé d'un certain poids ; aussi, moitié par devoir, moitié par une sorte de reconnaissance, j'arrivai le lendemain des premiers à l'église Sainte-Élisabeth.

La maison mortuaire, située rue de Vendôme, 5, avait été décorée avec simplicité. L'initiale de Béranger surmontait la porte cochère, tendue de noir ; aux deux extrémités pendaient des couronnes d'immortelles. Une croix se détachait en blanc sur le fond noir de la décoration. La spéculation parisienne, toujours à l'affût de l'actualité, s'était déjà emparée de la rue. Des colporteurs vendaient, en criant à pleine voix, de petits bustes de Béranger, et une médaille populaire à son effigie avec cette légende frappée au revers :

A Béranger, le poète national, l'honnête citoyen.

Les abords de l'église Sainte-Élisabeth, qui s'élève rue du Temple, en face du marché, étaient occupés par des détachements de la garde de Paris à cheval. La circulation des voitures était interdite. Les piétons, des ouvriers pour la plupart, portant à la boutonnière des bouquets d'immortelles, s'étouffaient sur les trottoirs. A toutes les fenêtres et sur tous les toits, on ne voyait que des têtes ; jamais une foule plus sympathique et plus immense n'attendit le passage d'un mort. Il arriva un char funèbre orné d'un trophée de verdure et de couronnes d'immortelles, vers midi et demi. L'église était tendue de noir. Six grandes couronnes d'immortelles étaient appendues aux murs; de chaque côté, on voyait des B hauts d'un mètre dans des cartouches. Depuis un quart d'heure, on entendait défiler la cavalerie. Tout à coup éclate un formidable roulement de tambour et le cercueil apparaît couvert de lauriers. On le posa sur des tréteaux à l'entrée de l'église, sous l'orgue. Là, les prêtres, avec une trentaine d'acolytes, sacristains, chantres et bedeaux vinrent faire la levée du corps. Le curé demanda au Seigneur, en latin, pitié et miséricorde pour Pierre-Jean (pas

Béranger); puis le service commença et fut mené comme le convoi, militairement. Chacun paraissait pressé d'en finir : on eût dit que les chantres luttaient de vitesse, et, chose que je n'avais jamais vue, ils avaient tous des figures gaies et l'air de se moquer du défunt et de leur besogne. Cette attitude insolite frappa tout le monde, et Alfred de Vigny, qui était à ma droite, me souffla tout bas, en les montrant de l'œil, ce couplet vraiment de circonstance :

> Pauvre bedeau, métier d'enfer,
> La grand'messe aujourd'hui me damne !
> Pour me régaler du plus cher,
> Au bon coin m'attend dame Jeanne.
> . . . .
> Jeanne est prête et le vin tiré,
> *Ite missa est !* monsieur le curé.

Cette messe funèbre, où je n'entendis qu'une jolie voix, finit par un trémolo effrayant. A une heure et quart, tout était terminé. Le convoi, précédé par une masse de cavalerie et de ligne et suivi par une triple escorte de gendarmes à pied, de hussards rouges et de sergents de ville, prit, par la rue du Temple, le chemin du Père-la-Chaise, au milieu d'une affluence toujours plus grande et plus compacte. Arrivé au boulevard, il allait être accompagné par une foule plus grande encore ; mais la ligne barra la chaussée et l'empêcha d'aller plus loin. Les invités seuls suivirent alors et virent déposer le corps du grand chansonnier dans le tombeau de Manuel.

Depuis ma première visite, j'avais rencontré Béranger, parfois aux premiers temps, dans un restaurant de la rue du Mont-Thabor, où il dînait avec sa compagne; rarement au spectacle, assez souvent chez M. de Lasteyrie et, en dernier lieu, à la *Revue indépendante*. Les pavés étaient chauds encore des lampions de 1848 ; je causais avec Lamennais, qui rugissait comme un lion contre la tiédeur, qu'il appelait lâcheté, de ces avocats, de ces rimeurs, de ces *soldats de la Vierge Marie*, qui, au lieu de mener la France au pas de course, s'efforçaient par tous les moyens d'amortir son élan. Bien moins ému et plus vieux d'expérience historique, je lui disais, je me le rappelle, pour calmer sa fureur :

— Le gâteau des révolutions est rarement pour ceux qui l'ont pétri ; en revanche, il brise les dents des premiers qui le croquent.

Béranger entrait sur ces paroles.

— Voilà, dit-il, une maxime qui pourrait bientôt être vraie.

— Par la bêtise, l'incurie, la faiblesse et la trahison de vos amis ! s'écria Lamennais avec sa véhémence ordinaire.

— La ! la ! reprit doucement Béranger, ne vous emportez pas et songez aux difficultés de la tâche imposée si subitement à ceux qu'avec juste raison vous nommez mes amis. Croyez-vous que Dupont (de l'Eure), Arago et le frère de Godefroy ne soient pas de bons patriotes ?

— Ce sont des aveugles qui ne voient rien, empêchant les autres d'aller en avant ! Des nains, tentant, avec leurs petits bras, d'arrêter, dans sa marche irrésistible, le peuple qui va les abattre et les fouler aux pieds !

— Je crois, en effet, qu'ils tomberont, dit d'un air triste Béranger ; mais leur chute sera due à une autre cause.

— Que voulez-vous dire ?...

— Je veux dire que la route où ils sont engagés n'est pas faite encore et n'est viable qu'à moitié ; au delà s'ouvrent des trous béants et des fondrières où ils rouleront sans les voir.

— Voilà bien, s'écria impétueusement l'auteur des *Paroles d'un croyant*, en s'agitant sur sa chaise, un vrai langage de portier !

— Il y a souvent, dit Béranger de sa voix calme, plus de bon sens dans la cervelle d'un portier que sous le crâne des hommes de génie, surtout lorsqu'il s'agit, comme à présent, de choses tangibles, vulgaires et tout à fait du domaine du sens commun, la seule qualité dont je suis peut-être un peu fier, ajouta-t-il en souriant et prenant son chapeau.

Il sortit et je le suivis ; à la porte de la *Revue*, rue Jacob, il s'arrêta un instant pour me dire :

— Il ne faut pas faire attention aux paroles de

Lamennais quand ses nerfs le tourmentent. C'est le meilleur homme du monde et nous sommes intimes.

— Son humeur ne m'étonne pas, répondis-je au poète; le hasard m'a déjà rendu témoin d'un éclat semblable, chez Renduel, l'éditeur des *Paroles d'un croyant*; il disputait avec le général Paixhans, aide de camp, je crois, de Louis-Philippe, et soutenait l'excellence des républiques et leur supériorité sur les monarchies.

— Moi, dit Paixhans, je n'aime pas tant de maîtres. Un seul me suffit.

— C'est plus commode, riposta aigrement Lamennais, pour les solliciteurs!

— Et moins humiliant, fit observer un troisième interlocuteur, qui était, autant qu'il m'en souvient, Alphonse Royer, l'auteur de *Venezia la bella*.

L'immortel défroqué s'en alla furieux et ne remit plus les pieds chez Renduel.

Lamennais me rappelle une entrevue que j'eus, l'an d'après, à Sorrèze avec son ancien coopérateur Lacordaire. J'avais retranscrit et traduit, avant les bons procédés de la section de philologie, un poème du XIV° siècle contenant la vie et les miracles de saint Honorat, en son vivant, fondateur de l'abbaye de Lérins et archevêque d'Arles. Ce poème, remis le jeudi 10 mai 1855 à M. Charles Fortoul, qu'il ne faut pas confondre avec son frère, dont il était le loyal chef de cabinet, fut adopté, le lundi 6 août, par le comité, qui ne craignit pas plus tard de nier impudemment une réception, consignée dans ses registres et suivie de cette condition : « Y joindre un glossaire et les vies de sainte Enymie, de saint Trophyme et de saint Alexis. »

Ce vieux poème, monument unique peut-être de l'art chrétien dans le moyen âge méridional, reflète, avec une couleur si vive, l'idée dominante du siècle où il fut écrit, que j'étais curieux de savoir ce qu'en penseraient les chefs du catholicisme moderne.

De Burgos, où m'appelèrent les études de l'histoire d'Espagne, j'envoyai le manuscrit traduit à Lacordaire, et, à mon retour, voulant me reposer quelques jours à ma campagne, je tournai vers la Montagne-Noire et m'arrêtai à Sorrèze. Le célèbre conférencier de Notre-Dame dirigeait l'école fondée par Ferlus dans la vieille abbaye du Sor et connue surtout par le talent de ses maîtres d'équitation. Je le trouvai dans une vaste chambre aux murs blanchis à la chaux et complètement nus, et pavée de petits cailloux. Assis sur une chaise de paille, il offrait un contraste étrange dans son costume blanc d'une finesse extraordinaire, avec cette vaste pièce rustique et dénudée.

Je pris, sur son invitation, un siège de même forme, et nous parlâmes, ou plutôt il parla du poème méridional. Les hommes éminents d'Église, je l'ai constamment remarqué, ont tous le verbe haut, le ton tranchant et le geste, comme le regard, autoritaire. Lamennais, Lacordaire, l'évêque d'Orléans se ressemblaient exactement par ce côté. En entendant l'un, vous auriez cru entendre l'autre. Même dans la conversation, Lacordaire était éloquent et un peu apprêté; mais ce qui gâtait le tour brillant de sa pensée et l'élégante facilité de son discours, c'était son ton tranchant et la chute impérieuse et brusque, sèche même parfois, de sa phrase. Après l'avoir écouté quelque temps, je m'aperçus avec surprise que nous étions à cinq siècles de distance l'un de l'autre. Moi, je restais dans le moyen âge sous le porche gothique de l'abbaye de Lérins, écoutant les récits naïfs et poétiques du vieux moine; lui, qui n'avait pas fait un pas vers le passé, jugeait, en 1858, cette production de 1400, comme un livre publié la veille et vendu rue du Bac.

Il s'aperçut vite de mon impression, et, pour justifier sa froideur pour l'œuvre qu'il ne comprenait pas, il se jeta dans une voie scabreuse; car elle le menait tout droit à la négation des miracles. Je le lui fis remarquer un peu malicieusement, je l'avoue. Alors, le feu de la colère empourprant ses joues roses, Lacordaire se dévoila tel qu'il était, un artiste admirable, mais qui ne croyait qu'à son talent. Tous les arguments qu'il développait et prodiguait avec un art merveilleux pour me prouver ce qu'on ne peut voir qu'avec les yeux de la foi, me laissant très indifférent, il s'emporta et me dit en me quittant sur le seuil de l'antique abbaye :

— Adieu, monsieur, je vous plains !

— Et moi aussi, lui dis-je ; car, dans ces murs chrétiens, il y avait autrefois une âme, la foi ! et maintenant...

— Maintenant ? s'écria-t-il en me lançant un regard plein de défi et de menace.

— Il n'y a plus que de l'éloquence inutile et de la logique perdue.

XXI

Tout le monde, heureusement, n'avait pas pour mon *Saint Honorat* les yeux de Lacordaire. Un autre artiste, non plus en religion, mais en peinture, Ingres, quoique d'un esprit très borné, ne pouvait écouter sans enthousiasme les légendes du vieux poème. A mon retour, je lui en apportai quelques-unes. Il en choisit trois dont il aurait probablement fait des tableaux si la mort, qui frappe en aveugle et ne respecte rien, lui en avait laissé le temps.

J'avais rencontré Ingres chez David. Il était mon compatriote ; aussi, en sortant de l'atelier du sculpteur, situé rue d'Assas, nous allâmes faire un tour au Luxembourg et nous causâmes longuement de Montauban et de Rome. Il avait quitté sa ville natale à huit ou neuf ans pour étudier le dessin à Toulouse, et, bien qu'il y eût laissé deux sœurs, il n'y revint qu'une fois en sa vie et n'y passa qu'un jour.

Comme il aimait à en parler et à ressaisir ces premiers souvenirs dont la traînée lumineuse remontait à 1793, je lui demandai pourquoi il avait changé l'orthographe de son nom. Dans son acte de baptême, en effet, et dans tous les papiers de famille, ce nom est écrit *Ingre*. Il ignorait les motifs de ce changement. Son dessein était d'abord de venir, comme le bon lièvre, mourir au gîte et de consacrer ses dernières années à l'ornementation de sa patrie. Un événement domestique, la séduction et la mort prématurée d'une nièce, le détourna de ce projet. De Montauban, nous passâmes à Rome et je le fis bondir de surprise en lui adressant cette question :

— Pourquoi n'épousiez-vous pas *la bella Giovanna de la via del Bambino*?

— Zoèga ! s'écria-t-il, comme touché par la pile électrique, comment savez-vous que je connaissais Zoèga ?

— J'ai habité Rome vingt-sept mois, mais le fait m'était connu avant d'y aller.

— Comment cela ?

— De la manière la plus simple. Un notaire m'avait donné, comme autographe, votre lettre et la procuration de votre père. Plus tard, j'appris d'autres détails à Rome.

— Et qui put vous parler de Zoèga ?

— Nibby, l'archéologue.

— Son voisin !

— Et le libraire français.

— Merle ! Ah ! le bavard ! et que vous dit-on ?

— Que vous étiez amoureux fou de cette bohémienne !

— C'est vrai et je songeai sérieusement à l'épouser.

— Serais-je indiscret en vous demandant pourquoi la procuration devint inutile ?

— Pas le moins du monde. Je venais de recevoir ce papier et me préparais à conduire Zoèga à l'autel ; en attendant, elle posait pour une vierge donnant le sein au divin enfant. En reculant le tabouret où était jeté son corset, un objet vint à glisser à terre avec un bruit sec. Je tournai les yeux et vis un busc en frêne d'une forme singulière. Zoèga s'élança pour le ramasser, mais point assez vite pour m'empêcher d'y apercevoir deux cœurs traversés d'une flèche et un nom, *Féliciano*, tracé avec du sang. Zoèga était rouge comme du feu ; bien que ma main tremblât un peu, je ne fis semblant de rien et j'attendis le jeudi avec impatience. Ce jour-là, Zoèga ne manquait jamais d'aller à Ripetta, sous prétexte de voir sa tante. Je m'y rendis vers les quatre heures et la trouvai dans un bal public dansant avec Féliciano. Vous pensez bien qu'après cette constatation, il n'y eut ni amour ni mariage.

Je ne revis Ingres que peu d'années avant sa mort dans son appartement de la rue de Lille, lors de la publication de l'*Histoire des villes de France*, où j'avais signé celle de Montauban ; il m'avait apporté sa carte pour me remercier de la place donnée à son nom ; j'allai le voir à mon tour, et ce fut ma dernière visite. Dans cette conversation *in extremis*, il m'annonça qu'il destinait ses tableaux, ses esquisses et tous les objets d'art de son cabinet au musée de Montauban. Il n'y mettait qu'une condition, inspirée par un doux souvenir d'enfance et un pieux sentiment d'affection paternelle ; c'est que ce musée serait établi dans une salle de l'ancien évêché, devenu, en 93, l'hôtel de ville, salle décorée par son père et dans laquelle, à l'âge de huit ans, il avait chanté avec lui devant monseigneur de Breteuil, un duo de *la Fausse Magie*.

Ses réminiscences enfantines et les récits de l'ermite de Beauséjour, M. Saint-Cyr Poncet-Delpech, formèrent plus tard le fond de l'article que je publiai, à sa mort, dans *le Moniteur*, sous ce titre : *le Baptême d'un grand peintre*. Toute cette année, à part quelques articles çà et là de mince importance, fut consacrée à l'histoire d'Espagne. Je ne m'en détournai un instant que pour écrire à la volée, pour me distraire des travaux sérieux, un petit roman : *Madelaine Angély*. Encore, fut-ce le hasard qui le fit mettre au jour. Je me promenais au bois de Boulogne. Sur un des bancs qui bordent l'allée du lac, étaient assis un monsieur et une dame. Toujours préoccupé de mon grand travail et la tête lourde, je passais sans les reconnaître. L'homme m'appela. C'était Amédée Renée, le rédacteur en chef du *Constitutionnel*. Je l'avais connu à l'Institut historique et le tenais en grande estime ; car il y avait en lui l'étoffe d'un véritable homme de lettres. Bien des années auparavant, j'avais été assez heureux pour lui être utile auprès de M. Jay, directeur du *Grand Journal*, dont il était devenu le chef. Je m'assis sur son banc ; il commença par me présenter à sa femme, et, de propos en propos, la conversation tombant naturellement sur la littérature, il finit par me demander un roman que je lui promis. Pauvre Renée ! La vie avait été dure longtemps pour lui. Quand des confrères, dont la plupart n'avaient pas le centième de son talent, vivaient avec luxe ou se prélassaient dans de grosses sinécures, il n'avait pas de domicile, couchait dans un magasin à fourrages dans la rue de Ménilmontant et ne s'asseyait à une bonne table que lorsqu'il rencontrait un ami. Je me souviens d'un mardi gras, celui de 1834, où je l'aperçus errant, souffreteux, pâle et peu vêtu dans la rue Neuve-des-Petits-Champs. J'allais dîner chez un Crésus de la finance. M'emparant de son bras, je le conduisis chez Serveille. Puis la cène du carnaval finie, nous rentrâmes chez moi, et, là, près d'un bon feu, je passai une soirée délicieuse à écouter des vers excellents et le récit d'un amour du grand monde, courte et fugitive illusion qui avait éclairé un moment sa jeunesse comme un rayon de soleil du printemps.

Bien moins pressé que le malheur, le bonheur lui vint tard et ne dura guère. La dernière fois que je le vis, il était installé aux Tuileries, dans le pavillon de Flore, et occupait là l'emploi de secrétaire de la maison militaire de l'empereur.

L'an de gloire 1859 s'ouvrit modestement pour moi par la publication des *Mœurs de la vieille France*. L'éditeur, homme de goût et d'esprit pourtant, paraissait oublier un peu ce livre, depuis longtemps épuisé; mais il vient de se décider à lui donner un pendant : *Récits du vieux Paris et de l'ancienne France*.

Cette année s'était ouverte avec les *Mœurs de la vieille France*, elle se ferma sur une querelle avec le journal *l'Univers*. Son rédacteur en chef, M. Louis Veuillot, m'avait déjà fait l'honneur de s'occuper de moi dans son factum sur *le Droit du seigneur*. Il l'avait fait dans ce style, à lui personnel, qui mélange si agréablement, pour les oreilles soi-disant religieuses, l'argot poli du cabaret aux métaphores de la halle. Instruit trop tard de cette éclaboussure, je n'avais pu répondre à son pamphlet, complètement oublié lorsque j'en appris l'existence. Je me bornai à lui écrire d'ouvrir le livre, sur lequel sa plume poissarde avait craché, au tome II, page 295, et de voir ce qu'il aurait dû vérifier avant d'injurier; que loin d'admettre le droit du seigneur dans le passé de Montauban, *je le regardais comme un bruit ridicule et sans preuves.*

Quel était alors le devoir de l'insulteur ? De reconnaître et de réparer cette bévue calomnieuse. On n'a pas besoin d'être ou de se dire religieux pour cela. Il ne faut que de la conscience et de la bonne foi, deux jumelles qu'on devrait toujours voir ensemble, mais qui ne logeaient pas, en ce moment, chez M. Louis Veuillot. Il garda le silence, et, sans le rompre de mon côté, je me promis bien d'être moins patient s'il recommençait. La fin de 59 m'apporta l'occasion que je ne souhaitais pas, car tout le monde n'aime pas à se colleter en public. Un abbé de *l'Univers*, de ceux qui font de la fortune une cuirasse et de leur plume un goupillon trempé dans la boue et le fiel, s'était permis de m'attaquer au sujet de *Rome moderne*. Voici les deux lettres que je forçai ce moniteur de l'outrage à insérer dans ses colonnes :

A M. Chantrel, rédacteur de *l'Univers religieux*.

« Monsieur,

» On m'apporte votre journal dans lequel je lis : « *Le Messager*, qui a étudié la question romaine « dans la *Rome moderne*, de M. Mary Lafon, etc. »

» Que voulez-vous dire par là ? Est-ce un coup de pied en passant ou un signe de dédain ? Dans les deux cas, vous vous trompez ou vous voulez tromper votre lecteur. Si *le Messager* a puisé ses documents chez moi, ils sont exacts et je vous mets au défi d'en infirmer un seul. Je vous défie également de contester les faits éclatants comme la lumière sur lesquels j'ai basé la conclusion de mon livre.

» A cette légèreté d'appréciation, trop commune aujourd'hui, je vois que vous parlez d'une œuvre qui vous est inconnue. Prenez-y garde : pareille chose est arrivée, pour son plus grand dam, à votre rédacteur en chef. Il attaqua naguère, avec l'urbanité qui le caractérise, mon *Histoire du midi de la France*. Je fus mordu, dit-on, à belles dents et traîné au plus épais de son ruisseau, pour avoir soutenu l'existence des droits du seigneur. Or, ce qu'il y a de plaisant, c'est que, dans ce livre si véhémentement mis à l'index par *l'Univers*, je refuse précisément d'admettre, faute de preuves, le droit dont il s'agit.

» C'était une légèreté blâmable au moins, n'est-il pas vrai ? Elle ne tarda pas à recevoir son châtiment. M. Veuillot se punit de ses propres mains en insérant quelque temps après et en le couvrant d'éloges, un extrait de ce même livre sur le procès Calas, qu'un M. Huc, professeur à la faculté de droit de Toulouse, avait eu la bonté de m'emprunter à peu près textuellement et d'adresser sous son nom à *l'Univers*.

» Ces deux exemples suffiront, je l'espère, pour vous prouver, monsieur, qu'il ne faut pas plus damner les livres que les gens sans les connaitre, et qu'il avait grandement raison celui qui a dit : *Ne juge point si tu ne veux être jugé.*

» Agréez, Monsieur, l'assurance de ma considération.

» Mary Lafon. »

L'Univers, selon sa coutume, n'ayant inséré de ma lettre qu'une partie tronquée, je l'obligeai à publier cette réponse adressée à M. Veuillot :

« A M. le Rédacteur en chef de *l'Univers*.

» Monsieur,

» Dans la lettre dont vous avez cru devoir n'insérer qu'une partie, décision un peu arbitraire, mais que j'accepte par respect pour la liberté de la presse, je mettais votre collaborateur au défi de signaler un document contestable, un fait inexact, en mon histoire de *Rome moderne*. Il n'a pu en trouver un seul, ce qui ne l'empêche pas d'accuser, aujourd'hui encore, *le Messager*, d'ignorance, pour s'être renseigné dans ce livre. Ne pouvant donc nier l'exactitude des faits, il se rejette sur les intentions et m'attaque sur ce nouveau terrain d'une façon que je ne qualifierai pas, mais qui me force, pour rétablir la vérité, à user du droit de légitime défense.

» J'écarte comme inutile tout ce qui m'est personnel, et je vais au fait sans ambages; car il faudrait être bien petit d'esprit pour s'occuper de soi dans des questions de cette importance.

» Votre collaborateur, pour édifier complètement son public sur le mérite et l'esprit de mon livre, cite un passage relatif à Grégoire VII, et, après s'être écrié : « Voilà les *profonds* jugements qui *brillent* dans *Rome moderne!* » il ajoute : « Saint Gré-
» goire eût été un grand homme complet s'il eût
» prêché la guerre sociale et s'il eût amené les
» boucheries de paysans qui ont suivi les prédica-
» tions de Luther. »

« Ce n'est pas précisément ce que j'ai écrit. Mais croit-on que ce grand pape eût été moins méritant devant Dieu et l'humanité si, au lieu de chercher à fonder sur les nuées d'un rêve la théocratie universelle, en mettant les rois aux pieds des pontifes, il eût vu *les larmes des pauvres chrétiens* et entendu cet appel désespéré d'un saint évêque?

« Si Rome ne lui ouvre pas une voie nouvelle,
» le monde est perdu. Il faut que la réforme parte
» de Rome comme de la pierre angulaire du salut
» de l'humanité. Contre la tempête qui menace d'en-
» gloutir l'univers, il n'est qu'un seul port : l'Église
» romaine. Oui, cette réforme doit commencer par
» le haut clergé; car le mal n'est jamais plus conta-
» gieux que lorsqu'il dévore la tête du sacerdoce. Il
» faut des actes et non des mots ; il faut que les suc-

» cesseurs de saint Pierre tracent la voie nouvelle et
» l'éclairent de leurs vertus ¹. »

» Les protestants, » continue mon contradicteur, après avoir trouvé le moyen de glisser Robespierre dans sa phrase où Grégoire VII ne l'attendait sûrement pas, « les protestants, qui ont étudié de nos
» jours la grande figure d'Hildebrand l'ont certaine-
» ment mieux comprise. »

» Votre critique en est-il bien sûr? Pense-t-il, par exemple, que l'admirable lettre de Grégoire à ses compagnons de Cluny, que j'ai traduite le premier, le présente, comme homme, sous un jour défavorable? Si j'ai blâmé son rêve, *l'un des plus grands qu'ait enfantés l'esprit humain* ², n'est-ce point à cause du terrible réveil qui le suivit et de la ruine de Rome qui en fut la conséquence.

» Nos vieux historiens, quoiqu'aussi orthodoxes que les rédacteurs de *l'Univers*, l'avaient traité avec bien moins de révérence.

« C'estoit, écrit Pasquier, l'un des plus hardis
» propugnateurs du siège de Rome, qui n'oublia rien
» ni par les armes, ni par la plume, ni par la cen-
» sure de ce qu'il pensoit appartenir à l'avantage de
» la papauté et au désavantage des princes souve-
» rains ³.

---

1. Pierre Damien, *Rome moderne*, p. 151.
2. *Rome moderne*, p. 152.
3. *Recherches sur la France*, liv. III, ch. VII.

» Rapprochez de ce jugement, où éclate, dans sa verdeur, la franchise gauloise, les lignes suivantes du chapitre ix de mon livre, et demandez-vous ensuite en conscience si j'ai été injuste pour celui qui était venu sur les abîmes de la mer et que la tempête engloutit :

« On a beau descendre dans la tombe les restes
» d'un grand homme, ce qu'on entoure d'aromates
» n'est que l'enveloppe périssable de la vie. Le corps
» seul est scellé sous le marbre, et, tandis qu'il y
» devient poussière, son esprit continue à briller parmi
» les vivants comme l'éclatant rayonnement qu'on
» voit encore après le coucher du soleil. Du fond de
» sa tombe, Grégoire VII régnait toujours. »

» Passant ensuite à Jules II, votre collaborateur assure que le protecteur de Michel-Ange « n'a
» pour moi que le souffle ardent et fiévreux d'un
» énergique vieillard ». Or voici comment je le présente au lecteur en le trouvant sur le seuil de la Renaissance :

« Jules II avait soixante ans quand il fut sacré
» à Saint-Pierre. Porté par acclamation au trône
» pontifical, où les passions sont mortes, il sut faire
» oublier les scandales d'Alexandre et purifier l'É-
» glise, comme ces appartements des Borgia où il ne
» voulut jamais mettre le pied [1]. »

» Ce n'est point un préambule insultant à coup

---

1. *Rome moderne*, p. 277, id. p. 278.

sûr. « Mais votre phrase ! » me crie le lecteur. — Ma phrase ?... Eh bien ! elle contient tout le contraire de ce que lui fait dire en l'amputant, par un procédé bien connu, le rédacteur de *l'Univers*. La voilà, du reste : jugez !

« Ce fut pourtant le souffle ardent et fiévreux de
» cet énergique vieillard qui fit éclore la renaissance
» des arts à Rome. »

Je n'avais pas été sévère pour ce pape batailleur, qui, selon l'expression des théologiens de Louis XII, oubliait souvent le glaive de la parole pour celui de la guerre, et qui fit frapper des médailles où on le représentait chassant les Français d'Italie à coups de fouet ; mais, puisqu'on trouve que je passais trop vite, je veux réparer cette faute. Il suffit pour cela de me tourner et de prendre dans un carton une page dont je n'avais pas voulu me servir précisément à cause de son actualité.

» L'inconvénient que je craignais n'étant pas aussi grand dans un journal que dans un livre ; voici cette page, à laquelle les circonstances donnent un intérêt étrange et digne de réflexion :

« Jules II étant tombé en défaillance quelques
» jours avant sa fin, on le crut mort. Deux nobles
» convoquèrent alors le peuple au Capitole et s'effor-
» cèrent de ranimer dans les cœurs, par le dis-
» cours suivant, l'amour de l'indépendance et de la
» liberté.

» — La noble nation romaine, » disaient-ils, « est

» depuis assez longtemps esclave ; assez longtemps elle
» a plié sous le joug de ces esprits superbes qui vou-
» laient dominer le monde. Cette servitude, qu'on
» pouvait comprendre au temps où brillaient les
» vertus chrétiennes, n'a plus d'excuse et rien n'en
» rachète l'ignominie. Les prêtres ne donnent plus de
» saints exemples et ne font plus de miracles. Est-il
» une génération plus perverse et plus perdue de
» mœurs ? Il y a deux pouvoirs, dans le monde, ab-
» solument semblables, le principat des pontifes ro-
» mains et le principat des soudans du Caire. Encore
» la servitude des Romains est-elle plus avilissante
» que celle des peuples de la Syrie et de l'Égypte ;
» car les mameluks sont du moins des maîtres vail-
» lants, rudes à la fatigue et aux armes, tandis que
» les Romains obéissent à qui ?... à des oisifs et à
» des énervés ! Le temps est donc venu de secouer
» cette torpeur et de se souvenir du nom romain, si
» glorieux quand on mérite de le porter, mais qui
» double la honte de ceux qui oublient les grandes
» actions de leurs pères. L'occasion ne saurait être
» meilleure : la discorde va sortir du tombeau du
» pape, les puissances sont loin de s'entendre, l'Italie
» est pleine d'armes et de désordres, et la tyrannie
» sacerdotale devient plus que jamais insupportable
» aux rois. »

» Savez-vous maintenant quels sont les révolution-
naires qui tenaient ce langage au peuple romain
il y a trois cent quarante-six ans? Antimo Savello,

l'un des nobles les plus illustres de la ville éternelle et Pompeo Colonna, évêque de Rieti. On doit voir que mes appréciations auraient paru bien modérées aux contemporains de Jules.

» En parlant de son successeur, l'auteur de l'article en question se plaît à lancer contre moi une autre accusation aussi dénuée de vérité. J'ai dit que Léon X était un oppresseur de la liberté humaine ! Pourquoi ? Parce que, insinue doucement votre lévite, « il a signalé les malheurs qui pou-
» vaient résulter de l'invention de l'imprimerie et
» qu'il a voulu prévenir le mal tout en rendant l'in-
» vention utile ».

» Oh! pardon, mon doux juge! il y a autre chose sous roche que vous ne dites pas. Ce n'est point pour l'intention paternelle que vous lui prêtez, que je blâme Léon X c'est — mais non pas avec le gros mot que vous poussez sous ma plume — parce qu'il voulait enchaîner l'essor de l'esprit humain en défendant à l'homme de penser autrement que l'Église romaine. « Nous ordonnons », disait-il dans la confirmation du 5ᵉ canon du concile de Latran (6 avril 1513), « et statuons que dorénavant, *et dans*
» *tous les temps futurs*, personne n'ose imprimer ni
» faire imprimer un livre quelconque à Rome, *ou*
» *dans quelque diocèse que ce soit*, qui n'ait été
» examiné avec soin, approuvé et contresigné à
» Rome. »

» Que peut-on répondre à cela ?... Rien, je pense,

si l'on n'altère pas mon texte. Votre rédacteur daigne ensuite, en haussant les épaules de ma naïveté, me laisser croire que la liberté religieuse et la liberté politique sont sorties de la réforme de Luther.

» Dût mon ignorance sur ce point faire pitié à tout le monde, j'avoue le péché. Oui, j'ai depuis longtemps la conviction qu'il me le reproche, et mon aveuglement sur ce point va si loin, que je crois l'Angleterre, et même l'Amérique, pays protestants, néanmoins aussi libres que Rome et Vienne.

» Mais, si je n'hésite pas à me reconnaître coupable quand l'accusation est fondée, il doit m'être permis de protester lorsqu'elle est mensongère. Ainsi, votre collaborateur s'exprime en ces termes, quelques lignes plus bas :

« Forcé d'avouer que Rome avait énormément
» perdu à n'être plus le séjour des papes, et qu'Ur-
» bain V, en 1367, n'y avait plus trouvé que 17.000
» habitants, M. Mary Lafon eût dû reconnaître que
» la souveraineté pontificale n'avait pas été trop
» funeste à une ville qui comptait près de 200,000
» habitants à la fin du siècle dernier; mais ce fait
» ne le frappe pas. »

» Ah! vraiment? Allez, pour répondre à cet homme de bonne foi qui a lu mon histoire d'un bout à l'autre, à la page 256 :

« De cette époque (1453) date sérieusement la do-
» mination temporelle des papes sur Rome. Ils y

» aspiraient depuis six cents ans ; mais elle leur avait
» toujours échappé. — De ces trois ennemis qui la
» tinrent si longtemps en échec, l'empereur, la féo-
» dalité et le peuple, les papes n'en voyaient plus un
» seul sur leur chemin. Leur action pouvait donc se
» déployer librement. Ils allaient montrer, comme
» souverains temporels, si leur gouvernement valait
» mieux que ceux sous lesquels avait vécu Rome
» moderne depuis la chute du pouvoir impérial.
» Arrivés à cette hauteur dans l'histoire, les papes
» devinrent pour Rome nouvelle ce que les Césars
» avaient été pour Rome ancienne : ils la tirèrent
» des ruines, et, s'ils ne la firent pas aussi grande,
» ils la firent comme la première, noble, illustre,
» belle et sans rivale encore.

» C'est dans cette œuvre de fondation et d'embel-
» lissement que nous allons suivre les papes, en élar-
» gissant notre point de vue pour peindre leur
» influence sur les affaires de l'Europe, nous plaçant
» dans ces hautes sphères où l'esprit de secte et de
» système n'altère point la sérénité de l'histoire,
» jugeant les actes et non les mœurs des hommes,
» et considérant la papauté comme un chêne à l'im-
» mense ombrage qui, malgré la mousse et les rugo-
» sités d'un tronc chargé de siècles, plane sur tout
» ce qui l'entoure, superbe de verdure, de majesté et
» de vigueur. »

» Qu'en dit le lecteur impartial ? Ai-je oublié ou
peint d'une main malveillante l'action de la pa-

pauté? Il est vrai que le temps, qui change toute chose, modifie forcément plus loin cette opinion. Après quatre siècles d'existence, car le pouvoir temporel, repoussé avec une énergie farouche pendant six cents années, ne date que de 1453, le grand chêne, de vétusté chancelle et tombe. Il faut donc, pour le sauver et le rajeunir, le délivrer des branches mortes, le replanter sur le terrain apostolique et purement spirituel de l'origine, et faire droit enfin aux réclamations de ce peuple qui se débat et proteste depuis mille ans!...

» Ici s'ouvre probablement un abime entre nous. Vous êtes convaincu, je n'en doute pas, que ce vain droit de souveraineté sur deux millions d'hommes qui ne cessent de repousser et de maudire leur joug, et qu'il faut contenir avec des baïonnettes, garantit et relève la grandeur du pontificat. Moi, je crois le contraire avec les deux tiers de l'Europe. Il vous semble que tout serait perdu si le successeur de saint Pierre quittait le *trirègne* éblouissant de pierreries; moi je crois qu'il serait mille fois plus grand avec la pauvre couronne d'épines. Enfin, comme je l'ai dit dans ma conclusion que je vous demande la permission de répéter en finissant :

« Si Rome se gouvernait elle-même, sous la pro-
» tection des puissances européennes, les papes se
» trouveraient replacés sur la chaire apostolique, au
» sommet de la chrétienté. Ils seraient véritablement

» alors les souverains du monde, car la souveraineté
» ne consiste pas dans la domination de la matière,
» mais dans celle des esprits et des cœurs ; et, comme
» il n'y a qu'une voix dans ce siècle pour laisser
» Rome capitale de l'Église universelle, et l'héritier
» de saint Pierre chef suprême de cette Église, le
» jour où il ne couvrirait plus un seul sujet, le man-
» teau pontifical couvrirait cent millions de fils ca-
» tholiques. »

» Agréez l'assurance de ma considération distinguée.

» Mary Lafon.

» Paris, le 27 décembre. »

Le proverbe basque a raison : *Ne montrez pas, s'il est couché, cape rouge au taureau.* Malgré de vives sollicitations, je n'avais pas voulu prendre part à l'ardente polémique engagée sur la question du gouvernement temporel. L'attaque de *l'Univers* me décida. Comme s'il eût deviné ma pensée, Dentu, étant venu me demander un travail sur ce sujet qui passionnait tout le monde, nous convînmes de couper l'arbre au pied en prouvant par l'histoire que le gouvernement temporel de la papauté n'avait jamais été accepté par les Romains. De là le livre intitulé *Mille ans de guerre entre Rome et les papes*, qui eut trois éditions coup sur coup et du retentis-sement. Il fut suivi, au commencement de 1860, par un autre ouvrage qui éclata comme un obus dans le champ des polémiques religieuses ; je veux parler de *Pasquin et Marforio*; recueil des satires contre les papes, placardées sur le vieux torse de la place Navone, que, par une fiction cinq fois séculaire, on supposait sorties de ses lèvres de pierre ou de celles du fleuve capitolin nommé Marforio.

Ce long cri de l'opposition romaine fut entendu en France : il trouva un écho sonore dans les journaux et les revues, et alla jusque dans les palais épiscopaux blesser l'oreille ultramontaine des prélats. Dans les premiers jours de juin 1860, je reçus une lettre du ministre de l'instruction publique qui m'invitait à passer à son cabinet vers les quatre heures. M. Rouland, que je connaissais depuis 1836, quand il était avocat général à Rouen, m'avait déjà convoqué pour m'offrir la tâche, déclinée d'avance, de préparer les matériaux de l'histoire de César. Je pensais qu'il s'agissait du même objet et comme ma résolution était bien arrêtée sur ce point, je me rendis, l'âme tranquille, au ministère.

En entrant dans l'étroit salon d'attente de l'hôtel de la rue de Grenelle, j'y aperçus deux évêques, un ou deux membres du conseil de l'instruction publique et le procureur général. Comptant bien ne passer qu'après tous ces dignitaires, j'avertis l'huissier et descendis dans la cour pour fumer un cigare. Mais, à ma grande surprise, à peine au bas de l'escalier, l'homme à la chaîne accourt tout essoufflé : « Monsieur, monsieur le ministre vous demande ! » Je remonte un peu contrarié et, dans ce cabinet, donnant sur le jardin d'où la lumière coule à flots par deux grandes fenêtres, derrière ce même bureau où j'avais vu successivement Guizot, avec son profil à l'emporte pièce, Villemain, roulé sur lui-même comme un serpent et Salvandy au toupet rutilant, je trouve un petit homme en redingote, figure rasée, air matois sous ses lunettes, qui, après m'avoir prié très gracieusement de m'asseoir, dit en enflant sa voix :

— Eh ! bien, monsieur Mary Lafon, vous nous ferez donc toujours des affaires dans les journaux ?

— Moi ! m'écriai-je avec une surprise des plus naïves et des plus vraies ! Mais, sauf quelques feuilletons au *Moniteur universel* et dans le *Musée des Familles* que vous ne croyez pas capables de s'insurger, je pense, depuis certaines correspondances qui ont mis en émoi, il y a seize ans, le ministre des affaires étrangères, je n'ai pas écrit une ligne dans les journaux !

— Vous l'affirmez ?

— Sur l'honneur, monsieur le ministre.

— Comment appelez-vous cela ? reprit-il d'un ton goguenard en me tendant un grand journal barré à l'encre rouge.

C'était *l'Indépendant de la Charente-Inférieure*, rédigé par un digne et brave soldat de la presse, nommé Vallein, un de ces patriotes éprouvés dont l'âme est à l'unisson de la plume.

Je jette les yeux sur la page encadrée d'une ligne rouge et vois un long article variétés intitulé *le Ciel des papes*, et portant ma signature.

— Eh bien, dit le ministre triomphant, nierez-vous à présent ?...

— Plus que jamais, parbleu !

— Votre signature est donc fausse ?...

— Oui et non, dis-je à mon tour, en riant.

— Ah ! petit-fils de mon peuple ! voilà un mot qui sent bien le terroir originel ! mais prenez garde !... à Normand, Normand et demi !

— Dieu me préserve de vous contester cet avantage deux fois supérieur, moi surtout qui n'ai dans mes veines que quelques flots de sang neustrien puisés, en 1750, au sein de mon aïeule, mademoiselle Thérèse de la Balue, native d'Alençon.

— Expliquez-vous alors ?

— Ce ne sera pas difficile. L'article publié par *l'Indépendant* est bien de moi ; mais il a été pris dans un livre que, très probablement, vous ne connaissez pas.

— Comment est-il intitulé ?

— *Pasquin et Marforio*.

— Un mauvais ouvrage, en effet, au point de vue religieux, qui fait crier et qu'un de nos plus saints prélats appelait dernièrement, ici même, « le livre terrible ». Vous avez bien raison de dire que je ne le connais pas... et c'est un fragment de ce volume qu'a publié l'*Indépendant* ?

— Oui, monsieur le ministre.

— A quelle page se trouve-t-il?...

— Je ne me rappelle pas exactement, mais c'est vers les 160.

M. Rouland allongea le bras et, non sans m'étonner un peu, prit sur son bureau un *Pasquin* et se mit à le feuilleter en silence. Arrivé à la page 169.

— Voilà, dit-il, *le Ciel des papes*. Vous disiez vrai. S'il s'était agi d'un journal, j'étais forcé de vous poursuivre. Mais l'extrait d'un livre, c'est différent; je n'y peux rien.

— Vous aviez donc à mon égard quelques intentions judiciaires?

— Oui, mon cher issu de Normand. L'évêque d'Angoulême et celui de la Rochelle, que vous avez vus en passant, vous ont dénoncé pour cet article et appelaient sur votre tête toutes les foudres du parquet, plus redoutables aujourd'hui que celles de l'Église.

— C'est peut-être pour cela que vous aviez dérangé le procureur général?

— Précisément. Quant à Nos Seigneurs de la Rochelle et d'Angoulême, ils auront fait un voyage blanc.

Moins de deux mois après, cependant, je reparaissais dans son cabinet, non plus comme accusé, mais comme un homme venant payer l'intérêt d'un service. Le 11 du mois d'août, j'avais rencontré Sandeau devant le Théâtre-Français. L'auteur de

Mademoiselle de La Seiglière, loyal comme son talent, et aussi bon ami que bon écrivain, m'aborda le front rembruni, et, me serrant énergiquement la main :

— Mon cher Lafon, je suis au désespoir !

— Pourquoi donc ? lui dis-je surpris et triste de sa tristesse.

— Eh bien ! les efforts de vos amis ont encore échoué malgré vos droits et nos instances, vous n'aurez pas la croix cette année.

— N'est-ce que cela ? Je craignais qu'un malheur ne vous fût arrivé !

— Je l'aimerais mieux, dit Sandeau avec sa bonté ordinaire.

— Diable ! pas moi !

Je le remerciai chaudement et regagnai, en compagnie d'Auguste Avond, notre ami commun, mon cabinet, où m'attendaient les Walis et les Khalifes de Grenade. A la porte, le digne avocat, me supposant plus affligé que je n'étais, me proposa d'aller dîner et passer la soirée à Saint-Cloud ; il fut convenu qu'il viendrait me prendre à sept heures dans une voiture découverte, et que nous irions à Saint-Cloud par le bois de Boulogne. Nous nous séparâmes sur ces mots ; je monte, et, à la cinquième ou sixième marche, le concierge court après moi et me remet un pli qu'on venait d'apporter. J'ai pour habitude de lire les lettres à tête reposée.

Ce ne fut donc qu'après avoir mis en ordre les notes prises à la bibliothèque de la rue Richelieu et préparé le travail du soir ou plutôt de la nuit, que j'ouvris la lettre remise; elle ne contenait que trois lignes :

« Monsieur,

» J'ai l'honneur de vous annoncer que, sur ma proposition, l'Empereur vous a nommé chevalier de la Légion d'honneur. »

» *Le Ministre des Beaux-Arts,*

» ACHILLE FOULD. »

— Sandeau était mal informé, dis-je en remettant la lettre dans son enveloppe.

Je repris la plume, et, au bout d'une heure, lorsque j'étais plongé dans les querelles sanglantes des Mozlems se déchirant sur le sol espagnol comme des loups furieux et à onze siècles du 11 août 1860, un cheval, lancé au grand trot s'arrête à ma porte, et me fait tressaillir en battant le pavé de ses fers. Justement j'étais à la date où le khalife Hescham vient d'étouffer la révolte des Émirs et force Abdallah de baiser humblement la *main du maître de la promesse.* Quel était ce cavalier arrêté à ma porte au moment où le faucon de Merida venait dans mon livre apporter à Hescham la victoire des chefs de Tolède?... Ce n'était qu'un municipal porteur d'un nouveau pli officiel. Celui-là excita ma curiosité; je l'ouvris tout de suite. Il y était dit, dans les mêmes termes que le premier :

« Monsieur,

» J'ai l'honneur de vous annoncer que, sur ma proposition, l'Empereur vous a nommé chevalier de la Légion d'honneur. »

» Rouland,
» *Ministre de l'Instruction publique.* »

J'allai passer la soirée avec mon ami et son neveu, M. Chauvy, secrétaire de M. Rouher, sans leur rien dire, et, le lendemain, je fis les visites dues. M. Fould s'excusa très obligeamment de m'avoir si longtemps oublié. — « Mais, me dit-il, en me serrant la main, je vous croyais officier depuis dix ans. Grande émotion au ministère de l'instruction publique, où je trouvai le ministre lisant *le Moniteur* qui portait ma nomination.

— Ah ! mon compère, s'écria M. Rouland, en me voyant, vous couriez donc deux lièvres à la fois ?

— Vous savez mieux que personne, monsieur le ministre, que je n'avais chargé mon fusil ni pour l'un ni pour l'autre.

— C'est vrai, dit-il, et je ne suis fâché que d'une chose : c'est que mon collègue, qui a dans ses attributions *le Moniteur*, m'ait devancé.

Nous nous quittâmes sur ces mots dans les meilleurs termes où se puissent trouver le ministre d'un grand empire et un homme de lettres, qui généralement n'est pas en France, comme en Chine, un mandarin de première classe.

Je publiai cette année-là, chez Amyot, l'*Histoire d'une ville protestante*, page détachée d'un grand travail sur nos guerres religieuses.

Pour écrire cette histoire d'une ville où mes pères, dès 1733, rendaient la justice sous leurs volumineuses perruques de magistrats, portaient le chaperon municipal et commandaient à la maréchaussée en qualité de prévôts généraux, j'avais été forcé de revenir au pays natal. Brisé par trente-trois années de travaux continus, j'allai reprendre haleine dans la vieille maison. Elle s'élevait sur un des sommets les plus ardus de cette chaîne secondaire des Cévennes qui traverse le Quercy pour aller se plonger à Bordeaux dans l'Océan. Bien connue du pauvre et des hirondelles, mais défendue avec trop d'insouciance, depuis un siècle, par ses maîtres, tous coureurs du monde ou rêveurs, contre les attaques du temps, elle se lézardait aux quatre coins, tremblait au sifflement des vents de l'hiver et semblait n'attendre que la mort du dernier possesseur pour tomber en ruine. En me retrouvant sur la terrasse ombragée par un acacia séculaire et dans ce salon, où ne m'attendaient, graves et muets, que des portraits de famille, le souvenir de ma grand'mère, ma première et unique institutrice, fut celui qui me frappa le plus fortement. C'était une femme pleine de cœur, d'un goût excellent, d'un esprit supérieur et d'une austérité presque monacale. La première partie de sa vie s'était passée dans le bruit et les fêtes. Pensionnaire au couvent des clarisses de Millau quand madame de Saint-Vincent y contrefit la signature du maréchal de Richelieu, alors gouverneur de la Guienne, elle figura comme témoin dans ce procès célèbre, où il s'agissait de trois ou quatre cent mille écus. Et son témoignage fit pencher la balance en faveur du maréchal, qui lui en garda, bien qu'elle n'eût dit que la vérité, la plus vive reconnaissance et fut en liaison et correspondance avec elle jusqu'à son dernier jour.

En parcourant, quelques jours après mon arrivée, ces liasses de papiers jaunis dans lesquelles se trouve à moitié effacée par l'humidité ou le temps, l'histoire intime de sa vie, le hasard mit sous ma main un paquet de lettres se rapportant toutes à ce procès fameux. Je les lus : elles éveillèrent si vivement ma curiosité qu'aussitôt à Paris je courus aux archives de l'Empire et à celles du Parlement, compulsant une à une toutes les pièces judiciaires. L'impression qui m'en resta étant la même que j'avais éprouvée à la lecture des lettres, je crus que le récit de cette cause, célèbre dans l'autre siècle, pourrait offrir de l'intérêt dans le nôtre comme tableau de mœurs, et je fis le livre intitulé *le Maréchal de Richelieu et madame de Saint-Vincent*.

Le manuscrit achevé, je le proposai à Didier. Cet éditeur académique réfléchit quelques instants; puis il me dit :

— Est-ce que madame de Saint-Vincent n'était pas parente de madame de Sévigné?

— C'était son arrière-petite-fille.

— En ce cas, répondit-il sérieusement, je ne peux traiter avec vous avant de savoir si cette publication ne la blesserait pas.

Je le regardai pour voir s'il plaisantait ou voulait se moquer de moi, mais lui gardait son sérieux :

— Je vais lui écrire — ajouta-t-il; dans trois ou quatre jours j'irai vous porter sa réponse. Si elle n'y voit pas d'inconvénient, l'affaire est faite.

Je sortis de la librairie du quai des Augustins fort alarmé sur le moral de l'éditeur, dont la physionomie, au reste, avait un caractère étrange. Un de ses collègues, que je rencontrai au pont Neuf, me rassura.

— Non, me dit Dumoulin, Didier n'est pas fou, il est spirite.

Tout en pensant à part moi qu'il n'y avait pas de différence, j'attendis le disciple d'Allan-Kardek. Le samedi suivant, il entrait en effet chez moi, l'air tout joyeux.

— Eh! bien, lui criai-je non sans effort pour rester grave, que dit madame de Sévigné?

— Elle est satisfaite.

— Et moi aussi.

Mon livre parut donc, en 1863, avec la permission et l'approbation de madame de Sévigné.

Je croirais, si j'étais spirite, que ce consentement d'outre-tombe lui porta bonheur et m'obtint la faveur de la presse.

Il était surtout jugé en maître, dans la *Revue Critique*, par M. Campenon, ce digne magistrat qui vient de quitter si noblement sa toge d'avocat général à la Cour de Paris pour ne pas paraître sanctionner, par son silence, la violation de l'inviolable domicile.

Une intervention bien inattendue mit au jour, l'année suivante, *la France ancienne et moderne*. J'avais souvent rencontré, en province et chez Furne, le libraire Morizot. C'était un homme charmant, d'une douceur exceptionnelle, d'une politesse exquise et d'une parfaite honorabilité. Au commencement de l'année 1864, il vint un jour m'inviter à dîner. Je le remerciai d'abord, car il n'a jamais été facile de m'arracher à mes travaux et à mes livres. Il insista chaleureusement, et, pour me décider, me promit que nous ne serions que trois à table. Je demandai le nom du troisième ; mais il me dit, avec son bon sourire, qu'il me réservait une surprise dont je ne serais pas fâché. Je me rendis à l'heure dite rue Séguier et fus, en effet, très surpris de trouver dans le salon monseigneur Darboy. Intime ami de Morizot, l'archevêque de Paris ne dédaignait pas d'être parfois le commensal de son compatriote. Je ne connaissais point ce prélat et ne l'avais même jamais vu, mais je fus frappé de cette figure fine et rayonnante de vivacité et d'esprit. Sa conversation augmentait encore l'impression vive et favorable qu'au premier abord produisait sa physionomie. On parla de beaucoup de choses; puis, par une pente naturelle, la conversation tomba sur Rome. Bien qu'il ne fût pas ultramontain, l'ami de Morizot me laissa très clairement entendre que, s'il me pardonnait *Rome* et ma publication contre le pouvoir temporel, il n'en était pas de même pour *Mille ans de guerre* et surtout pour *Pasquin et Marforio*, « le livre terrible », selon l'expression de monseigneur Landriot. Ce terrain était dangereux. J'avertis Morizot d'un coup d'œil, et, dans son amour illimité de la concorde, il se hâta d'ouvrir une autre discussion. Mais, à ma grande surprise, la divergence de nos opinions s'accusa plus grande encore sur le terrain politique. Par une illusion qu'il devait, hélas ! payer bien cher, monseigneur Darboy s'était fait un idéal des plus faux des vertus et de la magnanimité du peuple. Nous avions beau lui dire, Morizot et moi, que, sauf quelques misérables comme les fous sanglants de la Montagne et les égorgeurs du Comité du salut public, les crimes, en révolution, ne sont pas commis par les hommes intelligents, mais par la tourbe populaire, ignare et sans pitié pour tout ce qui vit au-dessus d'elle, il s'obstinait à soutenir qu'on peut la dompter avec la raison, le sentiment et l'éloquence, et nous citait, comme un argument sans réplique, l'exemple de Lamartine en 1848.

— Monseigneur, lui dis-je en me levant, mon aïeul, quand j'étais enfant, me racontait un fait que je n'ai jamais oublié et qui me revient surtout quand le peuple de ce siècle a des armes. Un montreur de bêtes féroces attirait la foule à Marseille, par un spectacle nouveau et périlleux. Il mettait tranquillement sa tête dans la gueule d'un lion et la retirait ensuite à volonté. Or, un jour, elle y fut retenue, les crocs du fauve s'abaissèrent, et le public, terrifié, n'entendit qu'un horrible craquement d'os broyés et sanglants et vit retomber de la cage du lion un cadavre sans tête.

J'allais me retirer, Morizot me fit rasseoir en disant :

— Parlez d'autre chose. J'ai besoin d'un livre pour mon expédition annuelle en Russie, et, quoique vous ne vous entendiez sur aucune question avec mon ami, c'est lui qui m'a conseillé de vous demander ce livre.

— Je le remercie de sa confiance en moi comme écrivain ; mais quel serait ce genre d'ouvrage ?

— Un tableau de l'histoire de France, peint à grands traits, dit l'archevêque, dans le genre de *Rome ancienne et moderne.*

Je répondis qu'en eussé-je la volonté, le temps me manquerait pour cette œuvre ; car Rome représentait, avec les recherches antérieures, cinq années de travail.

— Mais vous devez avoir des cartons pleins sur le sujet que vous propose Morizot.

— J'ai, en effet, un abrégé manuscrit de l'*Histoire du Midi,* un récit à peu près complet de nos guerres religieuses, quelques études latérales sur les villes du sud et du nord.

— Eh bien ! fondez tout cela pour le livre de Morizot, la Russie sera très contente.

— Et moi aussi, ajouta de sa voix sympathique le doux et brave Morizot.

Les journaux du temps apprécièrent avec beaucoup d'indulgence, à son apparition, ce nouvel ouvrage, né sous l'inspiration de monseigneur Darboy et publié, en quelque sorte, sous ses auspices.

Vers le même temps, je fondai avec Ernest Alby, mort récemment, Mahias, aujourd'hui préfet, Champfleury et quelques autres, le dîner mensuel de la Société des gens de lettres. Cette première agape littéraire se tint le 16 avril 1864, chez Lemardelay. Elle réunit plus de cent membres et fut présidée par Alexandre Dumas père à qui j'adressai ce toast pour bien préciser le caractère de la fête :

A L'ESPRIT

« Messieurs,

» Les premiers chrétiens trouvèrent, un jour, dans une ville grecque un autel portant cette inscription :
Au Dieu inconnu !

» Si l'autel était debout encore, il n'y aurait que deux lettres à changer à l'inscription pour la rendre actuelle :

» *Au Dieu méconnu !*

» Jamais, en effet, société n'a dédaigné l'esprit comme la nôtre ; c'est la matière qui triomphe et nous maîtrise ; la matière dont on s'occupe avec amour et qu'on honore presque exclusivement.

» L'Industrie, le Commerce, la Banque, la Bourse et l'Agriculture, voilà les puissances du jour.

» Et cependant toutes les cours de l'Empire auraient décidé le contraire que je croirais toujours que celui qui fait un beau livre a mérité plus noblement de sa patrie que l'homme qui engraisse un bœuf.

» Car — il faut le dire bien haut et sans crainte, à la matière — le but de la destinée humaine n'est pas seulement de brûler du charbon, de gagner de l'argent, de primer les bestiaux, et de faire courir quelques rosses entre deux cordes.

» Une nation intelligente comme la France a de meilleures, de plus hautes aspirations.

» Que la race austro-germanique se contente de la vie animale, je le conçois : chaque peuple obéit à sa nature ; mais, malgré la mauvaise pente du siècle, la France aura toujours le cœur plus grand que l'estomac.

» Protestant donc avec chaleur et unanimité contre

les tendances matérialistes de ce temps, buvons, nous, les fidèles dévoués de l'esprit :

» Au vrai dieu méconnu !
» Au dieu de Rabelais !
» De Molière, de Pascal, de Voltaire !
» Et de notre fécond et trois fois glorieux Président ! »

XXII

Depuis le 18 juin 1858, je travaillais à l'*Histoire d'Espagne*. Elle parut à la librairie Furne en 1865.

Jusque-là, et pendant plus d'un demi-siècle, j'avais marché seul dans la vie. Le peu de temps écoulé dans la maison paternelle s'était évaporé, comme en cellule, au milieu des livres. Le collège avait tenu closes dans ses murs les années de l'adolescence; celles de la jeunesse et de l'âge mûr, je les avais passées avec les morts, dans mon cabinet ou dans les bibliothèques. Endormi depuis dix-huit ans, mon cœur se réveilla tout à coup avec un impérieux et doux besoin d'affection intime, de la vie à deux. Il était temps d'y songer! Plus heureux que sage, ce bonheur, feu follet qui n'avait jamais brillé au loin que pour s'évanouir, je le trouvai tout près de moi.

Lamartine avait bien raison en disant :

> Comme l'on choisit une rose
> Sous les ombrages de Sarons,
> Choisissez une vierge éclose,
> Parmi les lys de vos vallons.

Je suivis ce conseil poétique, et, par une faveur singulière du hasard, le 26 février 1867, j'épousai, au château de Beauséjour, autant d'esprit, de connaissances solides et de talents que de jeunesse, de vertus et de grâces, dans la personne de mon aimable et chère femme Nancy Bonhomme.

Il y a de ces hasards dans la vie qui, même en y réfléchissant, paraissent des prédestinations. J'ai dit que ma famille était ancienne à Montauban. Or la maison de ma future avait appartenu autrefois à l'un de mes aïeux, M. Maury, prévôt général de la maréchaussée. Cette étrange circonstance éveilla en moi un sentiment d'une expression particulière. Je suis un des fermes croyants à l'immortalité de l'âme. En traversant ce corridor voûté et montant ces marches, jadis de pierre, foulées par les ancêtres, il me sembla que leur voix, s'élevant de la tombe, murmurait à mon cœur : « C'est ici que tu trouveras la compagne des derniers jours. »

C'est dans un salon simplement mais confortablement meublé que je trouvai celle que j'allais voir. Elle travaillait sous la lampe, auprès de sa mère, mise avec une simplicité de bon goût, et un peu émue. Nous causâmes jusqu'à minuit. Quand la douzième heure sonna, j'étais décidé. Heureuse détermination qui m'a donné à plein tout ce qui m'avait manqué depuis ma naissance, la joie intime du foyer, un cœur battant des mêmes sentiments et l'écho d'une intelligence pour le moins égale à la mienne.

Les doux rayons de ma lune de miel et ceux des seize mois suivants éclairèrent l'achèvement d'un ouvrage que je n'aurais jamais fait dans les conditions de la vie académique. Il était en préparation depuis 1847, et, pendant cette longue période, pas un jour peut-être ne s'était passé sans qu'il vînt comme un accès de fièvre irriter une heure mon cerveau. Courageusement entrepris, abandonné de lassitude, repris enfin avec ardeur, je finis, par un violent effort de volonté et une lutte énergique et constante pendant seize mois, à le terminer au commencement de 1868.

Pour avoir une idée de la tâche que je m'étais volontairement imposée, il faut savoir que ce poème compte près de neuf mille vers monorimes et renferme des tirades sur la même rime de deux cents vers.

Cet ouvrage, qu'on n'aurait dû envisager qu'au point de vue historique et littéraire, fut jugé sainement par la critique; mais, sauf d'illustres exceptions, il ne trouva pas dans les sphères académiques l'accueil qu'il méritait. Les superficiels, comme l'académicien Lebrun, n'y virent qu'un tour de force ; les religieux, qu'une atteinte bien rétrospective pourtant au pouvoir de l'Église ; les bons esprits seuls l'apprécièrent sans parti pris. Il me valut, et j'en suis heureux et reconnaissant, le suffrage de M. Mignet, qui m'écrivit d'Aix une lettre charmante, et celui de M. Thiers, qui ne dédaigna pas de venir me féliciter et me remercier lui-même pour le volume que je lui avais adressé.

J'étais absent; mais il me laissa ce souvenir de sa visite et ce témoignage en faveur de mon livre :

« Pour M. Mary-Lafon

» MONSIEUR THIERS,

» Avec mille remerciements pour l'envoi de sa belle traduction. »

Notre esprit tient beaucoup de la nature de l'oiseau qui s'éveille et chante quand le temps est beau et la saison clémente. Vivant depuis mon mariage dans une douce atmosphère de bonheur, mes instincts poétiques se réveillèrent au souffle du printemps de 1869. Je songeai à ce premier livre publié trente-cinq ans auparavant. Fleurs hâtives et trop précoces, comme celles de l'amandier, ces poésies, malgré de nombreuses demandes, n'avaient jamais été rééditées. Je m'y étais refusé constamment. Après une révision sévère, quelques additions et le retranchement de tout ce qui me semblait trop faible, je me décidai à remettre *Sylvio*, ainsi remanié et corrigé, sous les yeux du public, avec un titre nouveau : *Mes Primevères*.

Aussi heureux que Sylvio, sous sa nouvelle forme, ce livre s'écoula si rapidement, qu'on n'eut pas le temps de faire le service de la presse. Il n'en tomba, par les soins d'une amie, qu'un exemplaire dans les mains de Banville, qui lui souhaita, au *National*, une gracieuse bienvenue. La sympathie des maîtres égala si elle ne surpassa même la faveur du public ; un grand poète, l'auteur des *Iambes*, lui fit un accueil presque fraternel ; les philosophes eux-mêmes y trouvèrent du charme.

« Monsieur, m'écrivait le 24 octobre 1869, de son château de Laffitte, le grave historien d'Abélard, nous avons reçu vos fleurs du printemps, qui prouvent que votre muse n'a pas d'hiver et qui nous donnent l'illusion de rajeunir en vous lisant. Je vous remercie au nom de madame de Rémusat et au mien. Nous sommes très touchés de votre souvenir et très reconnaissants du plaisir que vous nous donnez, plaisir rare, de lire des vers pleins de fraîcheur et de grâce.

» Veuillez, Monsieur, agréer l'expression de ma sincère gratitude et de ma haute considération.

» CH. DE RÉMUSAT. »

Après la philosophie, le génie poétique :

« Lyon, 1ᵉʳ novembre 1869.

» Monsieur,

» J'ai trouvé un charme bien vif dans le gracieux volume que vous avez bien voulu m'envoyer : je devrais ne vous parler que de celui qui tient à votre talent, à l'esprit distingué, au noble cœur qui vous ont dicté ces vers ; mais il y en a un autre qui m'est tout personnel et qui cependant constitue entre nous un lien que je suis heureux de resserrer encore : le souvenir sympathique que vous gardez à *Psyché* m'a profondément flatté ; mais c'est dans l'ensemble de votre volume que j'ai respiré ce parfum qui m'a saisi. Il y a dans le ton général, dans les intervalles, dans tout ce qui est l'empreinte de l'âme, quelque chose qui appartient uniquement à notre génération et qui me rappelle ma jeunesse. Vous me l'avez rendue tout entière pendant plusieurs soirées. Je vous en remercie de tout cœur.

» Nos successeurs valent-ils mieux que nous ? ils en sont convaincus. Dans tous les cas, ils sont fort différents, et ils parlent une langue que je ne comprends guère. Elle ne vient jamais du cœur.

» Au moment de fermer ce billet, je reçois trois lignes d'Émile Deschamps m'annonçant la mort d'Antony. Encore une belle, bonne et vraiment grande âme bien éprouvée et qui méritait mieux.

» Pardonnez ce griffonnage tout familier à une plume qui n'a pas l'honneur d'être celle d'un de vos intimes, mais qui est conduite par un esprit plein de sympathie pour le vôtre, et tenue par une main qui se tend vers vous bien cordialement.

» V. DE LAPRADE. »

Enfin après le génie, l'esprit, si bien représenté à l'Académie par son secrétaire perpétuel. Voici comment il s'exprimait le 10 septembre de la même année :

« Palais des Tuileries, le 10 septembre 1869.

» Oui certainement, mon cher ami, j'ai lu votre *Camée* et je vous remercie d'avoir placé mon nom en tête de cette charmante fantaisie. Vos fleurs du Midi auront beaucoup de succès dans le Nord, et, pour ma part, j'ai eu grand plaisir à en lire plus de la moitié; je ne m'arrêterai pas en si bonne voie, à bientôt le reste !

» J'ai traversé deux fois Montauban, le mois dernier, dans l'un des deux voyages que j'ai faits en quinze jours de Paris à Luchon. Quatre fois la route, s'il vous plait : une fois par Marseille, une fois par Bordeaux, deux fois par Toulouse, Montauban, Capdenac et Périgueux.

» J'ai pensé à vous en regrettant de passer si

vite devant votre jardin, et surtout devant votre famille.

» Merci encore pour les *Primevères*, pour les *Camées* et pour toutes vos gracieuses attentions.

» Votre bien dévoué

» CAMILLE DOUCET. »

A cette date, on m'engagea de divers côtés à me présenter à l'Académie. J'avais souvent refusé de franchir, à cause des visites, le Rubicon, assez effrayant pour un travailleur, de la candidature.

Voyant cependant que la mort, en fauchant mes amis, m'enlevait chaque jour des chances, je finis par m'y décider ; mais, avant de commencer cet assaut quotidien bien plus pénible qu'on ne pense je voulus m'assurer des dispositions de celui qui de l'aveu de tous était alors regardé comme le grand électeur de l'Institut. J'écrivis donc à M. Guizot pour lui annoncer mon dessein, il me répondit le 4 septembre 1869 :

« Je sais le mérite de vos travaux, Monsieur, et ils m'ont plus d'une fois vivement intéressé. Je suis, en ce moment, trop loin de l'Académie et nous sommes encore trop loin de l'élection pour qu'on puisse apprécier les chances des candidats, et je ne veux vous donner ni paroles légères, ni vaines espérances. Je rentrerai à Paris au mois de novembre l'élection sera prochaine alors et je pourrai vous dire autre chose que des banalités.

» Recevez, je vous prie, l'assurance de ma considération distinguée,

» GUIZOT.

» Val Richer, 4 septembre 1869. »

Je vis à son retour à Paris M. Guizot qui ne s'était pas engagé dans sa lettre, parce que les écrits restent ; mais, comme les paroles volent, il fut beaucoup plus explicite dans la conversation. La nomination d'Olivier me prouva, en 1870, le cas qu'il fallait faire de ses promesses ; il est vrai que je n'étais pas ministre et ne pouvais donner à son fils une place de 25,000 francs.

Ne devant plus compter sur lui, je cherchai des appuis ailleurs. Monseigneur Dupanloup exerçait une influence sérieuse sur une partie de l'Académie. Malheureusement, j'avais contre moi des ouvrages tels que *Pasquin et Marforio*, *Mille ans de guerre entre Rome et les papes*, *la Croisade contre les Albigeois*, que je n'aurais pas reniés pour un fauteuil académique. De plus, en ce moment même, je venais de terminer, pour un éditeur italien, un tableau historique et critique sur l'infaillibilité. C'eût été le coup de grâce. Avant de l'envoyer à Florence, l'idée me vint de consulter monseigneur Dupanloup sur l'opportunité· de cette publication, et j'envoyai ce travail à Orléans. Voici la réponse que je reçus :

ÉVÊCHÉ « Orléans, le 2 août 1870.
D'ORLÉANS.

» Monsieur,

» Je suis formellement d'avis que vous n'imprimiez pas ce que vous avez bien voulu me communiquer.

» Si vous traversiez quelque jour Orléans, je serais heureux de l'honneur de vous voir, et de causer avec vous.

» Veuillez agréer tous mes bien dévoués sentiments en N. S..

» F.-E. d'Orléans. »

J'allai à Orléans ; l'éloquent prélat n'y était pas ; je le trouvai à Paris dans un couvent de la rue Barbet-de-Jouy. La réception dont il m'honora, fut des plus cordiales. Était-il plus sincère que M. Guizot ? M. Duvergier de Hauranne ne le pensait pas ; la suite devait me prouver qu'il avait raison. Je poursuivais cette course au fauteuil très mollement et avec une grande répugnance, lorsqu'éclata sur notre malheureux pays l'épouvantable coup de foudre de 1870.

L'écroulement de l'Empire me toucha peu, bien que des pierres détachées vinssent me blesser jusqu'au sang ; mais celui de la France, si grande et si glorieuse la veille, m'atterra, me brisa le cœur. Je peux le dire avec vérité, pendant six mois, je ne sais comment j'ai vécu. Sous le poids de ces grands désastres, l'esprit comme le corps avait fléchi. Il me fallut du temps pour me remettre de ce choc. La sympathie d'amis bien chers, tels que Jules Janin et sa femme, M. et Madame Arnol et le frère de celle-ci, le général Lefèvre, Jules Sandeau, les bons soins dont j'étais entouré et les courses de l'aube au soir sur nos montagnes du Quercy, finirent par dissiper le sombre nuage qui voilait mon esprit et mon cœur, et je recommençai le labeur quotidien vers la fin de 72.

L'an 74 me vit continuant, sans m'essouffler, mon excursion vers l'Académie. J'allai d'abord voir Jules Favre, à qui je m'étais contenté d'envoyer une carte, comme à plusieurs de ses confrères que je me souciais peu de voir. L'avocat-tribun ne m'était pas tout à fait inconnu. Trente-trois ans auparavant, et lorsque son nom ne brillait ni de la gloire du barreau ni de celle de la tribune, il m'avait été présenté par un de ses compatriotes, M. Hippolyte Peut, esprit sagace, hardi et persistant, à qui le Midi doit le canal du Rhône ; car c'est lui qui mit cette idée au monde et qui la développa et la soutint avec une ardeur que rien n'a pu décourager.

Je dînai, dans l'été de 1841, chez cet infatigable propagateur, avec le jeune avocat de Lyon, qui s'en souvint parfaitement lors de ma visite en 1874.

— Me reconnaissez-vous, lui dis-je en entrant dans son cabinet, rue d'Amsterdam.

— Oui, vous êtes l'auteur de ces livres.

Et il me montrait *Rome* et l'*Histoire d'Espagne*, cette dernière sur son bureau.

— Vous rappelez-vous notre première entrevue chez Hippolyte Peut.

— Et le dîner rue de Clichy?...

— Parfaitement !

— Les projets, faits comme les bulles de savon des enfants au souffle de la jeunesse, se sont réalisés pour vous deux. Vous êtes sénateur, vous avez été député et ministre, et Peut va avoir son canal ; il n'y a que moi dont le rêve alors exprimé flotte encore dans les nuées de l'avenir.

— Quel rêve formiez-vous donc ? Je ne m'en souviens pas.

— De vous donner un jour la voix que je viens vous demander.

— Ah! je me rappelle, l'Académie ! Vous en sembliez plus près que moi en effet : lauréat de l'Institut, le chemin était tout tracé, pourquoi ne l'avez-vous pas fait plus tôt?

— Parce que je suis de ces naïfs qui, avant d'obtenir une chose, tiennent à la mériter.

— Et vous vous présentez maintenant ? Les concurrents sont nombreux...

— Treize ! sans compter les princes et les médecins !

Je le regardais pendant qu'il parlait. Quelle transformation opèrent les années sur l'homme ! qui aurait reconnu dans ce corps lourd et affaissé, dans cette tête et cette barbe grises, le jeune avocat rasé comme un prêtre, de 1841. Une ligne presque imperceptible dessinait alors sa bouche aux lèvres à cette heure gonflées et pendantes. La pâleur était la même, moins mate cependant que dans la jeunesse; les lunettes seules n'avaient pas changé.

Après ces compliments d'usage qui flattent et illusionnent parfois le candidat, sans engager l'académicien, Jules Favre me dit obligeamment qu'il serait heureux de voter pour une connaissance de trente-trois ans.

L'expérience rend défiant, le sourire dont il soulignait ces paroles ne me plut pas et je repris :

— Si se connaître depuis longtemps était un titre dans l'espèce, comme vous dites, messieurs les avocats, j'en invoquerais un d'une date bien plus ancienne.

— Bah ! m'aviez-vous déjà vu à Lyon ?

— Non ; car je n'y suis allé pour la première fois qu'en 1852.

— Où donc, alors ?

— La petite ville où je suis né surplombe la route, en ce temps-là postale, de Toulouse à Bordeaux. Un jour, qui devait se trouver dans l'almanach de 1818 ou 1819, le docteur Lafon, mon père, en allant voir ses malades, rencontra sur cette route un jeune fugitif de la maison paternelle; il le ramena dans la nôtre, où je l'accueillis comme un frère aîné; car il était plus âgé et surtout plus sérieux que moi. Comme ce précoce voyageur était de Lyon, j'ai idée que vous connaissez peut-être son nom et sa famille.

— Ainsi, me dit Jules Favre en me prenant la main et me la serrant franchement cette fois, ce bon docteur était votre père? il doit être mort depuis longtemps?..

— Depuis votre siège seulement.

— Comment! il était à Paris?..

— Et c'est le 17 décembre 1870 qu'il a cessé de vivre.

— Je n'oublierai jamais sa douce hospitalité e ses bons conseils, et vous verrez le jour de l'élection si j'ai bonne mémoire.

Je pense qu'il tint parole; mais, malheureusement pour moi, sous le dôme de l'Institut, Jules Favre n'avait que sa voix. Sentant bien qu'il me fallait un autre appui, je me rendis chez M. Thiers.

Je ne me rappelle pas bien exactement où je le trouvai, il me semble qu'il habitait provisoirement un grand hôtel du faubourg Saint-Honoré, dans les environs de l'ambassade d'Angleterre. Reçu aussitôt, sur le vu de ma carte, je montai et l'entendis, avant d'entrer, donner l'ordre à son domestique de porter un billet à la princesse Troubetskoï. Il s'assit au coin d'une immense cheminée, et, pendant que je prenais place sur le fauteuil placé à l'autre bout, il me demanda quel était l'objet de ma visite.

— Je viens, lui dis-je, vous demander, non ce que vous avez donné tant de fois, des places, des honneurs, mais une chose d'un prix bien supérieur à mes yeux, votre voix dans les prochaines élections académiques.

— Je vous l'ai déjà dit, répondit-il, de cette voix aiguë comme une chanterelle, votre candidature est plausible, et vous arriverez, seulement, je ne sais pas si ce sera pour cette fois. Avez-vous vu Guizot? Croyez-vous qu'il vous portera?...

— Non, car il l'a promis à Saulcy.

Je supprime, par respect pour la tombe, l'épithète accolée par M. Thiers au nom de son ancien rival. Se renversant dans son fauteuil, il ajouta :

— Vous lui aviez pourtant rendu service, ce me semble, à propos des affaires suisses.

— Je le crois, car je l'empêchai de faire une grande faute en s'alliant à l'Autriche pour combattre le Sunderbund.

M. Thiers à ces mots se redressa sur son fauteuil comme un ressort.

— Vraiment, dit-il, il rêvait une intervention combinée, je m'en étais toujours douté! mais comment le savez-vous?

— Je l'appris à Berne de la bouche de Muller, le Landamman d'Uri!

— Et qui l'empêcha de commettre cette faute malheureuse?

— Une lettre dans laquelle, mieux informé *de visu* que MM. de Pontois et Bois-le-Comte, je lui fis connaître au vrai l'état des choses.

— Il aurait dû être reconnaissant.

— Il n'en aurait pas eu le temps, s'il en avait eu la pensée, ce dont je doute, malgré ses lettres de Vompton, puisque, trois mois après, éclatait le mouvement de 48.

— Qui ne dut pas vous déplaire, car vous étiez républicain et l'ami de Carrel, ce me semble.

— Oui, Monsieur, j'avoue que ma jeunesse pouvait mériter ce titre auprès du grand patriote.

Ici, M. Thiers détourna brusquement la conversation et la mit sur un autre terrain. Je peux me tromper, mais je crois que cette évolution eut pour cause un souvenir désagréable. Quelque temps avant sa mort, Carrel se promenait sur le boulevard avec Romey et moi. A la hauteur des anciens bains chinois, nous rencontrâmes M. Thiers. Il portait un habit bleu, un pantalon gris, un gilet de couleur, le tout trop large et trop long pour sa taille et un chapeau blanc à grands poils. Il prit la droite de Carrel, que je m'empressai de lui céder, en formant avec Romey l'arrière-garde, et la promenade continua. Mais la conversation des anciens collaborateurs tourna bientôt en polémique. Elle s'échauffait de plus en plus ; arrivé enfin à la rue de la Paix, M. Thiers s'arrêta et dit à son interlocuteur :

— Oui, oui, je sais bien que si les républicains arrivent, je mourrai sur l'échafaud !..

— Toi ? reprit Carrel, avec un geste d'une éloquence intraduisible, toi ? tu mourras d'un coup de pied au c...!

Qui nous eût dit alors qu'il mourrait fondateur de la République et, à ce titre, honoré de plusieurs statues !

Passant vite sur ce souvenir qui, évidemment, lui était revenu :

— Vous avez été journaliste, me dit-il d'un air malicieux, m'avez-vous beaucoup attaqué ?...

— Jamais !

— Bah ! pas même pour les noyaux d'olives ?

Lorsqu'il était président du conseil, M. Thiers différait souvent d'avis avec Louis-Philippe et on assure, du moins me l'avait dit un de ses collègues, que le premier ministre qui grignotait assez souvent des olives, en lançait, quand la discussion l'ennuyait, les noyaux dans les mollets du roi ; or j'avais raconté cette gaminerie, qui exaspérait le père du juste-milieu, dans une Revue étrangère dont un extrait avait été mis sous les yeux de M. Thiers.

La conversation se prolongeant, je me levai pour me retirer; il me fit rasseoir, et, quittant Paris pour Bordeaux, revint sur une lettre que je lui avais écrite en 1870. Je venais de Poitiers ; en traversant Bordeaux, j'appris que M. Thiers était à l'hôtel de *France*, et je m'empressai d'aller lui offrir mes hommages. Il recevait à partir de dix heures du soir, et m'accueillit très gracieusement. Après un long entretien dans l'embrasure de la croisée, il me dit de lui écrire, en lui développant l'opinion que je venais d'exprimer. Je le fis en arrivant à Montauban, mais M. Thiers ne me répondit pas. La raison qu'il me donna de son silence, dans le salon du faubourg Saint-Honoré, sortant de l'ordre littéraire. doit mourir où elle naquit et je n'ai plus à rapporter que la fin de mon audience académique. Avec une franchise qu'on ne trouve pas toujours sur ce terrain, M. Thiers me dit qu'il avait deux candidats à faire entrer avant moi dans l'auguste sénat des lettres, Louis Blanc et Jules Simon. Mais il me promit, et je suis certain qu'il ne m'eût pas trompé, qu'après ces deux élections, je pouvais compter sur sa voix et son influence.

Je dus encore à cette candidature une fort agréable soirée passée dans un couvent de Ville-d'Avray, entre monseigneur Dupanloup et son grand vicaire. Avec M. Thiers, la visite eût tourné à la politique; avec l'évêque d'Orléans il ne fut question que de Rome et de la liberté d'enseignement, que j'avais absolument défendue en 1842. Bien qu'éloigné de l'Académie par sa démission, lors de l'élection de Littré, monseigneur Dupanloup y exerçait une action sérieuse; j'emportai sa promesse d'agir auprès de ses amis; il l'oublia ou sa recommandation ne fut pas très vive, car aucun des siens ne me porta. Sans Loménie, Camille Rousset et probablement Sandeau, qui me donnèrent leurs voix, j'en étais, comme le perroquet d'Auguste, pour mon temps et pour mes courses.

Je dois cependant un souvenir reconnaissant à Auguste Barbier qui, dans la discussion des titres, fit valoir les miens avec une chaleureuse éloquence applaudie de tous, et au pauvre Janin, qui s'évanouit dans la voiture en voulant se faire porter à l'Académie, afin de voter pour son ami de 1829. Janin était un ami fidèle et sincère, comme le prouve cette lettre qu'il m'écrivait six ans auparavant dans une pareille occasion :

« Mon cher ami,

» Il nous semble, en effet, que nous sortons d'un rêve funeste. A mon réveil, j'ai retrouvé en bon état nos livres, nos tableaux et tous les bibelots de ma chère femme, au milieu d'une ville en cendres.

» Ce qui met le comble à ma désolation, c'est le chagrin de mes amis. Vous n'avez pas été épargné, vous avez perdu la juste récompense de tant de travaux excellents ; vous perdez votre chère bibliothèque, en un mot, tous les désastres. Mais vous avez sauvé le bonheur domestique et la science la plus rare. On se console avec moins que cela.

» Je suis tout à fait de cet avis que vous veniez courir la fortune académique. En ce moment, l'Académie (on ne compte pas les espérances) peut disposer de trois ou quatre places; elle a déjà nommé *in petto* le jeune Alexandre Dumas, John Lemoine et Son Altesse monseigneur le duc d'Aumale. Arrivez cependant avec votre aimable femme ; il est toujours bon de se mettre en position ; vous avez tous les droits du monde ; enfin, rappelez-vous que je n'ai pas le droit de vote avant d'avoir prononcé mon discours. Le discours est fait. Il repose en ce moment dans le sein académique jusqu'à l'heure où l'on pourra dire : *Requiescat in pace!*

» Dites, je vous prie, à madame Lafon, bonne et charmante, que nous avons bien passé les journées douloureuses et que nous l'embrassons de tout notre cœur.

» Votre ami et confrère tout dévoué.

» J. JANIN.

» Samedi, 24 juin 1871. »

C'est en 1876 que je publiai la seconde édition de *Pasquin et Marforio*, chez l'éditeur Lacroix.

XXIII

Dans les deux années qui suivirent, je terminai enfin ma traduction du grand poème provençal de *Gérard de Roussillon*, qui ne compte pas moins de neuf mille vers, et fis représenter, à Paris, *la Belle-Sœur*, comédie en trois actes, en vers. Le public l'accueillit avec faveur et la Presse avec une sympathique indulgence, dont je remercie de cœur mes confrères Vitu, Caraguel, Bourgeat, Édouard Fournier et ceux qui me sont inconnus, tels que le remarquable auteur de la Revue littéraire de *l'Univers*. Quant aux deux ou trois exceptions qui se produisirent, elles ne me surprirent pas. La comédie est une œuvre d'esprit, il faut en avoir pour la comprendre et surtout pour la juger.

J'en dirai autant du *Roman d'un Méridional*, joué en 1879, et qui m'a laissé, entre autres bonnes impressions, le souvenir des articles de Monselet et du charmant auteur du *Nabab* et de *Fromont, Risler et C*^{ie}.

Comme j'achevais ces lignes, ma femme, une fanatique du talent de Vieuxtemps, entre, un journal à la main, et m'annonce, tout éplorée, la mort du virtuose. Notre connaissance datait de la première année de l'Empire et s'était faite de façon assez singulière. Je me promenais, un soir de mai, aux Champs-Elysées, avec Bessems, mon compatriote, ami et émule du grand artiste. Nous venions de passer devant un pauvre aveugle, dont le violon, grinçant faux et horriblement agaçant, n'obtenait qu'un résultat, celui de déchirer l'oreille et d'accélérer, pour échapper à ce supplice, le pas des promeneurs. Tout à coup, de l'arbre où se tenait l'aveugle, qui était sur l'emplacement maintenant couvert par les cafés chantants, une mélodie s'éleva si douce, si attrayante, si plaintive, que la foule pressée sur l'asphalte du côté droit s'arrêta pour écouter. Les plus éloignés rebroussèrent chemin pour mieux entendre. Nous fîmes comme eux, et, entrant dans le cercle qui s'était formé autour de l'aveugle, Bessems, me montrant l'homme qui tenait un violon :

— Je m'en doutais, dit-il en riant, c'est Vieuxtemps ! Attendez ! je vois sa pensée et vais la compléter.

Prenant aussitôt son chapeau, il parcourut les rangs épais des auditeurs en disant :

— Musique de Vieuxtemps ! Pour le pauvre aveugle !

La quête fut des plus fructueuses et émaillée de pièces blanches. L'aveugle reprit son archet en comblant son bienfaiteur de bénédictions, et Vieuxtemps, se joignant à nous, continua sa promenade. Je m'empressai de le féliciter sur sa bonne action, en m'étonnant de lui trouver le visage un peu sombre.

— Je suis vivement contrarié, répondit-il, et la tristesse qu'a dû exprimer mon archet, m'entoure le cœur depuis hier comme un nuage.

— Que vous est-il donc arrivé ? s'écria Bessems. Est-ce qu'un chagrin peut vous atteindre, vous qui laissez partout une traînée lumineuse de plaisir et de gloire et qui n'entendez que le bruit des acclamations ?

— Tout le monde, mon cher Bessems, ne m'apprécie pas comme vous !

— Allons donc !

— Croiriez-vous qu'on vient de me donner congé d'un appartement qui me plaisait beaucoup, à cause de sa vue sur les Tuileries, sous prétexte que mon violon agaçait et empêchait de travailler un autre locataire ?

— Non ! non ! je ne crois pas qu'il y ait, dans le Paris vivant, un homme si barbare.

— Allez rue du Dauphin n° 1, et vous l'y trouverez !

— Rue du Dauphin, n° 1, dit Bessems en me regardant.

— Ceci est de ma compétence alors.

Et, m'adressant à Vieuxtemps :

— Savez-vous le nom du barbare?

— Mary Lafon! un homme de lettres.

— Qui sera enchanté de faire plaisir à un artiste. Dormez en paix sur votre bonne action de ce soir, vous ne déménagerez pas.

Huit ans après cette soirée, nous nous rencontrâmes encore, Vieuxtemps et moi. Je revenais d'une excursion dans la montagne Noire. A Revel, la patache antédiluvienne prit un naturel du pays, gros fabricant de draps et millionnaire qui, après m'avoir, selon l'usage des voyageurs méridionaux, conté ses affaires et ses plans que je ne lui demandais pas, m'assourdit durant toute la route de ce refrain chanté sur tous les tons :

— Mon Dieu! qu'il me tarde d'arriver à Toulouse!

— Vous y avez sans doute des affaires graves?

— Oh! oui. Mais la plus importante est de me coucher après souper. Figurez-vous qu'il y a trois jours que je n'ai fermé l'œil !

Le hasard nous ayant réunis au même hôtel, je lui demandai en sortant de table s'il voulait venir faire un tour au théâtre.

— Je n'irais pas, répondit-il énergiquement, quand vous me donneriez la moitié de Toulouse.

J'allai donc seul au théâtre du Capitole, et, dans l'entr'acte, en me promenant sur la place, je rencontrai Vieuxtemps. Il me reconnut, m'accosta aussitôt avec la cordialité franche des artistes en voyage, et m'apprit que, le lendemain, il donnait un concert. A cette annonce, il eut la gracieuseté de joindre l'offre d'un billet, que je refusai, mais en lui demandant son adresse pour le remercier en personne.

— Je loge là-bas, me dit-il en étendant la main vis-à-vis, vers le fond de la place du Capitole.

— A l'hôtel des *Ambassadeurs* ?

— Précisément.

— Le sort nous y rassemble encore, lui dis-je en riant ; mais j'espère que vous y serez plus heureux qu'au n° 1 de la rue du Dauphin.

— J'en suis certain, parbleu ! C'est ici un pays musical, mélomane par excellence, où personne, à coup sûr, ne se plaindra, comme là-bas, de mon violon.

Après la pièce, nous rentrâmes ensemble ; il faisait chaud et je fumai à la croisée avant de me coucher, quand retentirent les préludes de l'archet de Vieuxtemps. Les premiers sons réveillèrent le naturel de la montagne Noire, qu'une mince cloison de bois séparait seule de l'artiste. Une minute il écouta en maugréant, puis se mit à ébranler la cloison sous ses coups de poing formidables. Vieuxtemps n'en ayant tenu compte, et les variations éclatant plus vives, plus rapides et plus sûres, notre fabricant n'y tint plus. Sautant de son lit en chemise, il appelle à tue-tête l'hôte, le garçon et tout le monde.

— Voilà dix sous ! criait-il d'une voix furieuse, donnez-les à ce saltimbanque et qu'il me laisse en repos ; j'ai besoin de dormir, moi !

Impossible de lui faire entendre raison. De guerre lasse, on lui donna de la lumière ; il se leva, prit sa valise sous le bras, et à une heure et demie du matin, courut chercher un autre hôtel.

Une troisième et dernière fois, en 1867, j'entendis Vieuxtemps ; mais, cette fois, je ne me plaignis ni du bruit de son archet ni de la longueur de ses variations ; car vis-à-vis de la loge où je l'écoutais, se trouvait celle qui, deux mois plus tard, devait être ma femme.

L'année qui a fini le 31 octobre 1880, et qui complète la huitième période décennale du siècle et la septième de mon âge, a été remplie tout entière par l'achèvement d'un tableau historique de la littérature nationale du midi de la France, et l'élaboration de quelques scènes qui verront peut-être le jour si le vent qui souffle au théâtre leur est propice et doux.

Arrivé d'un pas ferme encore à cette halte de la vie où l'espérance pâlit peu à peu comme la lumière au couchant, j'ai imité le moissonneur qui, après avoir coupé les épis sous le feu du soleil, les lie avec soin, et, sa gerbe faite, rentre, au crépuscule, à la ferme pour prendre du repos.

FIN

NOUVEAUX OUVRAGES EN VENTE
Format in-8°.

H. DE BALZAC — f. c.
ŒUVRES COMPLÈTES, tome XXIV et dernier. — CORRESPONDANCE.... 7 50

A. BARDOUX
LE COMTE DE MONTLOSIER ET LE GALLICANISME, 1 vol................ 7 50

BENJAMIN CONSTANT
LETTRES A MADAME RÉCAMIER, 1 vol. 7 50

L'ABBÉ GALIANI
CORRESPONDANCE, 2 vol............ 15 »

DOCTEUR MÉNIÈRE
CAPTIVITÉ DE MADAME LA DUCHESSE DE BERRY, 2 vol.................. 15 »

PROSPER MÉRIMÉE — f. c.
LETTRES A M. PANIZZI. 2 vol....... 15 »

MADAME DE RÉMUSAT
LETTRES, 2 vol.................... 15 »

ERNEST RENAN
MARC-AURÈLE, 1 vol............... 7 50

G. ROTHAN
L'AFFAIRE DU LUXEMBOURG, 1 vol... 7 50

PAUL DE SAINT-VICTOR
LES DEUX MASQUES. 2 vol.......... 15 »

THIERS
DISCOURS PARLEMENTAIRES. T. I à XII. 90 »

VILLEMAIN
LA TRIBUNE MODERNE. T. II....... 7 50

Format gr. in-18 à 3 fr. 50 c. le volume.

TH. BENTZON — vol.
MISS JANE............................ 1

HECTOR BERLIOZ
LETTRES INTIMES..................... 1

LOUIS BLANC
DIX ANS DE L'HISTOIRE D'ANGLETERRE. 10

DUC DE BROGLIE
LE SECRET DU ROI.................... 2

RHODA BROUGHTON
FOLLEMENT ET PASSIONNÉMENT......... 1

CHUT!!
PÉCHÉS MIGNONS...................... 1

***
VIE PARISIENNE SOUS LOUIS XVI....... 1

A. DUMAS FILS
LA QUESTION DU DIVORCE.............. 2

CHARLES EDMOND
HARALD.............................. 1

GEORGE ELIOT
DANIEL DERONDA...................... 2

O. FEUILLET
HISTOIRE D'UNE PARISIENNE........... 1

ERNEST FEYDEAU
MÉMOIRES D'UN COULISSIER............ 1

A. GENEVRAYE
L'OMBRA............................. 1

VICTOR JOLY
CRIC-CRAC........................... 1

J. DE GLOUVET
LE BERGER........................... 1

LUDOVIC HALÉVY
L'ABBÉ CONSTANTIN................... 1

A. KARR
LES POINTS SUR LES I................ 1

PARIA KORIGAN — vol.
RÉCITS DE LA LUÇOTTE................ 1

EUGÈNE LABICHE
THÉATRE COMPLET..................... 10

H. LAFONTAINE
L'HOMME QUI TUE..................... 1

EUGÈNE MANUEL
EN VOYAGE........................... 1

PROSPER MÉRIMÉE
MOSAIQUE............................ 1

MICHELET
INTRODUCTION A L'HISTOIRE UNIVERSELLE 1

PIERRE LOTI
LE ROMAN D'UN SPAHI................. 1

G. DE PEYREBRUNE
MARCO............................... 1

A. DE PONTMARTIN
SOUVENIRS D'UN VIEUX CRITIQUE....... 1

ERNEST RENAN
CONFÉRENCES D'ANGLETERRE............ 1

VICOMTE RICHARD (O'MONROY)
FEUX DE PAILLE...................... 1

HENRI RIVIERE
LA JEUNESSE D'UN DÉSESPÉRÉ.......... 1

J. DE SAINT-BRIAC
JOBIC LE CORSAIRE................... 1

E. TEXIER ET LE SENNE
L'INCONNUE.......................... 1

OSCAR DE VALLÉE
LES MANIEURS D'ARGENT............... 1

PIERRE VÉRON
CES MONSTRES DE FEMMES.............. 1

MARIO UCHARD
LA BUVEUSE DE PERLES................ 1

LOUIS ULBACH
LE MARTEAU D'ACIER.................. 1
QUINZE ANS DE BAGNE................. 1

Paris. — Imprimerie PH. Bosc, 3, rue Auber

www.ingramcontent.com/pod-product-compliance
Lightning Source LLC
Chambersburg PA
CBHW050919230426
43666CB00010B/2238